新文科·数字经济系列教材

数字经济学

（宏观部分）

DIGITAL MACROECONOMICS

主　编　陈斌开　徐　翔
副主编　厉克奥博　龙少波

中国教育出版传媒集团
高等教育出版社·北京

内容简介

随着信息技术的不断发展和应用，数字经济正在快速突破产业边界和时空局限，加速向社会经济各领域渗透。本书按照基础知识、经济增长、经济波动、经济发展与宏观政策五部分内容，将数字技术、数字经济与宏观政策放在一个框架下，梳理介绍数字经济学的宏观分析框架与知识结构。本书着重探讨数字经济在宏观视角下的溢出效应与创新机制，基于数字经济发展背景下货币政策与财政政策的创新与调整，讨论在数字经济时代宏观政策制定者面临的机遇与挑战。

本书可以作为高等学校数字经济本科专业及其他经管类数字经济核心课程的教材，也可作为研究生数字经济相关专业的参考书与知识性读物。

图书在版编目（CIP）数据

数字经济学．宏观部分/陈斌开，徐翔主编．--北京：高等教育出版社，2024.5

ISBN 978-7-04-062118-1

Ⅰ．①数…　Ⅱ．①陈…　②徐…　Ⅲ．①信息经济学-高等学校-教材　Ⅳ．①F062.5

中国国家版本馆 CIP 数据核字（2024）第 083268 号

Shuzi Jingjixue（Hongguan Bufen）

策划编辑　曾飞华　付雅楠　　责任编辑　付雅楠　　封面设计　李小璐　　版式设计　杨　树
责任绘图　易斯翔　　责任校对　吕红颖　　责任印制　刁　毅

出版发行　高等教育出版社
社　　址　北京市西城区德外大街4号
邮政编码　100120
印　　刷　中农印务有限公司
开　　本　787mm×1092mm　1/16
印　　张　15.75
字　　数　340 千字
购书热线　010－58581118
咨询电话　400－810－0598

网　　址　http：//www.hep.edu.cn
　　　　　http：//www.hep.com.cn
网上订购　http：//www.hepmall.com.cn
　　　　　http：//www.hepmall.com
　　　　　http：//www.hepmall.cn

版　　次　2024年5月第1版
印　　次　2024年5月第1次印刷
定　　价　43.00元

物 料 号　62118-00

前　言

数字经济是以数字化的知识和信息为关键生产要素，以数字技术为核心驱动力量的新型经济形态，是继农业经济、工业经济之后的一种新经济形态。数字经济的发展对于推动经济增长和社会发展具有重要意义，是新兴技术和先进生产力的代表，已成为重组全球要素资源、重塑全球经济结构、改变全球竞争格局的关键力量。把握数字经济发展趋势和规律，是新一轮科技革命和产业变革大势所趋，将为推动实现高质量发展提供重要支撑，也将成为推动我国经济高质量发展的重要抓手。党的二十大报告提出“加快发展数字经济、促进数字经济与实体经济深度融合，打造具有国际竞争力的数字产业集群”。在数字经济发展的过程中，产生了一系列新生产要素，以数字技术为代表的新生产技术发挥重要作用，数字经济通过和实体经济深度融合赋能高质量发展，对于这些问题的宏观经济分析具有十分重要的现实意义。

数字经济发展在宏观经济层面会产生哪些影响？在这些影响中，哪些是积极的，哪些是消极的？哪些是直接的，哪些是间接的？宏观经济政策应如何适应数字经济发展？政策制定者在政策设计与实施推进过程中应如何看待数字经济发展带来的一系列变化？想要回答上述问题，就必须基于数字经济发展状况与各国的宏观经济政策推进情况，构建数字经济学的宏观分析框架。目前已有的数字经济学教材大多强调对于微观经济现象如在线市场和多边平台及相关经济学研究的梳理与介绍，缺少宏观层面的数字经济学梳理与总结，尤其是缺少将数字技术、数字经济与宏观政策放在一个框架下进行综合分析与系统介绍的分析体系。搭建这样的一个分析体系，为数字经济学的教学与研究提供参考，是编写团队撰写本教材的初衷。

本书尝试将数字经济领域的前沿研究与世界各国（尤其是中国）的数字经济发展实践有机结合起来，以构建数字经济的宏观分析框架。全书分为基础知识、经济增长、经济波动、经济发展与宏观政策五部分内容，梳理介绍数字经济学的宏观分析框架与知识结构。第一部分介绍宏观视角下的数字经济发展，包括全球数字经济发展概况、数字经济对全球经济发展做出的贡献、各主要经济体的数字经济政策，以及数字经济核算与统计；第二部分探讨与数字经济相关的经济增长问题，分析信息通信技术和人工智能如何影响经济增长，构建数据经济增长理论，探讨数字经济在宏观尺度下的溢出效应与创新机制；第三部分关注数字经济如何影响经济周期，分别介绍数字经济带来的新冲击，以及数字经济作用于经济周期的主要机制；第四部分探讨数字经济相关的发展与分配问题，以数字不平等和数字经济普惠性为主要研究对象；第五部分关注基于数字经济发展的货币政策与财政政策的创新与调整，讨论在数字经济时代宏观政策制定者面临的机遇与挑战。

已有宏观经济学相关教材大多以长期经济增长和短期经济波动为主线，尝试搭建宏观经济学的基础知识框架，进而讨论宏观经济运行中面临的各类关键性问题。本教材同样围绕这两条主线展开，在帮助读者了解数字经济的宏观表现与整体影响后，构建包含数字经济发展关键特征的理论框架，进而深入探讨数字经济学的宏观经济现象、发展规律与基础理论。与现有教材重视数字经济的技术内核或微观表现的写法不同，本教材以宏观经济层面的数字经济发展为主要切入点，结合数字经济的增长理论与波动理论，综合探讨区域经济发展、收入不平等以及宏观政策调整等现实问题，为读者深入理解宏观视角的数字经济提供多种研究方法和经验证据。

本书编写团队汇聚国内数字经济研究领域的多位一流专家与青年学者，主编单位与参编单位均为国内财经领域的一流大学和研究机构，具备坚实的研究基础和完善的资料准备。本书的总体框架由陈斌开和徐翔设计，各章节内容的具体设计是在陈斌开、徐翔和厉克奥博的组织下，编写团队经历了数十次研讨会和分组讨论之后逐步确定下来的。各章节的具体分工如下：前言，徐翔；第 1、2 章，徐翔、胡思佳；第 3、4 章，张龙天；第 5 章，陈斌开、徐翔；第 6、7 章，厉克奥博、周迪；第 8、9 章，田子方；第 10 章，龙少波；第 11 章，陈斌开、徐翔。本书编写团队要感谢田晓轩、李帅臻、温建寅、张旭、钟旭晨、刘硕、李琳茹、张子义等研究生同学为本书的编写做的大量研究助理工作。

在知识结构上，本书承接数字经济学系列教材中的《数字经济学导论》，也可以作为宏观数字经济学的独立教材。对于学习过数字经济学方向原理课程或概论课程的本科生，可以通过学习本书提升对于宏观视角的数字经济发展的整体理解。对于关注经济增长、经济周期、收入分配与宏观政策制定问题的一般读者，本书将提供数字经济发展背景下如何理解宏观经济发展的新视角。

对于本书存在的不足与问题，真诚欢迎各位读者批评、指正。

编　者

2024年2月于北京

目　录

第一章

宏观视角下的数字经济

本章学习要点

1. 熟悉数字经济的理论内涵及其变化过程。
2. 把握全球数字经济发展的基本状况及其分布特点，了解数字经济的整体发展趋势。
3. 掌握数字经济对全球主要经济体的消费、贸易与投资的影响。
4. 了解主要经济体为发展和规范数字经济所制定的相关政策、规划和措施。

近年来，随着数字技术的快速进步与数据要素的广泛使用，数字经济已经逐渐融入国民经济的各个部门，受到社会各界的广泛关注。数字经济的产生与发展极大地提高了社会生产效率与经济发展质量，对全球消费、贸易和投资等领域均产生了深远的影响。与此同时，各国政府也根据本国国情制定并实施了相应的数字经济发展政策，试图在这一经济形态的发展进程中取得先机。

第一节　数字经济的含义及发展概况

一、数字经济的内涵及其发展

（一）数字经济的早期理解

1996 年，美国学者唐·泰普斯科特（Don Tapscott）在《数字经济：网络智能时代的前景与风险》（*The Digital Economy*：*Promise and Peril In the Age of Networked lntelligence*）一书中创造了“数字经济”（Digital Economy）这个词语。此后，随着信息通信技术（Information and Communication Technology，ICT）的飞速进步和现代经济中“数字化浪潮”的蓬勃发展，数字经济作为一种全新的经济形态，正在被越来越多的专家学者和主流媒体频繁提及，成为经济转型过程中的焦点。由于数字经济的内涵经历了一个随着技术和基础设施的进步而不断壮大丰富的过程，因此关于数字经济的定义也随着这一过程而变迁。

在互联网技术兴起并快速发展的21世纪前后，数字经济主要强调的是随之兴起的电子商务（E-commerce）。1999年，时任美国总统科学技术助理的尼尔·连恩（Neal Lane）就在《将数字经济推进到21世纪》一文中大胆预言，互联网中计算和通信技术的融合，以及信息技术（Information Technology，IT）的持续进步，将极大地刺激和推动所有电子商务的发展。同时期美国商务部发布的报告《浮现中的数字经济》也同样将数字经济与电子商务紧密地联系在一起。

2001年，美国人口普查局仍然以电子商务为基础，将数字经济界定为三个主要组成部分，分别为：

（1）电子商务基础设施。用于支持电子商务流程和开展电子交易活动的经济基础设施，包括电子商务中的硬件、软件、通信网络、技术支持服务和人力资本。

（2）电子商务。任何由商业组织通过计算机中介网络进行的业务，包括线上的产品购买和销售，线上的生产管理、后勤业务以及企业内部的通信和技术支持。

（3）电子交易。通过计算机中介网络销售的商品和服务，即买方和卖方在线上达成产品或服务产权易主的协议，例如在互联网上销售书或音乐CD，又或者同一家企业内的两个工厂之间，通过企业内部网络进行电子元器件的交易。

经济合作与发展组织（OECD）在2013年的数字经济报告中也进一步强调了数字经济是通过互联网上的电子商务实现并开展商品和服务交易的现象。2014年，英国计算机协会将数字经济定义为基于数字技术的一种经济形态。随着数字技术的进一步发展，数字经济对经济活动中数据和信息的传输范围及交换速度都提出了更高的要求。信息通信技术（ICT）作为信息技术（IT）的广义版本，也开始在数字经济中扮演着越来越重要的角色。

（二）数字经济的官方定义

2016年杭州G20峰会上通过的《G20数字经济发展与合作倡议》中，将数字经济定义为以使用数字化的知识和信息作为关键生产要素、以现代信息网络作为重要载体、以信息通信技术的有效使用作为效率提升和经济结构优化的重要推动力的一系列经济活动。埃森哲咨询公司指出，数字经济是经由一个大范围内的各类“数字投入”生产而来的产出，这些数字投入包括数字技术、数字设备（硬件、软件和通信设备）以及生产中用到的中间数字商品和服务，这显然扩大了G20峰会上所提到的“关键生产要素”的范围。

2018年，美国经济分析局（BEA）在定义数字经济时主要考虑了互联网以及相关的ICT与设施，并将ICT部门作为定义数字经济的起点。其认为，尽管并不是所有的ICT商品和服务都在数字经济的范围之内，但ICT部门与数字经济之间是高度重合的。BEA定义的数字经济包括：① 计算机网络存在和运行所需的数字基础设施（Digital-enabling Infrastructure）；② 使用数字基础设施系统开展的数字交易，即电子商务（E-commerce）；③ 数字经济用户创造和访问的内容，即数字媒介（Digital Media）。如表1-1所示。

表 1-1 美国经济分析局定义的数字经济组成

组成部分	内容
数字基础设施	计算机网络，包括计算机硬件、软件，电信设备和服务，生产并提供数字经济商品或服务的厂房，为数字产品提供支持服务的厂房，物联网，以及数字咨询服务、计算机维修服务等技术支持服务
电子商务	在计算机网络上出现的所有商品和服务的购买和销售行为，包括 B2B（Business-to-Business）、B2C（Business-to-Consumer）、P2P（Peer-to-Peer）
数字媒介	由人们在数字设备上创造、访问、存储或浏览的内容，包括直销数字媒介（直接向消费者销售数字产品）、免费数字媒介（在数字产品边角的空间上投放广告赚取收入）以及“大数据”

与此同时，除了数字技术的不断革新，数字经济与传统产业中经济活动的融合也成为数字经济当代发展的重要组成部分，即产业数字化，从而进一步扩充了数字经济的内涵。也就是说，在仅仅涉及 ICT 部门（包括电信、互联网、信息技术服务以及硬件和软件等）的狭义的数字经济之外，广义的数字经济还包含了传统部门中能与数字技术有效结合的部分。

2021 年 5 月，中国国家统计局公布的《数字经济及其核心产业统计分类（2021）》中，将《G20 数字经济发展与合作倡议》关于数字经济定义中的“数字化的知识和信息”调整为“数据资源”，并强调数字经济紧扣三个要素，即数据资源、现代信息网络和信息通信技术，这三个要素缺一不可。此外，还将数字经济分成了两个部分，即“数字产业化”和“产业数字化”。其中，数字产业化（也被称为数字经济核心产业）是指为产业数字化发展提供数字技术、产品、服务、基础设施和解决方案，以及完全依赖于数字技术、数据要素的各类经济活动。如表 1-2 所示。

表 1-2 国家统计局定义的数字经济核心产业分类

大类	中类
数字产品制造业	计算机制造；通讯及雷达设备制造；数字媒体设备制造等
数字产品服务业	数字产品批发；数字产品零售；数字产品租赁等
数字技术应用业	软件开发；电信、广播电视和卫星传输服务；互联网相关服务等
数字要素驱动业	互联网平台；互联网批发零售；互联网金融等
数字化效率提升业	智慧农业；智能制造；智能交通等

综上，本书尝试为数字经济下一个较为精确的定义：

数字经济是以网络和数字基础设施为载体，结合利用数据生产要素和信息通信技术的一系列生产和交换活动。

二、全球及主要国家数字经济发展状况

美国经济分析局（BEA）指出，衡量数字经济的一大难题，是缺乏一个阐明哪些经济活动应当被包含其中的准确且普适的定义。无论从全球还是各个国家的视角来看，数字经济规模的价值估计都会因其定义不同而导致统计口径存在差别，进而使得估计结果存在差异。但是各个国家和组织机构都在不断尝试界定合理的数字经济范围，或是能够反映数字经济发展状况的代理指标，以对数字经济规模的把握提供更可信赖的估计。

（一）狭义的数字经济发展状况

总的来说，狭义的数字经济指的是 ICT 部门中的经济活动，包括电信、互联网、IT 服务、硬件和软件等，即前文提到的“数字产业化”。广义的数字经济则包括了 ICT 产品与经济中其余部分的数字投入的结合，或者说额外包含了传统部门中能与数字技术有效结合的部分，即“数字产业化”和“产业数字化”之和。

从狭义数字经济的角度来看，根据 OECD 的数据，过去 10 年间，全球 ICT 部门增加值的规模占全球 GDP 的比重呈现上升趋势，从 2007 年的 4.5%上升到 2019 年的 6.5%。美国经济分析局（BEA）在这一维度上，估计 2021 年美国狭义数字经济占其国内生产总值的 10.3%，从 2016 年到 2021 年数字经济实际增加值的年平均增速为 5.6%，相比之下同时期整个美国经济的实际年平均增长率仅为 1.9%。2017 年，数字经济为美国创造了 510 万份工作，约占美国全部工作岗位的 3.3%。而根据中国信息通信研究院的测算，2022 年中国的 ICT 部门增加值为 9.2 万亿元，中国的狭义数字经济规模占当年国内生产总值的 7.4%。

根据 2017 年的数据，美国拥有世界上最大的 ICT 部门，其产值接近排名第二的中国的两倍。ICT 产值规模排在全球前 10 的其余国家或地区由大到小依次为：日本、德国、韩国、印度、英国、法国、中国台湾和意大利。

从 ICT 部门产值占 GDP 的比重大小来看，根据目前可得的最新数据，排在全球前 5 的经济体中有 4 个来自东亚，分别为中国台湾、马来西亚、新加坡和韩国，其中 ICT 制造业在 ICT 部门中占据主要地位。爱尔兰 ICT 部门的总产值约占 GDP 的 10%，这一占比排在全球第二位，这主要源自美国计算机服务的大型跨国公司出于税收的考虑将爱尔兰作为其总部。这也使得计算机服务的产值，占到爱尔兰 ICT 部门总产值的 80%左右。该占比排在第十位的印度，其计算机服务的产值也占到了 ICT 部门总产值的 70%以上。作为对照，中国的 ICT 占 GDP 的比重为 4.8%，略低于印度的 5.1%。如图 1-1 所示。

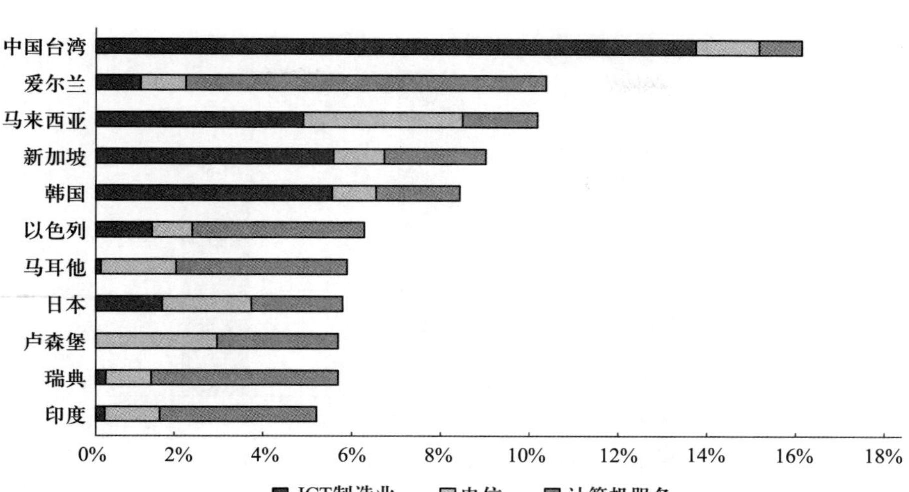

图 1-1　ICT 部门产值占 GDP 比重与 ICT 部门内部结构

资料来源：2019 年联合国数字经济报告。

（二）广义的数字经济发展状况

从广义数字经济的角度来看，根据中国信息通信研究院发布的《全球数字经济白皮书（2023 年）》，2022 年，美国、中国、德国、日本、韩国 5 个世界主要国家的数字经济总量为 31 万亿美元，数字经济占全球 GDP 的 58%。该项研究还发现，从 2016 年到 2022 年，数字经济的增速高于 GDP 增速 5.4 个百分点。虽然从全世界来看，广义数字经济的规模和增长速度都十分可观，但不同地区数字经济发展水平十分不均衡，表现为大部分产值由少数几个国家创造，美国创造的数字经济产值占全球总量的 49%，中国占 22.9%，其他国家占 27.7%，如图 1-2 所示。其中，在表现最为突出的中美两国中，美国的广义数字经济占其国内生产总值的 65%，而中国的占比为 41.5%。如图 1-3 所示。

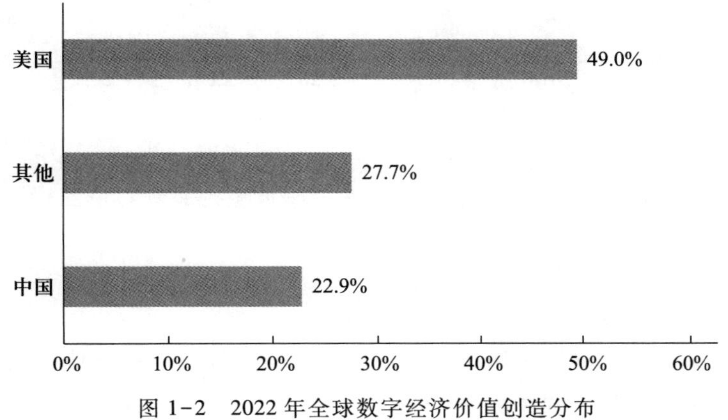

图 1-2　2022 年全球数字经济价值创造分布

资料来源：中国信息通信研究院《全球数字经济白皮书（2023 年）》。

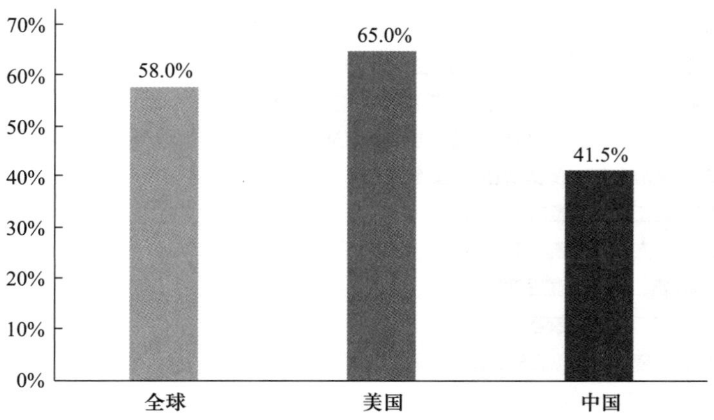

图 1-3 2022 年广义数字经济占 GDP 比重

资料来源：中国信息通信研究院《全球数字经济白皮书（2023 年）》。

根据中国信息通信研究院发布的《中国数字经济发展研究报告（2023 年）》，我国的数字经济总体规模由 2017 年的 27.2 万亿元增加至 2022 年的 50.2 万亿元，年平均增速为 13.1%；数字经济占 GDP 的比重则由 32.7%上升到 41.5%，如图 1-4 所示。值得注意的是，在这一统计数字中，“产业数字化”部分包含了大量与数字技术相结合的传统产业价值规模，因此在一定程度上高估了数字经济的产值。今后怎样更好地界定数字经济的统计口径，并将其准确剥离，将是后续统计和估计工作的努力方向之一。

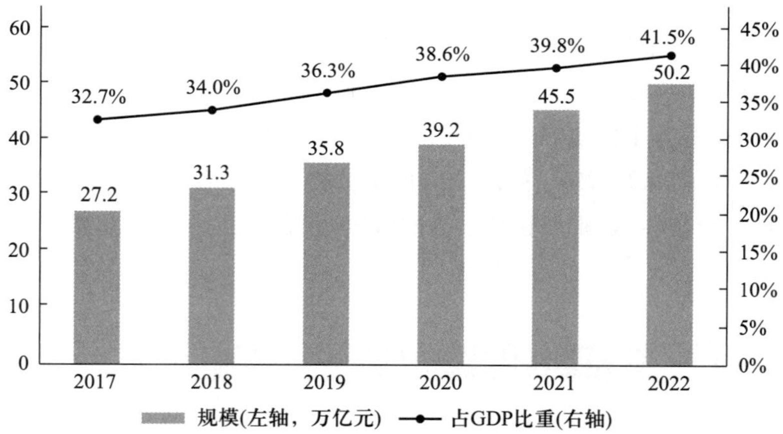

图 1-4 2017—2022 年中国广义数字经济总产值及其占 GDP 比重

资料来源：中国信息通信研究院《中国数字经济发展研究报告（2023 年）》。

（三）数字经济的其他测度

除了根据狭义和广义的定义来进行数字经济规模估计，一些其他的重要相关指标也被用来反映数字经济的发展程度。

欧洲数据市场监测工具（The European Data Market Monitoring Tool）是欧盟对于自身及其他地区的数据市场情况进行测算的一项数据工具。根据一项基于该监测工具的研究，美国是全球数据市场的领跑者，其在2022年拥有1 657万名数据专家，超过30万家数据企业，数据市场的估值超过2 890亿欧元。而在2013—2022年，欧盟的数据经济的价值增长到了21.07亿欧元，对欧盟的GDP贡献为5.9%。

作为数据市场重要流通节点的数据中心也通过对经济中的其他部门产生溢出效应，继而对整个国民经济产生显著的影响。这一现象也部分反映出数字经济发展的规模。据美国北卡三角研究院的研究机构RTI International的估计，2010—2016年间，脸书（Facebook）的数据中心累计为美国GDP贡献了58亿美元，并创造了60 100个工作岗位。牛津经济研究院则指出，2016年，谷歌（Google）的数据中心在美国的经济活动中产生了13亿美元的价值，创造了11 000个工作岗位和7.5亿美元的工资收入。哥本哈根经济研究院的研究结果表明，2007—2017年，谷歌在数据中心的投资平均每年为欧盟的GDP增加4.9亿欧元，并创造6 600个工作岗位。根据美国消费者新闻与商业频道（CNBC）等国外媒体的报道，谷歌数据中心在2021年和2022年均创造了超过1万个全职工作岗位。

另外，在全球经济的发展当中，"数字化"的重要性也在与日俱增，数字贸易的规模迅速扩大。在全球服务贸易的出口中，全球数字交付服务的出口值从2005年的1.2万亿美元增长到2022年的3.82万亿美元，年均增长率超过7%，远高于商品出口的增长率，2022年数字交付服务出口占商品和服务贸易出口总额的12%；美国国际数据公司（Internationl Data Corporation，IDC）数据显示，2022年全球ICT市场总支出规模约为4.7万亿美元，并有望在2027年增至6.2万亿美元，五年复合增长率为5.7%。从欧洲委员会公布的数据来看，2010年至2018年，全球ICT雇员数增加834万人，2018年达到4 366万人，增幅为19%。

虽然从总量和增速的角度看，全球数字经济正处于一个蓬勃发展的状态，但是从分布上来看，数字经济的发展非常不均衡。全球的数字经济高度集中于两个国家：中国和美国。两国共同占据了全球75%的区块链技术相关专利、50%的物联网支出，以及超过75%的云计算市场份额。

在全球的数字服务市场上，美国和中国的巨头们也占据了绝对优势的份额。谷歌在互联网搜索市场的占有率高达90%，脸书占据了全球社交媒体市场的66%，整个世界的线上零售活动，亚马逊占比超过1/3，其网络服务在全球云端基础设施服务中的占比也同样超出了1/3。而在中国，微信和支付宝瓜分了全部的移动支付市场，微信的全球活跃用户量也已经超过10亿。

数字经济发展的不均衡性也体现在国际贸易当中。从狭义数字经济的角度来看，ICT商品的出口高度集中于少数几个经济体。根据2021年联合国数字经济报告，2019年前10出口地区的出口量之和占到世界ICT商品出口总量的99.8%。ICT商品出口前10的经济体中有7个来自东亚和东南亚，其中中国的出口规模遥遥领先，占全球总出口量的41%（欧盟和美国共计仅占19%）。尽管几乎所有的发展中经济体都制造并出口某些类型的ICT设备，但绝大多数国家参与生产的都是低价值的商品（如电缆或再装配的零部件），只有少数几个经济体在生产高价值的品牌设备和电信网络设备。2017年ICT商品前10进口地区的进口规模占全球总规模的85%，前三的经济体分别为欧盟、美国和中国，充分反映了全球数字经济发展的不平衡性。

三、全球数字经济发展趋势

移动设备、云计算、社会网络、物联网和大数据分析是当今世界数字经济发展的最主要趋势，这些技术将覆盖到互联网、家居、商业、能源、医疗、运输和政府管理等各个领域，使得“万物智能”这一设想在未来成为可能（OECD，2014）。联合国在其数字经济报告中也指出，数字经济的未来发展将由数据驱动，并与区块链、数据分析、人工智能、3D打印、物联网、自动化和机器人以及云计算等尖端技术联系密切。

在过去的几十年间，数字经济高度依赖的ICT部门经历了飞速发展，从20世纪40年代的微电子，到60年代计算机诞生、90年代互联网引入，再到如今的区块链、人工智能和机器人。相应地，基于技术进步的新部门也不断涌现，例如电子商务、金融科技和无人驾驶等。技术的快速进步，也是定义数字经济难度较大的重要原因。

海量数据和信息的快速传输是数字经济的关键。20世纪90年代以来，以因特网为代表的互联网技术迅速发展，极大提升了信息的处理规模和速度。联合国报告的数据显示，全球互联网上的数据流量规模自90年代以来迅速增长。1992年，全球每天的数据流量为100 GB，到2002年，达到同样的流量规模仅仅需要一秒钟。2017年，每秒的全球数据流量已经扩大到46 600 GB，而到2022年，这一数字已增大到799 EB，极大提升了信息交换的效率。即便如此，学界认为当今世界仍然处于数据驱动型经济的早期。

案例1-1：“双11”抢购高峰的坚强后盾——OceanBase数据库

OceanBase的发展变迁如表1-3所示。

表1-3 OceanBase的发展变迁

年份	版本	标志
2011	OceanBase 0.1v	应用在淘宝收藏夹
2014	OceanBase 0.5v	处理“双11”10%的交易数据链
2015	OceanBase 0.5v	处理“双11”100%交易数据链和50%支付数据链
2016	OceanBase 1.0v	支撑“双11”的12万笔/秒的支付峰值

续表

年份	版本	标志
2017	OceanBase 1.4v	在"双 11"活动中，包括整个账务库在内的全部核心系统都 100%运行在 OceanBase 上，创造了 4 200 万笔/秒数据库处理峰值的纪录
2019	OceanBase 2.2v	在 TPC-C 测试中跑赢 Oracle 一举夺冠，并在"双 11"活动中处理达 6 100 万笔/秒的数据处理峰值

表 1-4　移动通信技术的发展

移动通信技术	特征
1G	业务量小、质量差、安全性差、没有加密和速度低。1G 主要基于蜂窝结构组网，直接使用模拟语音调制技术，传输速率约 2.4 Kbps
2G	克服了随着业务量剧增所引发的全球移动通信系统（GSM）容量不足的缺陷，极大提高了系统通话质量，数据传送速率可达 115 K~384 Kbps，从而使 GSM 功能得到不断增强，初步具备了支持多媒体业务的能力
3G	最基本的特征是智能信号处理技术，智能信号处理单元将成为基本功能模块，支持语音和多媒体数据通信。它可以提供前两代产品不能提供的各种宽带信息业务，例如高速数据、慢速图像与电视图像等。如宽带码分多址（WCDMA）的传输速率在用户静止时最大为 2 Mbps，在用户高速移动时最大支持 144 Kbps
4G	是集 3G 与 WLAN 于一体并能够传输高质量视频图像以及图像传输质量与高清晰度电视不相上下的技术产品。4G 能够以 100 Mbps 的速度下载，比拨号上网快 2 000 倍，上传的速度也能达到 20 Mbps，并能够满足几乎所有用户对于无线服务的要求
5G	数据传输速率远远高于以前的蜂窝网络，最高可达 10 Gbps，比当前的有线互联网要快，比先前的 4G LTE 蜂窝网络快 100 倍。较低的网络延迟（更快的响应时间），低于 1 毫秒，而 4G 为 30~70 毫秒

在表 1-4 中反映了移动通信技术的发展，2015 年 6 月国际电信联盟明确了第五代移动通信技术（5th Generation Mobile Communication Technology，5G）的名称、愿景和时间表等关键内容，定义了 5G 的主要应用场景，如表 1-5 所示。5G 的到来，将提供更加强大的处理速度，进而满足数字经济时代各领域智能应用的需求。

表 1-5 5G 三大应用场景

应用场景	具体应用
增强移动宽带（eMBB）	面向移动互联网流量爆炸式增长，为移动互联网用户提供更加极致的应用体验
超高可靠低时延通信（uRLLC）	面向工业控制、远程医疗、自动驾驶等对时延和可靠性具有极高要求的垂直行业应用需求
海量机器类通信（mMTC）	面向智慧城市、智能家居、环境监测等以传感和数据采集为目标的应用需求

此外，家庭是数字革命的主要阵地（Byrne 和 Corrado，2020）。除了信息通信网络基础设施，移动智能设备作为个体接收和交换信息的终端，其数量规模也远超以往。德勤公司 2021 年的一份报告显示，美国家庭平均使用的联网设备数量从 2019 年的 11 台增至 25 台。除了满足办公学习、社交娱乐等需求，智能穿戴设备等新兴智能设备也使人们的健康和效率有了极大的改善和提升。根据 Hub Entertainment Research 的报告，2023 年第一季度约 77%的美国电视家庭拥有智能电视，相较于 2020 年第一季度增长了 10 个百分点，且美国智能家居普及率也由 2019 年的 1/3 增长至超过 50%。

当然，依托智能设备所提供的数字服务内容的不断创新，也为用户带来了越来越多的额外收益。

案例 1-2： AI 踢足球

2021 年 7 月，美国艺电公司（EA）公布了其即将发售的足球竞技类游戏产品 *FIFA22* 的全新特性。该款游戏将会采用名为 Hyper Motion 的球员动作数据采集技术，利用尖端的专有机器学习（AI 人工智能学习）算法，从超过 870 万帧的足球比赛中学习，然后实时编写新的动画，使玩家享受到更加逼近现实比赛的游戏体验。纵观 FIFA 系列游戏自 1994 年诞生以来的发展历程，游戏内的球员经历了从“像素风”时的方块贴图，到千篇一律的“假脸”小人，再到利用真人 3D 拍照扫描技术进行建模达到以假乱真的程度的过程。在日渐强大的 AI 算法加持下，他们在攻防中的跑位越来越“聪明”，提供给玩家的战术选择也越来越丰富。正是对数字技术的不断创新和应用，使得 FIFA 系列能够长期霸占主机游戏市场的销量头名。而在日后，EA 势必仍然会对数字技术展开极致的追求，以抵抗同行科乐美（KONAMI）游戏公司旗下游戏产品《实况足球》的强力竞争。

此外，数字平台技术的发展及其与大数据分析技术的结合，使得数字内容和广告能够实现更加精准的个性化展示和推送。数字平台的力量将会不断发展壮大，并逐步取代传统媒体平台的地位。以广告投放方式的转变为例，根据联合国贸易和发展会议的数据，2010 年，互联网广告占全球广告总收入的比重仅为 15%，2017 年这一数字增长到 38%，而到 2023 年这一比重将会达到 60%；2000 年，美国在报纸上的广告支出高达 660 亿美元，2014 年这一支出已经下降到 240 亿美元，而到 2023 年，这一支出预计将会下降至 40 亿美元。

第二节 数字经济对全球经济的贡献

2020 年以来，随着全球新冠疫情的蔓延以及单边主义和保护主义的冲击，全球经济整体下行压力不断增大，但数字经济却展现出强大的活力和韧性，成为全球经济复苏和增长的新动能、新源泉。数字化消费、数字贸易与数字化投资对全球经济的贡献越来越大。挖掘数字经济需求潜力，释放数字化需求将对经济增长产生强大的拉力。

一、数字化消费的发展

（一）数字化消费内涵特征

数字经济背景下，数字化消费已经成为居民消费和国民经济中举足轻重的组成部分。2017 年，国务院发布的《关于进一步扩大和升级信息消费持续释放内需潜力的指导意见》指出，信息消费已经成为当前创新最活跃、增长最迅猛、辐射最广泛的经济领域之一，对于拉动内需、促进就业和引领产业升级发挥着重要作用。要加快释放新兴消费潜力，积极丰富 5G 应用场景，带动 5G 手机等终端消费，推动增加电子商务、电子政务、网络教育、网络娱乐等方面的消费。这里的“信息消费”和“新兴消费”也可统称为“数字化消费”。

相比于传统消费，数字化消费的突出特征在于消费对象和消费方式的数字化。消费对象的数字化主要指以数据形式存在的产品和服务消费：一是电子书、影音制品、软件等数字产品；二是通过网络提供的教育、医疗、办公、云计算等数字服务。消费方式的数字化是指数字技术融合渗透到传统消费的各个环节，表现为传统消费方式的数字化升级，能够明显地提升消费体验、提高交易效率以及降低交易成本。如今，广泛普及的电商购物平台、直播带货、网络送餐以及网约车等各种新模式和新业态就是消费方式数字化的典型例子。

围绕数字化消费的两大突出特征，不同机构和组织对数字化消费的概念作出的定义大同小异。中国信通院在《中国数字经济发展白皮书（2021 年）》中对“数字化消费”一词给出定义：指社会主体对所有信息产品和服务的全部最终消费支出，以及利用信息化、数字化手段实现的最终消费支出。杭州市发展和改革委员会、浙江省发展和改革研究所联合课题组在《消费数字化、数字消费化推动国际新型消费城市建设》中表示，数字化消费是对传统消费的升级优化，广义上是指由现代信息技术应用所引发的各种消费创新、转型、升级活动的总和，狭义上是指数字新技术赋能、新模式迭代、新业态驱动、新场景体验的各类消费行为。

（二）数字化消费发展现状

第一，全球数字化消费潜力得到进一步挖掘，规模持续快速增长。一方面，数字技术迅速发展和普及，网民渗透率不断提高。互联网世界统计（IWS）和国际电信联盟（ITU）的数据显示，从2000年到2020年，世界互联网用户数量增长了近12倍。其中，2011年以来，全球互联网用户数量持续高速增长，截至2022年，全球互联网用户数量达到51亿人，占世界人口的六成多。如图1-5所示。另一方面，数字化消费突飞猛进，电商零售额及占零售总额比重持续增长。全球市场研究机构eMarketer的最新统计数据显示，2020年全球电商零售额约为4.2万亿美元，同比增长26.4%，占全球零售总额比重为17.9%。该机构还乐观估计，到2025年，全球电商零售额将达到7.046万亿美元，占全球零售总额的22.2%，如图1-6所示。

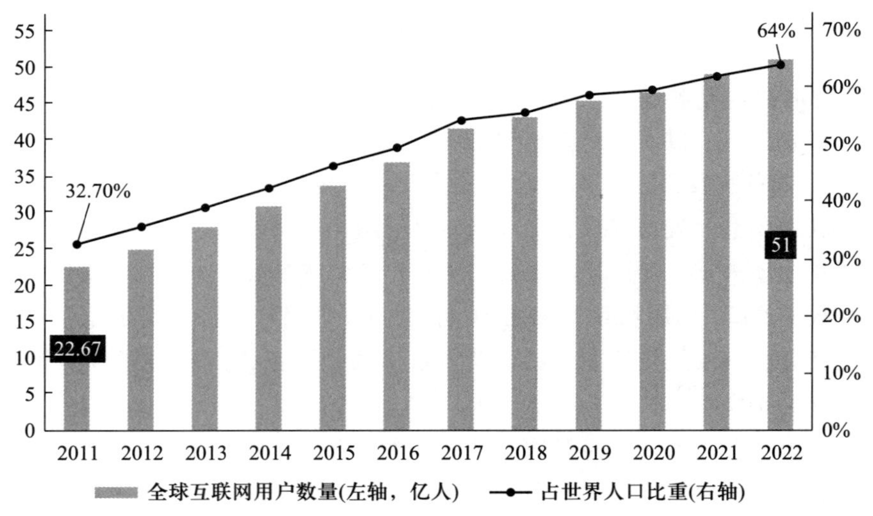

图1-5 2011—2022年全球互联网用户数量及占全世界人口比重

资料来源：互联网世界统计（IWS）、国际电信联盟（ITU）。

第二，从数字化消费的构成上看，数字化消费涉及工作、学习、娱乐、社交等多种场景，满足人们不断升级的消费需求。从普通的吃、穿、用商品到昂贵的奢侈品，从满足基本需求的实物商品到满足精神需求的虚拟商品，新产品、新服务层出不穷，把人们方方面面的需求包罗其中。这是产业数字化和数字产业化的结果——产业数字化实现了商品的低成本、高效和规模生产，数字产业化则把更多更优质的数字化商品带入人们的生活中。中国消费者的生活场景已经呈现高度数字化特征，如图1-7、图1-8所示。

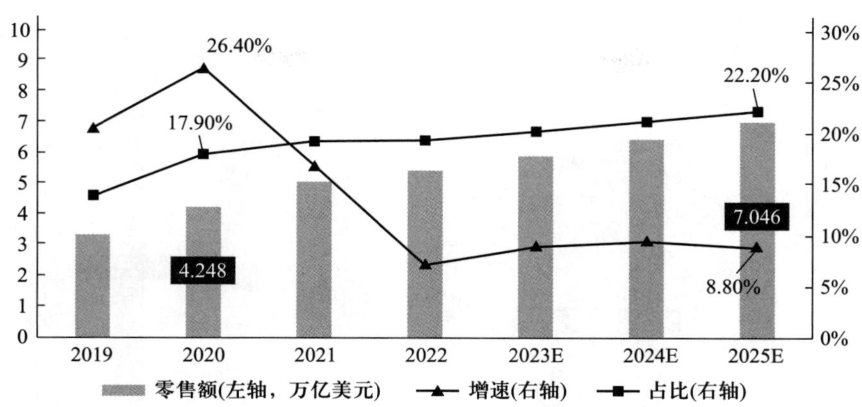

图 1-6 2019—2025 年全球电商零售额规模、增速及占比

资料来源：eMarketer，2023 年至 2025 年为预测数据。

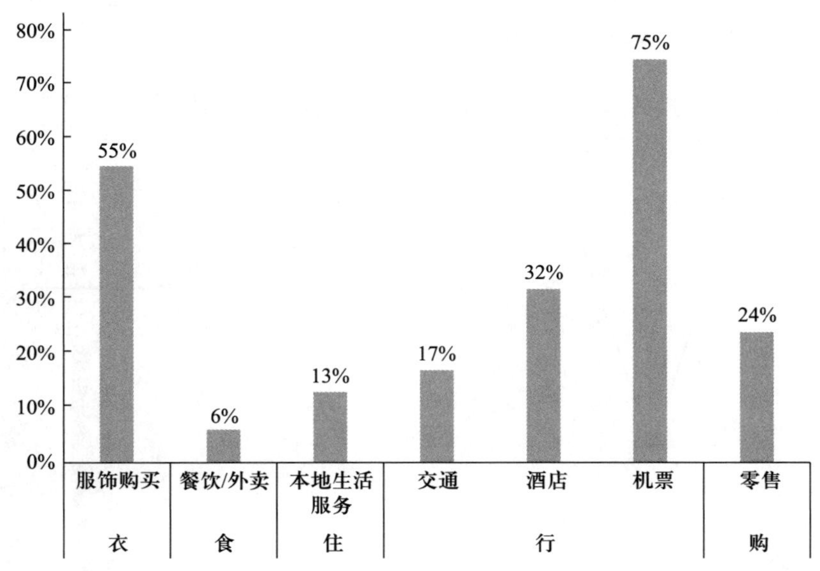

图 1-7 2019 年中国消费者主要数字化场景的渗透率

资料来源：波士顿咨询。

第三，从主体结构来看，全球各国各地区之间的数字化消费发展十分不均衡。一方面，发达国家和发展中国家之间的电商发展存在较大的规模和结构差距。根据联合国贸易与发展会议（UNCTAD）的统计数据，2019 年全球电商销售总额约为 26.7 万亿美元，比上年增长 4%，约占全球 GDP 的 30%，其中排名前十的美国、日本、中国、韩国、英国、法国、德国、意大利、澳大利亚、西班牙的电商销售额总和达到 20.2 万亿美元，占全球电商销售总额的 75.8%。在这些国家之中，美国电商销售额约为 9.6 万亿美元，遥遥领先于其他各国，约占全球电商销售总额的 35.9%，几乎接近全球电商销售额排名

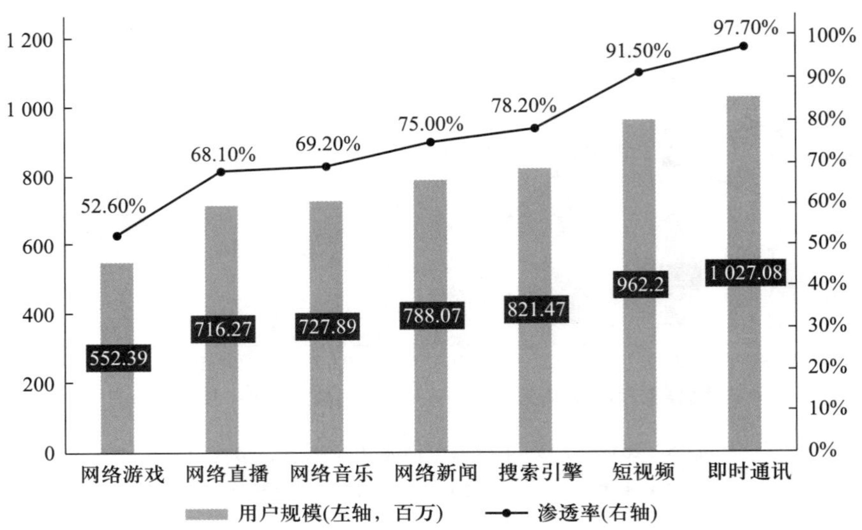

图 1-8 中国消费者主要数字化渠道的用户规模和渗透率（截至 2020 年 6 月）

资料来源：第 50 次《中国互联网络发展状况统计报告》。

第二名到第十名国家的累计总和。在电商销售额排名前 10 的国家中，只有中国是发展中国家。如图 1-9 所示。

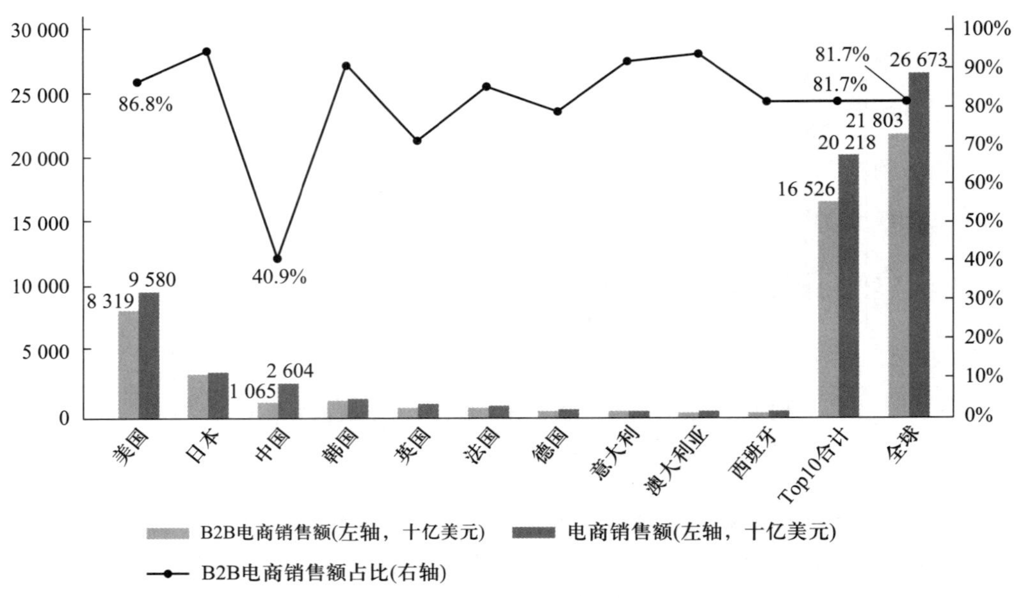

图 1-9 2019 年全球电商销售额规模排名前 10 国家

资料来源：联合国贸易与发展会议（UNCTAD）。

电商销售额可大致分为 B2B 电商销售额和 B2C 电商销售额。2019 年，全球 B2B 和 B2C 电商销售额分别约为 21.8 万亿美元和 4.9 万亿美元，分别占全球电商销售总额的 81.7%和 18.3%。在全球电商销售额排名前 10 的国家中，美国、日本、韩国以及其他发达国家的 B2B 电商销售额占比均在 70% 以上，而中国的 B2B 电商销售额占比仅为 40.9%。这表明，中国的电商发展主要依靠个体或者家庭消费者的需求，消费者更加注重产品的品牌和价格，并且生产的产品以消费品为主；美国等发达国家的电商发展主要依靠企业消费者的需求，消费者更加注重产品的功能和厂商的售货服务，并且生产的产品以工业品为主。

另一方面，中、美两国的网络零售业发展遥遥领先于全球其他国家。根据联合国贸易与发展会议（UNCTAD）的统计数据，2020 年，全球 7 个主要经济体中国、美国、英国、加拿大、韩国、澳大利亚、新加坡的零售额约为 13.0 万亿美元，网络零售额约为 2.5 万亿美元，其中中美两国的网络零售额总和占比高达 88.4%。

在贸易摩擦、疫情冲击和全球经济下行等多重负面影响之下，中国数字化消费依然保持蓬勃发展态势，零售额和网络零售额都位居全球第一。2020 年中国数字化消费零售额约为 5.7 万亿美元，其中网络零售额约为 1.4 万亿美元，同比上年增加 14.6%，占零售额比重达 24.9%，比上年上升 4.2 个百分点。美国网络零售额规模虽然位居世界前列，但依然存在较大的发展空间。2020 年，美国网络零售额约为 0.8 万亿美元，占其零售总额比重仅为 14.0%，处于中下游水平。如图 1-10 所示。

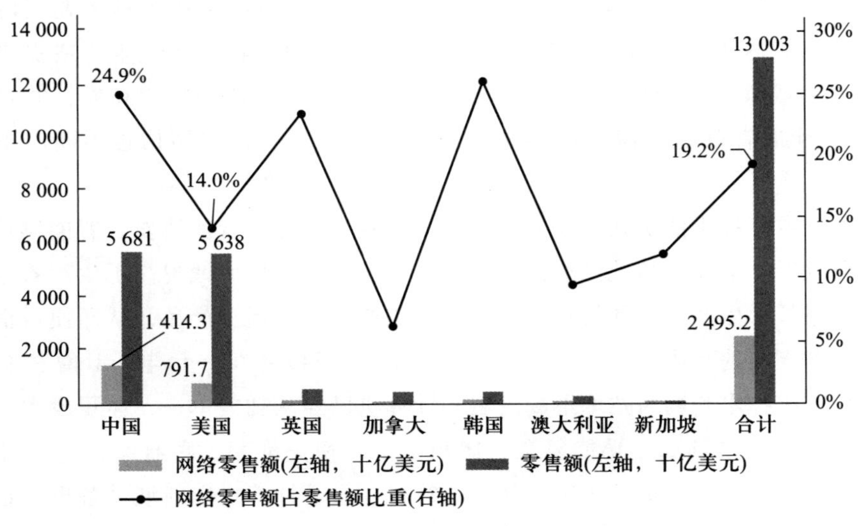

图 1-10　2020 年全球主要经济体网络零售额规模及其占比

资料来源：联合国贸易与发展会议（UNCTAD）。

（三）数字经济对消费的潜在影响

近些年来，关于数字经济和消费的关系研究逐渐成为学界关注的新热点，越来越多的人开始探究数字经济对消费的潜在影响及其内在机制。中国信通院在《中国数字经济发展白皮书（2021 年）》中指出，数字经济对消费的影响主要体现在四个方面：一是在消费结构方面，低端和高端消费两极分化，消费升级和降级同时并存；二是在消费群体方面，生产者剩余和消费者剩余的总空间变大，生产者和消费者由零和博弈走向多方共赢；三是在消费行为方面，个性化和差异化需求不断涌现，消费的不确定性在增加；四是在消费市场方面，数字经济平台参与者越来越多，单边市场不断向多边市场演进。

有学者认为，数字经济时代下，技术和信息要素是刺激消费升级的强劲动力，而消费升级主要包括三个方面：消费对象的升级、消费方式的升级以及消费环境与观念的转变。同时，数字经济对消费升级影响机制的研究应该突破以传统收入为主的研究范式，转向技术进步所引致的供给侧产品创新以及需求侧消费内容和方式的变革。

有学者在前人研究的基础上，归纳总结了数字经济影响消费的四大表现：一是消费方式发生变化，线上消费和线下消费相互融合；二是消费模式发生变化，直播电商等新消费模式快速成长；三是消费群体发生变化，中老年消费群体规模进一步扩大；四是消费范围发生变化，城乡消费市场发展差距逐步缩小。

综合以上研究成果，本书列举出数字经济对消费在四个方面的主要影响：

第一，在消费对象方面，数字经济促进了消费内容的丰富和消费结构的升级。政治经济学中有一个著名论断："生产决定消费对象。"消费对象是指消费者购买的产品或服务。该论断意味着，只有当生产力发展到一定阶段时，社会才能生产或提供与时代相匹配的产品或服务。在数字经济时代，由于生产力水平达到空前高度，并且依然在不断提高，因此消费者的消费内容也达到空前的丰富，消费结构也不断向更高层次发展。

一方面，数字技术的迅猛发展和创新推动了各行各业向智能研发、智能制造、智能管理等方向发展，加速了传统产业链的优化升级。这不仅极大地提高了生产效率和产品质量，大大降低了生产成本和管理成本，而且创造出许多新型产品，从而使得消费者能够接触到更加丰富的高质量平价产品。比如，自从 1946 年第一台电子计算机被发明出来，随着计算机技术和网络技术不断发展，计算机已经从功能单一、体积庞大、价格高昂的"稀罕物"发展到如今功能复杂、体积微小、物美价廉、联通世界的"日用品"。我们可以想象，或许在不远的未来，超级计算机、量子计算机等新型设备也会走进寻常百姓家。

另一方面，数字经济时代下，消费者收入水平和消费要求普遍得到提高，由此引发了消费内容中服务性消费比例的大幅度提升，推动消费结构从生存型向发展型进而向享受型转变。如今，消费者更加注重生活质量，从原来的服饰、食品、家电等生活必需品消费到如今的化妆品、珠宝、汽车等奢侈品消费，从原来单纯的物质消费到如今的游戏、视频等精神消费。这无疑表明，数字经济时代下消费需求呈现出多样化和层次化特点，消费结构正在不断升级。

第二，在消费方式方面，数字技术的发展催生出各类电商平台，消费者可以不再拘泥于实体店购物这一单一的消费方式，从而实现了线上线下相互融合的消费方式。政治经济学中还有一个著名论断："生产决定消费方式。"消费方式，广义上是指人们生存和活动的方式，狭义上是指人们与消费资料结合的方式。通俗来说，消费方式是指消费者采取什么形式、运用什么方法去消费。该论断的含义是，消费方式取决于生产力的发展水平。在数字经济时代下，数字技术驱动生产力不断变革，因此消费方式也会随之发生新变化，更多地呈现出多样化和便利化。

随着互联网、5G 等数字技术的发展，智能产品逐渐平民化，智能手机、个人计算机、平板电脑等智能产品纷纷走入千家万户；电商平台不断兴起，如亚马逊、淘宝、京东等，逐渐占据消费者购物渠道的半壁江山；支付方式变得更加安全和智能，从银行卡、支票等传统的支付方式发展到如今的指纹识别、人脸识别等运用生物识别技术的支付方式，甚至近些年来火热的区块链技术也有望深刻变革既有的支付体系。

根据联合国贸易与发展会议的统计数据，2019 年全球约有 14.8 亿人在网上购物，较 2018 年增长 7.2%，约占全球人口总数的 1/5。其中，2019 年约有 3.6 亿网购者跨境购物，较 2018 年增长 24.1%，约占全球网购者总数的 1/3。由此可见，随着数字技术和数字经济的蓬勃发展，越来越多消费者选择和青睐网络购物，而网络购物大大拓展了人们的消费市场和消费空间。如图 1-11 所示。

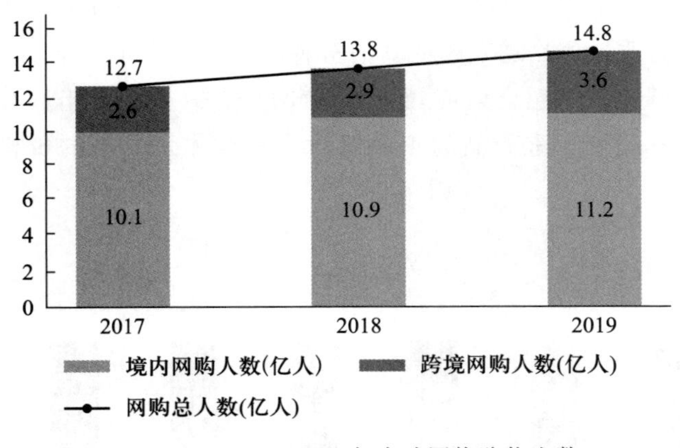

图 1-11　2017—2019 年全球网络购物人数

资料来源：联合国贸易与发展会议（UNCTAD）。

第三，在消费模式方面，大数据、人工智能、云计算等新一代数字技术与传统经济深度融合，改变了传统的生产方式、管理模式和营销手段。从供给侧来看，这将激发出众多新产业、新业态和新模式；从需求侧来看，这将产生更多的新消费场景，衍生出更多的新消费模式。比如，直播经济、共享经济和平台经济，以及在疫情期间发挥重要作用的在线教育、在线医疗和远程办公等，都属于新消费模式。

中国互联网络信息中心（CNNIC）发布的第 52 次《中国互联网络发展状况统计报告》显示，截至 2023 年 6 月，我国网络直播用户规模达 7.65 亿人，占网民整体的 71.0%，"直播带货"已成热门话题；网约车用户规模达 4.72 亿人，占网民整体的 43.8%；线上办公用户规模达 5.07 亿人，占网民整体的 47.1%；互联网医疗用户规模达3.64亿人，占网民整体的33.8%。这些数据表明，数字经济时代下，居民消费模式已经发生快速转变。

2020年，中国国务院办公厅印发《关于以新业态新模式引领新型消费加快发展的意见》，指出要积极发展新业态、新模式，促进线上线下消费深度融合，从而推动形成以国内大循环为主体、国内国际双循环相互促进的新发展格局。相比于传统消费模式，新消费模式具备多种优势。一方面，新消费模式减少了消费者和生产者之间的信息不对称——消费者能够了解到更多有关商品的信息，从而调整自身的消费行为；生产者也能够了解到更多有关消费者需求的信息，从而调整后续的生产活动。另一方面，新消费模式突破了时间和空间的限制，提高了欠发达地区消费者的生活水平，增加了其就业机会，同时也为欠发达地区生产者带来更多的发展机会和更好的发展平台。

第四，在消费行为方面，由于数字技术的迅速发展和居民收入的普遍提高，消费者的消费观念和消费结构逐渐发生变化，对精神型、享受型、服务型消费的需求不断增加，这无疑意味着其消费行为也正在发生变化。消费者从原来的“剁手族”转变为如今的“品质族”，从原来的“只买贵的，不买好的”转变为如今的“买精买好”。这些现象表明，如今的消费者更多地呈现出理性化消费、个性化消费和品质化消费。

一方面，随着消费结构的升级，消费者需求已经逐渐从注重数量的满足开始向追求质量的提升转变，高质量商品越来越受到消费者的追捧。京东、京东到家、沃尔玛和腾讯联合发布的《中国零售商超全渠道融合发展年度报告（2018年）》显示，在网购各类消费品时，消费者都最看重商品的正品保障，其次才是商品的价格和售后服务。如图1-12所示。

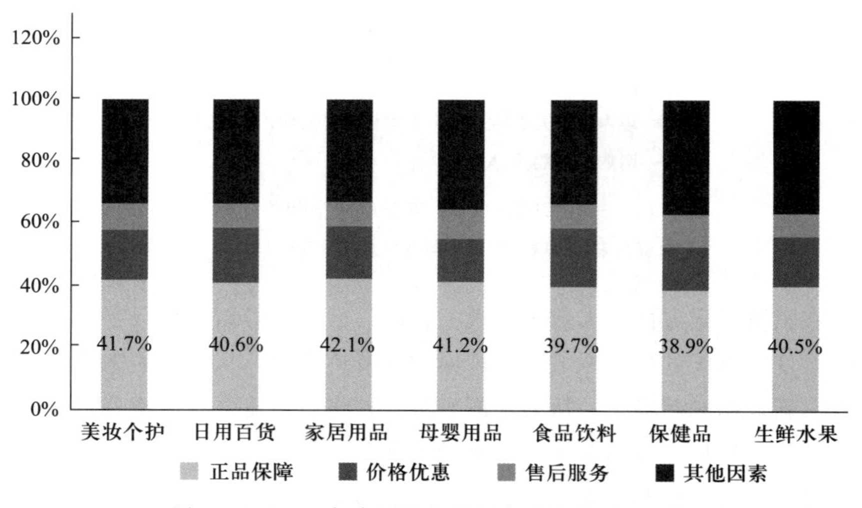

图1-12 2018年中国消费者网购时最看重的因素

资料来源：京东研究院。

另一方面，借助互联网，消费者不再盲目追求品牌或高价产品，而是越来越看重“物有所值”，逐渐回归理性化消费。在购买产品之前，消费者会尽可能通过信息搜寻、线上筛选等方式去了解该产品和相关竞品，比如可以通过文字、图片、视频甚至 VR 线上体验等渠道获取产品的有效信息，或者通过其他买家的评价、与卖家在线交流等方式来对产品进行筛选。《中国零售商超全渠道融合发展年度报告（2018 年）》显示，我国中等收入群体中超过 70%的消费者在消费时更关注性价比。这表明，用“合适的价格”买到“适合的好产品”已经成为当前消费者的主要消费观。如图 1-13 所示。

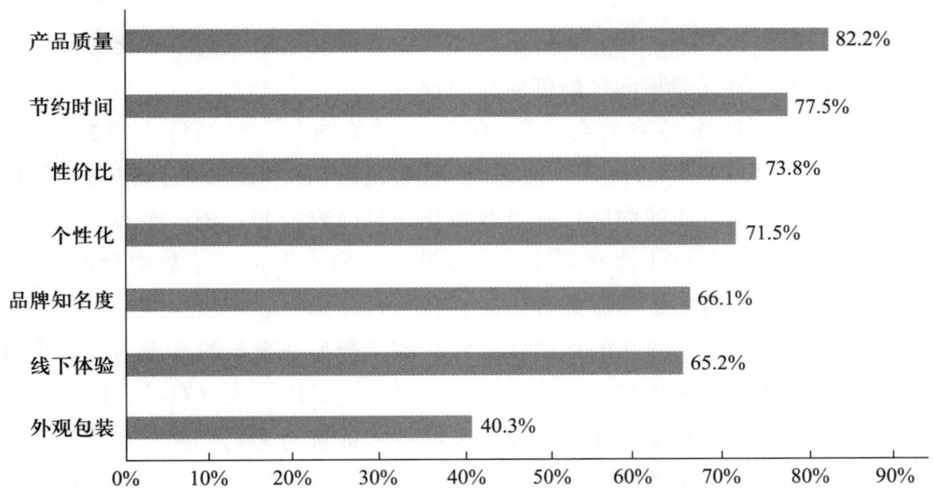

图 1-13 2018 年中国中等收入人群消费时注重的因素

资料来源：京东研究院。

此外，数字技术的迅速发展推动企业实现柔性生产，充分满足消费者的个性化需求。个性化消费是社会消费规模、消费水平发展到一定阶段后出现的产物。此时，人们购买产品不仅仅是为了满足生活的需求，也同样注重商品的个性化特征，希望通过个性化消费来体现自身的品位和价值。当前，“90 后”“00 后”已经成为个性化消费的主要力量。相比于其他人群，他们更愿意接受小众品牌和定制化产品。

假以时日，数字消费的未来或许将如著名社会学家阿尔文·托夫勒（Alvin Toffler）在《第三次浪潮》里所预言的那样：“不会再有大规模生产，不会再有大众消费，不会再有大众娱乐，取而代之的将是具体到每个人的个性化生产、创造和消费。”

二、数字贸易的发展

（一）数字贸易内涵特征

习近平总书记在 2020 年中国国际服务贸易交易会全球服务贸易峰会上致辞时指出：“我们要顺应数字化、网络化、智能化发展趋势，共同致力于消除‘数字鸿沟’，助推服务贸易数字化进程。”[①] 随着数字技术和数字经济快速发展，全球产业结构、组织方

① 《习近平外交演讲集》（第二卷），中央文献出版社 2022 年版，第 252 页。

式和生产内容等各方面都发生了深刻变化，在这些变化的推动之下，逐渐产生了一种全新的全球贸易形式，即数字贸易。

2010 年，苏黎世大学的罗夫·韦伯（Rolf H. Weber）在研究数字经济时代的国际贸易规则时提出，一般意义上的数字贸易是指通过互联网等电子化手段传输产品或服务的商业活动，数字产品或服务的内容是数字贸易的核心。

熊励等（2011）对“数字贸易”给出了更加学术化的解释：数字贸易是以互联网为基础，以数字交换技术为手段，为供求双方提供交易互动所需的数字化电子信息，实现以数字化信息为贸易标的物的全球创新商业模式。

2013 年，美国国际贸易委员会（USITC）在《美国与全球经济中的数字贸易 I》报告中，给出“数字贸易”的定义：通过互联网传输产品和服务的国内商务和国际贸易活动。具体包括四个方面的内容：一是数字化交付内容，如音乐、游戏；二是社交媒体，如社交网络网站、用户评价网站等；三是搜索引擎；四是其他数字化产品和服务，如软件服务、在云端交付的数据服务等。

以上三种定义都将数字贸易的标的物限定在数字产品和服务的范围内，将大部分的实体商品贸易排除在外，比如在线订购的商品和以数字载体形式存在的实体商品，如光盘、硬盘等，因此以上三种定义属于比较狭义的数字贸易定义。

2014 年，美国国际贸易委员会在《美国与全球经济中的数字贸易 Ⅱ》报告中，将“数字贸易”定义更新为：互联网等数字技术在订购、生产以及交付产品和服务中发挥关键作用的国内商务和国际贸易活动。按照新的扩展定义，数字贸易的标的物具体包括三大类：一是使用数字技术订购的产品与服务，如电商平台上购买的实体商品；二是利用数字技术生产的产品与服务，如存储音乐、电影、电子书等各类信息数据的光盘、硬盘等；三是基于数字技术交付的产品与服务，即该机构发布的前一版定义中所包含的全部内容。

中国信通院在《数字贸易发展白皮书（2020 年）》中指出，相比于传统贸易，数字贸易的突出特征在于贸易方式的数字化和贸易对象的数字化。其中，贸易方式的数字化是指信息通信技术与传统贸易各个环节的融合渗透，表现为贸易中的数字对接、数字订购、数字交付、数字结算等变化；贸易对象的数字化是指数据和以数据形式存在的产品和服务贸易。

与美国国际贸易委员会在 2014 年所做出的定义相比较，中国信通院所给的数字贸易内容范围有两点不同之处。

第一，增添了“数字对接”和“数字结算”两大内容。数字对接是指利用数字中介平台及其服务将有关贸易当事人聚集起来一起进行互动，同时将数据、产品和服务的供需实施对接，以及为研发、创新和生产等分工协同提供支持。数字结算是指利用数字支付结算平台及其服务实现贸易当事人的多币种、多业务、跨国境、智能化的自由结算。

第二，中国信通院把“数据要素”加入数字贸易标的，同时将美国国际贸易委员会定义的数字贸易标的“利用数字技术生产的产品与服务”延伸拓展为“以数据形式存在的要素、产品和服务”，并总结为“贸易对象的数字化”。因此，中国信通院所给出的定义可以被视为对于“数字贸易”更加广义的诠释。

数字贸易在过去几十年里经历了多个发展阶段。经济合作与发展组织（OECD）在2017年发布的《数字贸易》报告中提出，全球贸易至今大致经历了三个阶段：从传统贸易到全球价值链贸易（Global Value Chains（GVCs）Trade），再到如今的数字贸易。作为中间阶段的全球价值链贸易简单来说是指由于国际分工的存在，许多商品的研发、生产、销售、回收等过程不再是由单一国家实行，而是由多个国家垂直分工协作完成。与前两个阶段不同的是，数字贸易既涉及实物商品贸易，又涉及数字服务贸易，并且运输、协调等贸易成本大幅下降。

中国信通院在《数字贸易发展与影响白皮书（2019年）》中做出了类似的数字贸易发展阶段划分：第一阶段是传统商务与贸易，该阶段只能进行线下实物商品贸易；第二阶段是电子商务，该阶段实现了商务贸易活动的电子化和信息化；第三阶段是跨境电子商务，该阶段实现了跨境的电子商务活动；第四阶段是数字贸易，该阶段实现了交易内容的数字化。如表1-6所示。

表1-6 数字贸易发展阶段及其特点

阶段	特征
第一阶段：传统商务与贸易	只能进行线下实物商品贸易
“+电子”第二阶段：电子商务	实现贸易活动的电子化和商务活动的信息化
“+跨境”第三阶段：跨境电子商务	实现跨境的电子商务活动
“+数字”第四阶段：数字贸易	实现交易内容的数字化

资料来源：中国信通院。

（二）数字贸易发展现状

从具体业态来看，数字贸易主要包括以货物贸易为主的跨境电商、供应链数字化和以服务贸易为主的数字服务贸易。为了探究全球数字贸易规模和结构的发展现状，本节将聚焦于数字服务贸易，理由主要包括以下两点：

一是参考中国信通院所提出的数字贸易发展阶段，数字贸易和跨境电子商务之间最大差异就是数字服务贸易，出现了可以通过数字技术传输交付的贸易标的。因此，通过探究数字服务贸易来探究数字贸易的发展现状存在一定的合理性。

二是当前缺乏丰富而全面的数字贸易数据，且不同组织和机构在衡量数字贸易时存在标准和口径不一致等问题。

经过对联合国贸易与发展会议（UNCTAD）数据库中数据的系统性分析，我们将数字服务贸易的发展现状归纳为以下四点：

第一，全球数字服务贸易不断增长，截至 2023 年 10 月，联合国贸易与发展会议的最新数据库显示，按现价计算，2022 年全球数字服务出口规模达 39 419.25 亿美元，占全球服务出口的 55.31%，占全球总出口的 15.8%。由于疫情经济恢复等因素，相较于 2021 年，数字服务出口规模增长 3.3%。但其占服务出口的比重降低 6.16 个百分点，占全球总出口的比重降低 1.2 个百分点。总体来看，数字服务贸易规模在强力稳步增长，近年来占服务出口比重维持在 50%以上，在全球服务贸易和全球贸易中将占据越来越重要的地位。如图 1-14 所示。

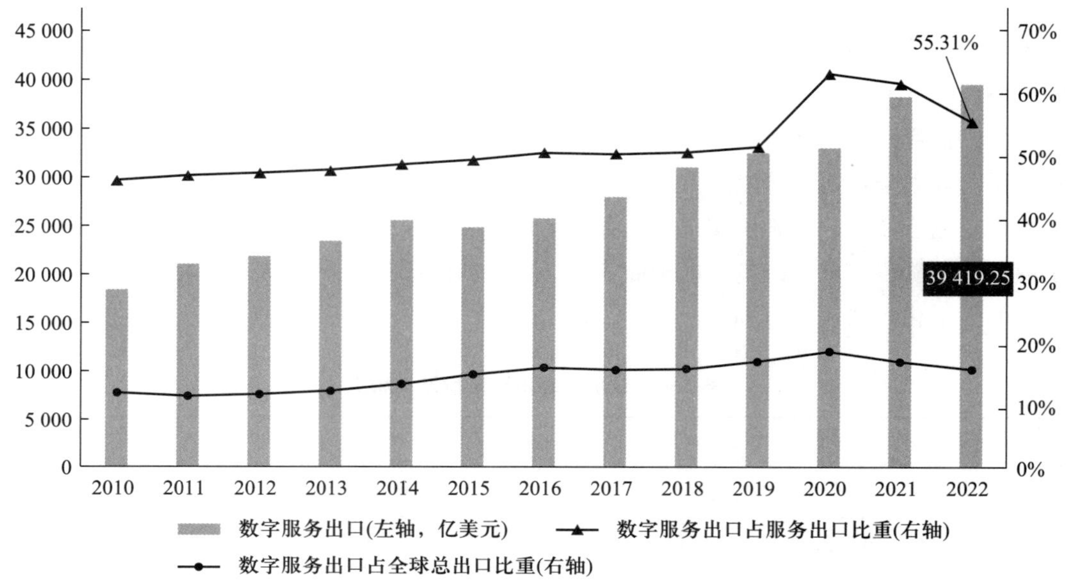

图 1-14 2010—2022 年全球数字服务贸易出口规模及其占比

资料来源：联合国贸易与发展会议（UNCTAD）。

如此庞大的全球数字服务贸易规模仍然存在被低估的可能。根据世界贸易组织（WTO）所制定的《服务贸易总协定》（*General Agreement on Trade in Service*，GATS），服务贸易主要包括跨境交付、境外消费、商业存在、自然人流动四种模式。其中，跨境交付是指服务提供者在一成员的领土内，向另一成员领土内的消费者提供服务的方式，如在中国境内通过电信、邮政、计算机网络等手段实现对境外的外国消费者的服务；境外消费是指服务提供者在一成员的领土内，向来自另一成员的消费者提供服务的方式，如中国公民在其他国家短期居留期间，享受国外的医疗服务；商业存在是指一成员的服务提供者在另一成员领土内设立商业机构，在后者领土内为消费者提供服务的方式，如外国服务类企业在中国设立公司为中国企业或个人提供服务；自然人流动是指一成员方的服务提供者以自然人的身份进入另一成员方的领土内提供服务的方式，如某外国律师作为外国律师事务所的驻华代表到中国境内为消费者提供服务。

第二，全球数字服务贸易增速领先，成为全球贸易增长新引擎。当前，逆全球化、保护主义、单边主义暗流涌动，全球疫情仍然未被完全控制，全球贸易增长大幅下滑，数字贸易成为驱动贸易增长的关键。

从长期来看，数字服务贸易更是在促进全球服务贸易以及全球贸易的稳定增长方面具有显著的作用。如图 1-15 可知，从 2011—2022 年，除去疫情冲击后经济恢复的近两年，全球数字服务出口的同比增速曲线几乎始终高于全球服务出口的同比增速曲线，而且每当全球总出口的同比增速下滑时，数字服务出口总是对其发挥着拉动作用。2011—2022 年，全球数字服务出口、服务出口和总出口的年均增长率分别为 6.67%、5.37% 和 4.71%。

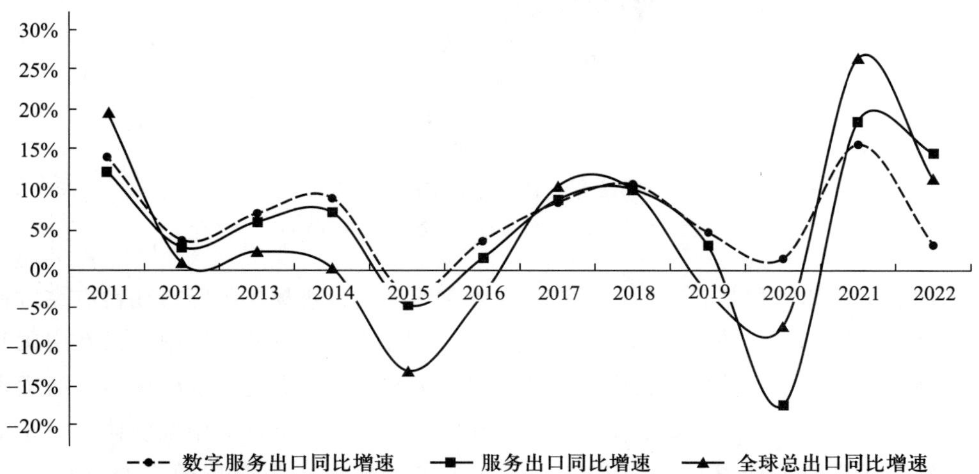

图 1-15 2011—2022 年全球数字服务出口、服务出口、总出口的同比增速对比

资料来源：联合国贸易与发展会议（UNCTAD）。

第三，从数字服务贸易构成上看，其他商业服务、ICT 服务、金融服务在数字服务贸易中占据主导地位。联合国贸易与发展会议在 2015 年发布的《ICT 服务贸易和 ICT 赋能服务贸易》报告中规定，扩大国际收支服务分类（EBOPS）的 12 类细分服务贸易中有 6 类数字服务贸易，分别是保险服务、金融服务、知识产权服务、ICT 服务、个人文娱服务和其他商业服务。[①] 2022 年，6 类细分数字服务出口规模从大到小排序依次为其他商业服务、ICT 服务、金融服务、知识产权服务、保险服务和个人文娱服务，出口规模按现价计算分别为 17 370 亿美元、9 690 亿美元、6 230 亿美元、4 470 亿美元、1 840 亿美元和 1 110 亿美元，在数字服务出口中的占比依次为 42.67%、23.80%、15.30%、10.98%、4.52%和 2.73%。如图 1-16 所示。

① 为方便阅读，部分服务贸易分类采用简称：保险服务（Insurance Services）、金融服务（Financial Services）、知识产权服务（Charges for the Use of Intellectual Property n. i. e.）、ICT 服务（Telecommunications, Computer, and Information Services）、个人文娱服务（Personal, Cultural, and Recreational Services）、其他商业服务（Other Business Services）。其中，其他商业服务包括研发、会计、法律、广告、管理咨询、公共关系等服务。

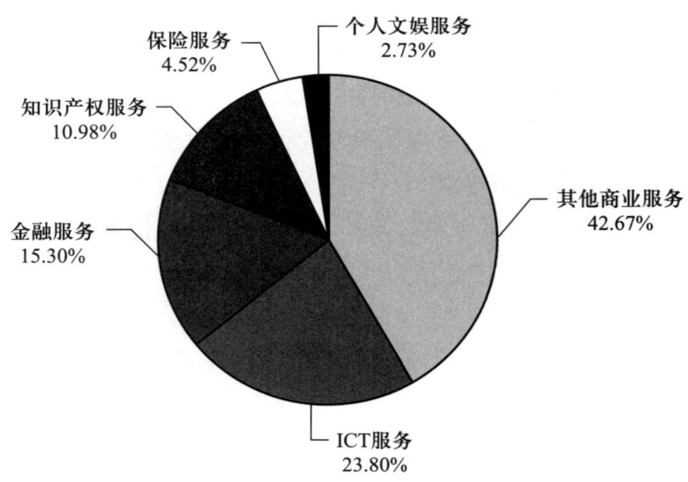

图 1-16 2022 年全球细分数字服务贸易出口占比

资料来源：联合国贸易与发展会议（UNCTAD）。

第四，从主体结构来看，发达经济体在数字服务出口规模和国际市场占有率方面具有绝对优势。2022 年，在全球数字服务出口规模排名前 20 的经济体中，只有中国和印度属于新兴和发展中经济体。其中，全球数字服务出口规模超过 1 000 亿美元的国家和地区一共有 12 个，包含了 10 个发达经济体和中国、印度 2 个发展中经济体。由于金融业和数字技术产业的明显优势，北美和欧洲等发达地区成为全球数字服务供给核心区，美国、英国、爱尔兰、德国、印度、中国六国数字服务出口的国际市场占有率总和约为 1/2，其中仅美国的数字服务出口国际市场占有率就为 16. 58%。中国数字服务出口规模排名全球第六，达到 2 089. 14 亿美元，国际市场占有率为 5. 28%，在发展中国家中仅次于印度的 5. 95%，但与主要发达经济体之间仍存在不小差距。如图 1-17 所示。

（三）数字经济对国际贸易的潜在影响

现有研究普遍认为互联网等数字技术能够显著促进全球贸易的发展。Freund 和 Weinhold（2004）通过实证研究指出，一个国家的网络主机数量（Web Host）每增长 10%，会为该国出口贸易额带来 0. 2%的增长。在该研究的基础之上，中国农业大学的林发勤教授使用近 200 个国家 1990—2006 年的双边贸易数据，通过实证检验证明：互联网等数字技术的使用降低了买卖双方之间的信息成本，并且一个国家互联网用户数量每增加 10%，会给该国的出口贸易带来 0. 2%～0. 4%的增长。

中国社会科学院大学的刘洪愧研究员分别从消费者、生产者、市场效率和贸易发展新动力四个视角，阐述了数字经济对全球贸易发展的影响效应。首先，从消费者视角来看，一方面数字经济可直接增加贸易商品的种类和数量，从而有效提升消费者福利；另一方面数字技术和数字经济降低了交易成本，间接增加了贸易商品的种类和数量，从而

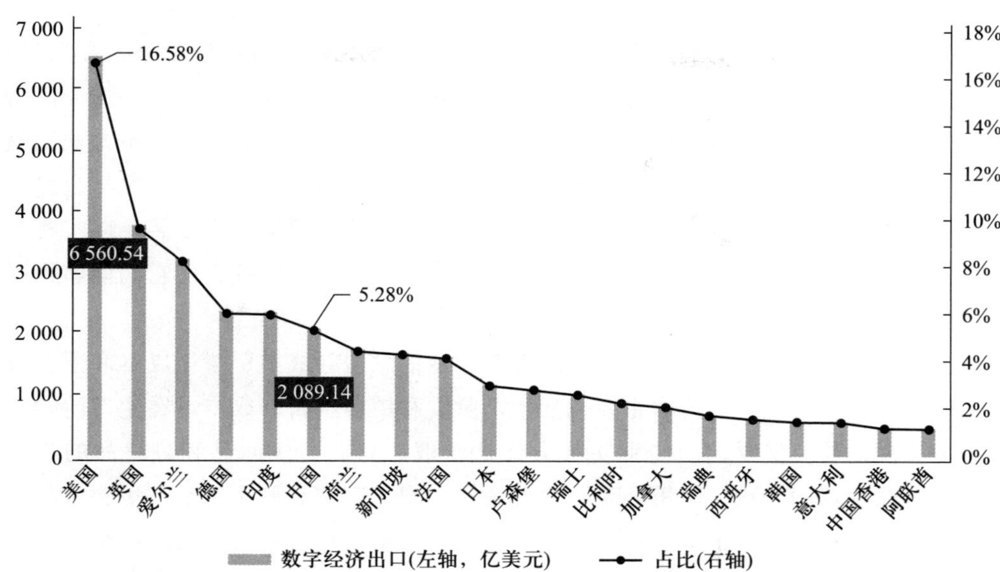

图 1-17 2022 年全球数字服务出口规模和国际市场占有率排名前 20 经济体

资料来源：联合国贸易与发展会议（UNCTAD）。

提升消费者福利。其次，从生产者视角来看，数字技术在国际生产分工各环节中的应用，降低了全球价值链的组织和协调成本。并且由于新型数字产品和服务不断涌现，将产生新的全球价值链。再次，从市场效率的视角来看，数字技术和数字经济可以降低信息不对称程度和贸易壁垒，提高市场效率。最后，从贸易发展新动力视角来看，5G 技术、大数据、人工智能等数字技术的出现及应用，以及平台经济、共享经济等数字经济模式的发展，极大丰富了服务贸易的种类，为服务贸易的发展和变革提供了新动力。

中国信通院在《中国数字经济发展白皮书（2021 年）》中，提出了数字经济对全球贸易的四大潜在影响。一是贸易结构由货物贸易主导逐渐向服务贸易主导演进。数字技术的发展推动了跨境服务贸易成本的降低，并且使得许多服务变得高度可交易。二是贸易规则谈判从单边主导逐渐向多方参与转变。数字贸易规则最早是由美、欧等综合实力较强的国家在谈判中发挥主导作用，后来以世贸组织（WTO）、区域全面经济伙伴关系协定（RCEP）等为代表的多方谈判机制也启动数字贸易相关谈判。三是贸易竞争格局的“马太效应”问题越来越突出，发达国家和发展中国家在数字经济领域的贸易差距逐渐拉大。四是全球价值链贸易中数字技术的重要性日益凸显，掌握关键核心技术、具有数字经济产业优势的国家和企业将从数字贸易中获益。

结合上述文献及其他相关文献，数字技术和数字经济对国际贸易的潜在影响可归纳概括为以下三个主要方面：

第一，数字技术和数字经济极大地丰富了全球贸易商品的种类和数量。一方面，数字经济的产生和发展直接催生出更多的数字化消费商品，并将其引入国际贸易。在传统经济下，可贸易商品主要局限于有形实物产品和生产要素等。但随着数字经济的蓬勃发展，越来越多的数字化产品和服务涌现出来，如搜索服务、网络社交服务、音乐视频、在线教育、在线医疗和远程办公等。这些产品和服务如今纷纷加入全球贸易的商品清单当中。另一方面，数字经济推动传统贸易商品的转型升级，间接地将许多不方便贸易或不可贸易的商品转变为方便贸易或可贸易的商品。随着互联网等数字技术与金融、保险、娱乐、教育、医疗、零售等众多行业的融合渗透，传统贸易中许多需要以实物为载体进行传输支付的商品转变为虚拟商品，例如音乐、视频和软件等，使它们能够得以在线交付。

第二，数字技术和数字经济极大地降低了包括信息搜寻成本、沟通成本和生产成本在内的贸易成本。信息搜寻成本主要包括生产阶段和销售阶段的成本。在生产阶段，数字技术的发展能够使贸易出口企业更加方便地获取原材料、中间品和最终品的价格信息，从而影响企业的采购与决策环节，促使企业实现生产效益最大化。在销售阶段，借助信息数字平台，贸易进出口企业能够充分了解商品及其竞争商品的信息，从而提高了进出口决策效率。从沟通成本来看，贸易有关各方能够通过互联网等数字技术进行有效的沟通和协作，进而降低贸易过程中的交流沟通成本。一方面，身处全球各地的贸易有关方能够借助互联网等数字技术迅速地与对方取得联系。从影响效果来看，数字技术大大缩短了沟通的空间距离。另一方面，数字技术降低了沟通的时间成本。通过微信、Skype 等社交软件，贸易双方能够随时随地进行沟通联络。这将有效地缩短沟通的等待周期，提高沟通的传递效率。从生产成本来看，数字技术能够促进全球专业化分工和协作，提升全球产业链的运行效率。随着经济全球化不断深入，各国、各企业之间的分工合作更加紧密。借助数字技术，贸易商品的研发、设计、生产、销售等各环节变得更加高效，参与各环节的各国、各企业也能得以有效串联，进而降低贸易商品的生产成本。

第三，数字技术和数字经济极大地降低了贸易壁垒和信息不对称程度，提高了市场效率，实现了生产要素在全球范围内高效配置。一是数字经济降低了贸易生产端和消费端之间的信息不对称程度。在传统贸易下，由于时间和空间的约束，贸易商品供求双方获取信息的渠道十分有限，存在严重的信息不对称问题。而在数字贸易下，供给和消费数据变得可查询、可追溯，消费者可便捷地获取商品的多维度信息，生产者也可利用社交媒体或交易平台，全面而精准地掌握消费者需求的信息。二是数字经济降低了整个贸易环节中的信息不对称程度。在数字贸易背景下，供应链跟踪系统和产品追溯系统的使用，显著提高了全球产业链过程的透明度，贸易企业得以实时掌握上下游产品的更多信息，进而提高了市场化生产的效率。三是数字经济降低了贸易壁垒，使更多中小微企业广泛地参与到全球贸易当中。相较于传统贸易，数字贸易在降低贸易的参与成本和参与门槛中发挥着重要作用，也为中小微企业参与全球贸易活动搭建了广阔的平台。除此之外，通过信息数字平台，中小微企业不仅能够详细了解消费者的需求偏好，而且能够及时掌握竞争企业的商品信息和发展状况等，进而更好地实现商品差异化，以此来保持市场竞争力。

三、数字化投资的发展

（一）数字化投资的内涵特征

数字经济除了对消费、贸易有着深刻的影响，还给当前的全球投资带来了革命性的变化。国际数据公司（IDC）预测，全球各国为了缓和新冠疫情对经济的冲击，将同步加大国内的数字化投资，2022—2024 年与数字化转型直接相关的投资年复合增长率（Compound Annual Growth Rate，CAGR）将达到 16.5%，明显高于 2019—2024 年的 15.4%。

“数字化投资”是一个新鲜且宽泛的概念。目前讨论最多的仅是数字经济对全球投资的影响，并没有明确的数字化投资的定义和规范。一般来说，人们将数字化投资看成推动企业、组织和国家数字化、网络化和智能化的相关投资。例如，5G、大数据中心、人工智能等“新基建”投资属于典型的数字化投资。

为了进一步明确数字化投资的内容框架，中国信通院从数字化投资与传统投资之间的投资对象差异性入手，在《中国数字经济发展白皮书（2021 年）》中将数字化投资定义为以数字技术、数字产业等为主要投资对象的经济活动，其中数字产业投资包括产业数字化投资和数字产业化投资等。

相比于传统投资，数字化投资主要具有以下三个明显特征：

第一，数字化投资对象主要是数字技术和数字产业。数字产业投资对于推动经济高质量发展的作用越来越得到人们的重视。

第二，数字化投资主体逐渐朝着多元化发展。在投资过程中，政府不再唱“独角戏”，而企业发挥的作用越来越举足轻重，特别是在推动企业数字化转型方面。IDC 预测，2023 年全球约有 90%的企业组织将优先投资于数字化工具，约有 50%的企业将从数字化产品和服务中获得超过 40%的收入。

第三，数字化投资回报呈现较高水平。数字技术是前沿技术，是在大量的高精尖人才和成熟的基础科研成果上发展起来的，因此数字产业相比于其他传统产业具有更高的技术壁垒和附加价值，这些特性吸引市场中大量创业者和投资者涌入数字产业。然而，得益于数字经济具有规模经济的特征，即便有大量的涌入者，数字产业依然能够保持相当可观的高额利润。2010—2019 年，苹果公司和微软公司的平均年利润率分别约为 22.4%和 24.2%，而沃尔玛和通用汽车的平均年利润率分别约为 3.0%和 4.1%。

（二）数字化投资的发展现状

在全球各国，数字化投资正在如火如荼地进行着，已经成为振兴全球投资和全球经济的重要动力。联合国贸易与发展会议基于国际电信联盟数字战略数据库等提供的资料统计发现，截至 2017 年，全球各国共有约 102 项数字经济发展战略，其中发达经济体有 32 项，发展中经济体有 59 项，转型期经济体有 11 项。从发展目标来说，这些战略可以分为30项只提及数字基础设施（Digital Infrastructure）投资的计划、6项只提及数字产业（Digital Industry）投资的计划、61项同时提及这两项投资的计划以及5项未提及这两项投资的计划。如表1-7所示。

表1-7 全球数字发展战略统计 单位：项

经济体	全部战略	提及数字基础设施投资	提及数字产业投资
发达经济体	32	27	21
发展中经济体	59	54	40
非洲	25	23	17
亚洲和大洋洲	16	15	9
拉丁美洲和加勒比海地区	18	16	14
转型期经济体	11	10	6
合计	102	91	67

资料来源：联合国贸易与发展会议。

根据上述统计数据，当前数字化投资的发展现状可以总结为以下两点：

第一，私人资本在数字化投资中将扮演越来越重要的角色。尽管全球各国的数字经济发展战略并未明确区分政府投资与私人投资，但大多数均强调了投资资金来源多样性对于推动数字经济发展的重要性：政府部门仍然把公共财政当作促进数字基础设施投资和数字产业投资中的最重要角色，超过2/3的数字经济发展战略均提及了该项内容；私人资本参与数字化投资同样是非常重要的，分别约有76项和49项的数字经济发展战略提及了私人投资对于数字基础设施和数字产业的重要性；公私合作（Public-Private Partnership，PPP）也将成为不可忽视的数字化投资方式，如图1-18所示。

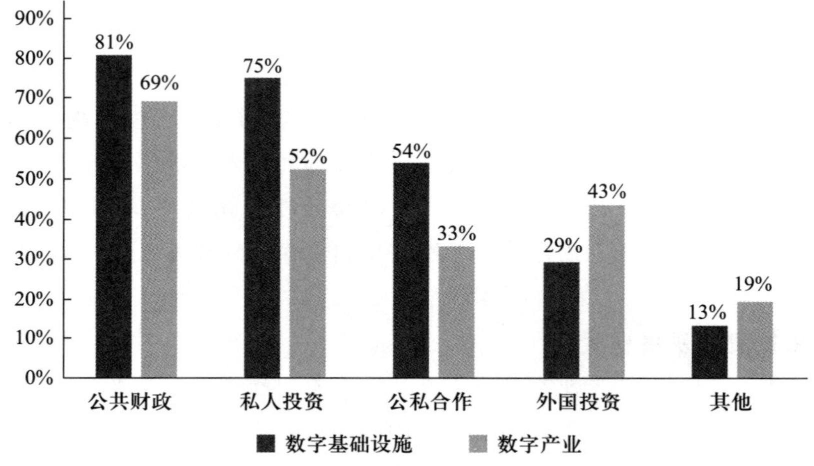

图1-18 全球各国的数字经济发展战略中拟议资金来源

资料来源：联合国贸易与发展会议。

第二，在促进私人资本大力参与数字化投资的过程中，政府部门将发挥重要的规范、协调和推动作用。在提及私人资本对于数字基础设施投资重要性的 76 项数字经济发展战略中，大多数计划提议通过适当的监管框架、激励政策（包括财政和金融等）、行业标准和投资便利化，来提高投资的规范和效率；在提及私人资本对于数字产业投资重要性的 49 项数字经济发展战略中，拟议的政策措施往往侧重于监管框架、激励政策、投资便利化和企业孵化器。如图 1-19 所示。

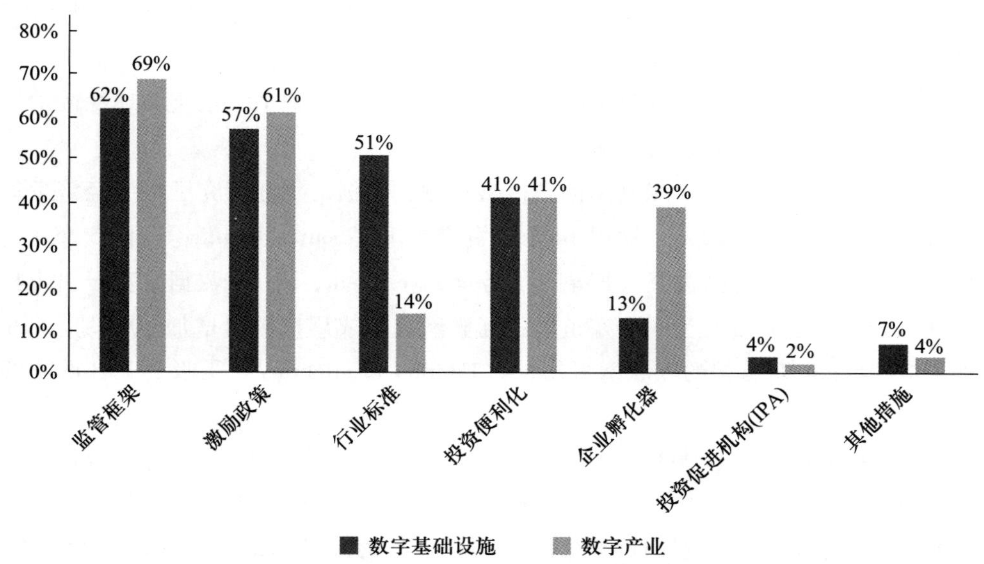

图 1-19　促进私人资本参与数字化投资的拟议政策措施

资料来源：联合国贸易与发展会议。

（三）数字经济对投资的潜在影响

联合国贸易与发展会议指出，数字经济对投资有重要影响，而投资对数字经济发展至关重要。一方面，数字经济通过创造新的市场准入方式，降低了海外实体和公司分支存在的必要性，推动了以网络为平台建立全球业务的跨国企业（Multinational Enterprises，MNEs）发展，帮助它们积极地拓展和投资海外业务。另一方面，所有国家（特别是发展中国家）的数字经济发展，都需要有针对性的投资政策来帮助建设数字企业、数字基础设施和数字产业，从而实现数字经济的健康快速发展。

在联合国贸易与发展会议报告及其他研究的基础之上，詹晓宁和欧阳永福（2018）总结了数字经济对于跨国企业国际投资模式的影响。在全球数字经济快速发展的时代背景下，跨国企业全球价值链呈现数字化、服务化、去中介化和定制化的新趋势，这将导致跨国企业的国际投资出现以下六大新特征：

一是轻海外资产。跨国企业可以通过在线市场和网络平台在本国或本地区内出售商品及服务。

二是低就业。无形资产和流动资产成为数字化跨国企业中的重要部分，而这些资产创造的就业岗位并不多。

三是区位决定因素变化①。土地、资本和劳动力等传统生产要素的区位决定作用相对下降，数据生产要素的重要性不断凸显。

四是服务业投资比重上升。全球价值链数字化和服务化加速是导致该特征出现的重要因素。

五是非股权投资增多。跨国企业在日常经营中更多地使用如协议生产、服务外包、特许经营等非股权投资方式。

六是跨国公司全球布局更加灵活。由于供应链缩短、保护主义抬头和地缘政治风险上升等因素，全球价值链将出现区域化倾向。

此外，还有一些国内外文献利用回归模型和相关数据，实证探究了数字经济发展对国际投资的影响。Choi（2003）利用 14 个投资来源国（Source Country）和 53 个东道国（Host Country）的外国直接投资（Foreign Direct Investment，FDI）数据，基于引力模型进行实证回归，结果发现：当一个东道国的互联网主机或用户数量增加 10%时，FDI 流入增加了 2%以上。东道国的互联网可用性（Internet Availability）是吸引 FDI 的主要因素之一。

Addison 和 Heshmati（2003）利用 1992—1999 年 39 个国家的非平衡面板数据，实证回归后发现，ICT 的发展水平对发展中国家的 FDI 流入有着显著的正向影响。对于较贫穷国家来说，它们没有足够的资金去支持国内 ICT 的建设，这将大大降低 FDI 流入，使得国内 ICT 发展变得更加不可能，从而陷入“低水平 ICT 平衡陷阱”（Low-level ICT Equilibrium Trap）。董有德和米筱筱（2019）基于 2009—2016 年中国对外直接投资（Outward Foreign Direct Investment，OFDI）的面板数据研究发现，东道国和地区的数字经济发展水平越高，中国对它们的直接投资也越高。这与 Addison 和 Heshmati（2003）的研究结论高度一致。李浩和黄繁华（2021）采用 2004—2017 年中国新增外资企业数据，实证检验了以互联网为代表的数字基建对 FDI 流入的影响及其内在机制。研究表明，互联网发展显著地促进了中国 FDI 流入，降低交易成本和扩展消费规模是互联网发展促进外资流入的重要路径。

基于已有研究，我们可以把数字经济对投资的主要影响归纳总结为以下三点：

第一，某一国家或地区的数字经济发展水平将显著影响对该国家或地区的投资流入。通常来说，数字技术、数字基础设施和数字产业更发达的国家或地区，有着更加便捷化、人性化和法制化的营商和投资环境，这将对该国或该地区的投资流入带来如下重要且积极的影响。一是促进投资成本下降。投资者利用当地现有的数字平台和数字基础设施，可以大大降低运营管理、企业生产、市场营销和风险控制等各方面的成本。特别

① “投资区位”是指投资的空间位置。“投资区位理论”是研究并揭示这类形成新生产力的投资之空间位置规律的经济学理论。

是对于中小微企业来说，数字经济将帮助它们解决创新创业成本高昂这一“老大难”问题。二是促进投资效率提升。随着云服务、大数据等数字技术的发展，投资流程和企业架构都变得更加精简和高效。三是投资前景更为广阔。数字经济带动居民消费规模不断扩大、消费结构不断升级，这将为投资者提供庞大的消费群体、丰富的投资产品、良好的市场环境和光明的市场机遇。

第二，某一国家或地区的数字经济发展水平，也会影响该国家或地区的对外投资。一方面，传统的跨国企业可以借助在线市场和网络平台，便捷地联系上游生产商以及下游消费者，不必在国外设立庞大的组织和管理机构，只需保留类似“办事处”的简单机构。另一方面，数字经济还将深刻影响跨国企业的生产流程，推动供应链缩短和全球价值链区域化，贸易和投资成本将大大降低。

根据联合国贸易与发展会议的统计数据，全球最大的100家数字化跨国企业约73%的销售额和41%的资产来自海外，而传统跨国企业的比例分别约为65%和64%。这表明，“轻海外资产”的数字化跨国企业对东道国的影响主要体现在提升生产效率和数字经济水平，而不是体现在有形投资和创造就业方面。

第三，随着数字经济的发展，全球投资结构也会发生显著变化。在数字经济时代，企业的价值来源发生了结构性转变：土地、资本和劳动力等传统生产资料的重要性相对下降，而构成数字经济底层基础架构的数字技术（人工智能、云服务、大数据、物联网等）、数据（数据资产、数据产权）以及相关战略性资产（知识、专利、人才）将成为创造企业价值的重要来源（詹晓宁、欧阳永福，2018）。因此，投资者将更加重视数字化投资在提高投资收益方面的重要作用。IDC预测，2022—2024年全球数字化转型总投资额将达到6.3万亿美元，到2024年年底，将占到整体ICT投资的55%。

第三节　世界各国发展数字经济的政策、措施和规划

一、美国：数字经济发展的领先者

美国在数字经济发展方面具有先天的技术创新和人才优势，是数字革命的重要发源地，他们率先提出了很多数字经济的相关概念并辅以政策措施，比如1956年达特茅斯（Dartmouth）会议提出“人工智能”（Artificial Intelligence）概念，1993年政府文件提出“电子政务”（Electronic Government）概念，1998年美国副总统艾伯特·戈尔（Albert Arnold Gore）提出与地理信息系统（GIS）、高速互联网、虚拟现实（VR）等高新技术密切相关的“数字地球”概念，2012年美国通用电气公司（GE）提出工业互联网概念等。

（一）数字经济发展规划历程

1. 探索期

20世纪90年代，美国克林顿政府高度重视并大力推动信息基础设施建设以及数字技术发展，克林顿在“网络新政”讲演中指出“互联网是未来经济的重要特征”。1993年9月，美国政府公布“国家信息基础设施行动计划”，支持发展信息产业，实施信息高速公路战略，推动互联网普及，为美国数字经济发展奠定了基础。1998年起，美国商务部针对数字经济发布了多份报告解读数字经济的发展，其中的第一部报告《浮现中的数字经济》（1998年）从信息角度来解释美国信息高速公路普及化之后所产生的高增长、低通胀、高就业的新经济体制，揭示了信息产业对美国经济乃至世界经济的影响，在国际上掀起了广泛关注数字经济的浪潮。

2. 缓慢发展期

由于2000年互联网泡沫破灭等原因，数字经济的热度下降。小布什政府对数字经济的支持力度弱于克林顿政府，但也连续出台多项法案，推行减税政策并加强对企业研发的支持。

3. 高度重视发展期

奥巴马政府重新开始重视数字经济，在任内颁布了《网络空间国际战略》和《网络空间行动战略》等关于网络安全方面的政策文件，对数字经济的政策立场主要是维持自由的网络贸易环境，鼓励创新和保护知识产权，确保在技术标准制定方面的优先地位。2016年5月，美国发布《联邦大数据研发战略计划》，拟建成有活力的国家大数据创新生态系统。之后特朗普政府发布的《国家网络战略》明确指出从培育充满活力和弹性的数字经济、培育和保护美国的创造力、培养优秀的网络安全人才等方面促进美国繁荣。随着数字技术与经济社会深度融合，数字经济的规模衡量成为世界关注重点。2018年3月美国商务部经济分析局（BEA）发布了工作文件《数字经济的定义和衡量》。2019年《联邦数据战略与2020年行动计划》将对数据的关注由技术转向资产，将数据作为战略资源开发，描述了美国联邦政府未来10年的数据愿景，并初步确定了各政府机构在2020年需要采取的关键行动。拜登继任以来，面临新冠疫情的冲击和数字领域的国际竞争，相继出台《美国就业计划》和《美国援助计划》等，提出耗费巨资以投资美国的基础设施、研究开发、清洁能源和振兴制造业，提升医疗质量水平，发展数字经济，达到“复苏美国经济”的愿望。

（二）数字经济发展规划突出点

美国对数字经济发展的规划较为完善，对内通过大力投资数字基础设施建设、鼓励扶持创新研发等为数字经济、数字技术打造良好的发展环境；在国际上拉拢构建同盟，希望能够借此迅速确立全球数字经济的领导地位。

1. 连贯的信息基础设施建设

纵观美国数字经济发展规划历程，可以发现美国政府对数字经济基础设施建设的政策是不间断的。从克林顿政府发布“国家信息基础设施行动计划”以来，美国就非常重视网络等数字经济的基础设施建设。奥巴马政府将宽带的普及和提速作为重要的基础设施工程，2010 年美国“国家宽带计划”（National Broadband Plan）的投资总额达 72 亿美元，旨在将宽带接入美国的每一个角落，以解决美国国内区域间的“数字鸿沟”问题。特朗普政府颁布的《国家网络战略》提到要“投资下一代基础设施：政府将加速发展和推出下一代电信和信息通信基础设施，同时利用政府购买力鼓励向更安全的供应链发展。如美国政府将与私营部门合作促进 5G 的发展和安全，审查人工智能和量子计算等新兴技术的运用情况”。拜登政府的《美国就业计划》将在基础建设与房屋、制造业与研发和劳动力权益这三大领域投资 2 万亿美元，其中约 13 600 亿美元投向基建，旨在改善交通设施基建，提高水、宽带、电力等的服务质量和效率，涉及住房、学校、医院等问题，以升级美国的基础设施。

2. 鼓励、扶持科研创新

一方面，美国政府非常注重前沿性、前瞻性研究，积极推进芯片、AI、5G 技术乃至 6G 技术等关键数字技术研发，抢占数字经济关键技术、新兴技术的领导者和推动者地位。从 2009 年起，美国国家经济委员会等发布了多版《美国国家创新战略》，以推动和鼓励创新。2015 年的《美国国家创新战略》提出三大创新要素和三大创新战略，强调了包含智慧城市、计算机新领域等与数字经济相关的九大战略领域，旨在构建良好的创新生态系统。拜登表示将科技研发投资作为总统任期的基础工作，确保美国在创新上始终领先，加强美国在关键技术方面的领导地位，加速技术商业化。

截至 2020 年，美国在研发方面的投入持续处于全球第一的位置（见图 1-20）。2021 年 6 月美国国会参议院通过的《美国创新与竞争法案》（U. S. Innovation and Competition Act）详细列出了初步锁定的关键技术重点领域：除了 AI、机器学习、高性能计算、半导体、领先计算机软硬件、量子信息科技、机器人等，还包括数据存储、数据管理、分布式账本技术以及网络安全（网络安全技术和先进制造业、工程技术、纳米技术、地理空间技术等并列为先进技术）。

另一方面，美国也注重对创新的产权保护。除了专利法、商标法、版权法、互联网法、软件专利等一整套知识产权保护法律体系，美国商务部还下设美国专利商标局（United States Patent and Trademark Office，USPTO），主要负责为发明家和他们的相关发明提供专利保护、商品商标注册和知识产权证明。USPTO 有经济学家研究知识产权（IP）的各个方面，以更好地了解创新的决定因素，并支持基于证据的政策制定。

3. 国际数字贸易与安全

服务、投资和数字贸易是 21 世纪经济增长的引擎。美国政府认为，数字贸易壁垒威胁到所有企业（包括小企业）从数字经济优势中受益的能力。当政府对跨境数据流

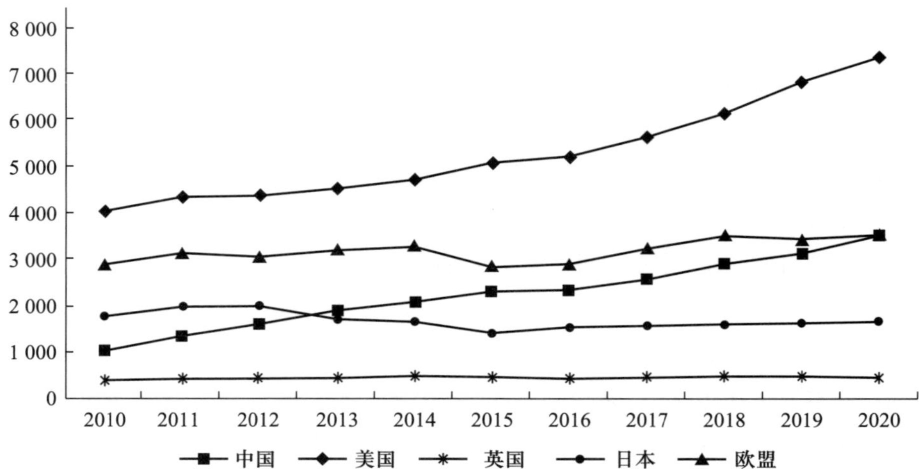

图 1-20 2010—2020 年全球主要国家研发投入总额变化情况（单位：亿美元）

资料来源：世界银行。

设置不必要的障碍或歧视外国数字服务时，本地企业往往受到最大的伤害，因为它们无法利用促进全球竞争力的跨境数字服务。

一方面，美国政府积极推进数字贸易自由，降低并消除数字贸易壁垒，致力于打造一个具有约束力的全球数字贸易规则体系，成为全球数字贸易引领者。美国国会根据1962 年《贸易扩张法案》创建的美国贸易代表办公室（USTR）称美国与日本、墨西哥和加拿大的数字贸易协定是有史以来谈判达成的解决数字贸易壁垒问题的最全面、最标准的贸易协定。同时，美国还在世界贸易组织（WTO）和亚太经济合作组织（APEC）等国际论坛上推进美国的数字贸易优先事项。

另一方面，美国政府还注重防范数字贸易潜在的网络攻击等风险。《美国创新与竞争法案》强调数字连接和网络安全伙伴关系，在新兴市场扩大和增加安全的互联网接入和数字基础设施；促进和鼓励开放、可互操作、可靠和安全的互联网以及数据的自由流动；高度重视网络安全的未来竞争力。

二、欧盟：区域数字经济共同体

欧盟是欧洲一体化的产物，其数字化具有不同于单个国家的特征。欧盟各国信息化的起步较早，数字经济的总体发展状况不是很均衡。在欧盟委员会发布的 2022 年数字经济和社会指数（DESI，监测欧洲的整体数字表现并跟踪欧盟国家在数字竞争力方面的进展）报告中，可以看到芬兰、丹麦、荷兰和瑞典表现最好，罗马尼亚、保加利亚、希腊和波兰的数字经济和社会指数得分最低，如图 1-21 所示。

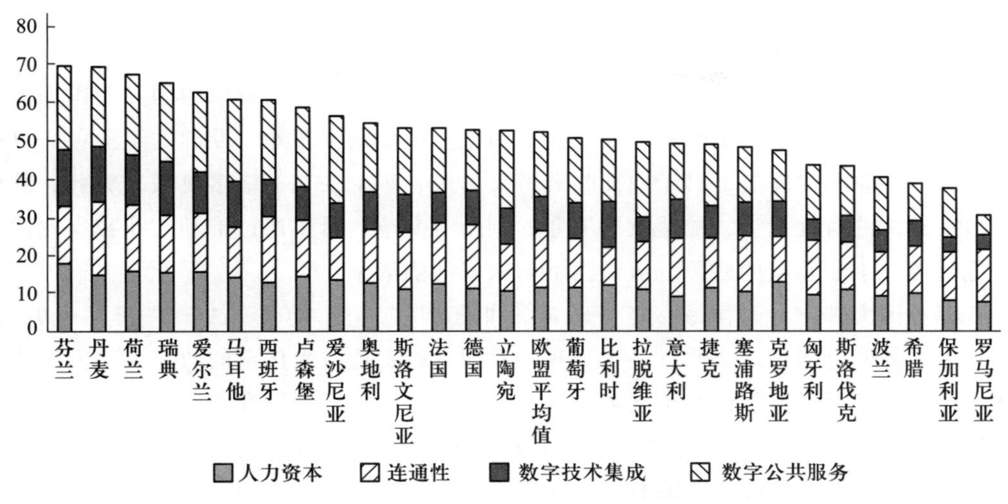

图 1-21　2022 年欧盟各国数字经济和社会指数

资料来源：欧盟委员会 DESI2022。

（一）数字经济发展规划历程

欧盟数字经济发展规划可以分为三个阶段：

第一阶段以 1993 年的《成长、竞争力与就业白皮书》为代表，首次提出有关欧盟的社会信息化建设，重点是加快建设欧盟国家之间的信息基础设施，可看作欧盟数字经济的萌芽期。

第二阶段是从 2000 年开始的发展期，以《数字欧洲 2002 年行动计划》《数字欧洲 2005 年行动计划》《欧洲信息社会 2010》为代表，加速欧洲向知识经济和信息时代的过渡，旨在于 2010 年之前把欧盟建设成为“以知识技能为核心基础，世界上最具有创造力、竞争力与活力的经济主体”。

第三阶段以 2010 年的《欧洲数字议程》及 2015 年的《欧洲数字单一市场战略》为标志，开启了欧盟数字经济新发展阶段。其中，《欧洲数字议程》提出了 7 种阻碍欧盟数字经济发展的因素，并通过建立数字市场、改进信息技术标准、增强网络信任安全、加强前沿技术开发等手段解决当前发展阻碍；“单一数字市场战略”则是为了打破欧盟国家之间的数字壁垒，以解决数字版权、IT 安全及数字保护等领域的法律纠纷问题。2021 年 3 月初欧盟发布了《2030 数字指南针：欧洲数字十年之路》纲要文件，明确了欧洲到 2030 年数字化转型的 12 项目标，提出增加数字技能公民与高技能数字专业人才、构建安全和高性能的可持续数字基础设施、促进企业全面数字化转型、推动公共服务数字化升级四个愿景，以构筑一个以人为本、可持续发展的数字社会。

（二）数字经济发展规划重点政策

目前，欧盟在数字经济的监管体系、监管措施方面走在世界前列。除此之外，欧盟对于工业数字化转型、数字人才培养也有很大的关注。

1. 工业数字化转型

近几年，欧洲经济发展缓慢，欧盟在互联网消费热潮中并没有像中国和美国那般抓住机遇，因此需要谋求新的经济增长点。作为工业革命的发源地，欧洲的工业曾一度引领世界，但随着时代发展，其工业面临着科技发展、环境变化等诸多挑战。为此，欧盟顺应数字经济的时代潮流，加速欧洲工业的创新与变革，希望通过推动工业数字化的进程、凭借传统工业领域的底蕴，应对当下与未来的挑战。

欧洲各国大都出台过国家级工业战略，如德国“工业 4.0”、法国“新工业法国”等，但由于各国之间缺乏协同、各自为政，欧洲老牌工业技术体系的数字化、网络化发展速度缓慢，难以形成整体竞争优势。为此，欧盟在整合成员国和地区已经出台的工业数字化战略基础上，2016 年正式出台《欧洲工业数字化战略》，投入大量资金以支持工业数字化发展，针对传统产业的数字化转型发布了《欧洲产业数字化规划》，以加强欧盟成员国之间的战略层面合作。在 2020 年发布的《塑造欧洲数字化未来》（2020）中，提出欧盟数字化变革的理念、战略和行动，推动经济社会全面向数字化转型，促使欧洲成为数字化转型的全球领导者。在同年发布的《欧洲新工业战略》中，欧盟还提出通过物联网、大数据和人工智能三大技术来增强欧洲工业的智能化程度，提升其全球竞争力和战略自主性。

2. 数字人才培养

欧盟对于数字素养高度重视，推出了一系列支持政策培养具有数字化技能的劳动者。

2012 年起，几乎所有的欧盟成员国都发展数字教育，并将其列为基本国策之一。2013 年起，欧盟先后发布了 3 个版本的《数字能力框架》，对数字能力进行界定，勾勒出数字人才培养的最新图景。杜海坤、李建民（2018）认为，欧盟在数字人才培养方面形成了较完善的教育理念与政策举措，并将欧盟培养数字人才的相关政策划分为基础设施建设、战略性发展、融合发展三个阶段。欧盟在《2030 数字指南针：欧洲数字十年之路》中提出目标：到 2030 年至少应有 80%的成年人具备基本的数字技能，在欧盟工作的信息技术专业人员应达到 2 000 万人，其中男女比例需要保持平衡（意味着女性的比例要大幅提高）。

如图 1-22 所示，欧盟委员会从五个方面定义数字技能。如果某个公民在五个方面都能至少达成一项，可以认为他拥有整体的数字技能；如果五个方面不能全部达成但至少可以达成一项，可以认为他至少掌握了一项基本的数字技能。此外，欧盟很多工作正在将软件技能纳入进入岗位的先决条件，就像很多企业招聘时对计算机技能（比如会使用 WPS 等软件）有着一定的要求。可以使用软件进行内容操作的互联网用户就可以被看作具有基本的软件技能。

欧盟统计局“关于家庭和个人使用信息通信技术”的最新年度调查数据显示，欧盟人民的数字技能水平在过去持续缓慢增长。如图 1-23 所示，2021 年，欧盟 53.92%

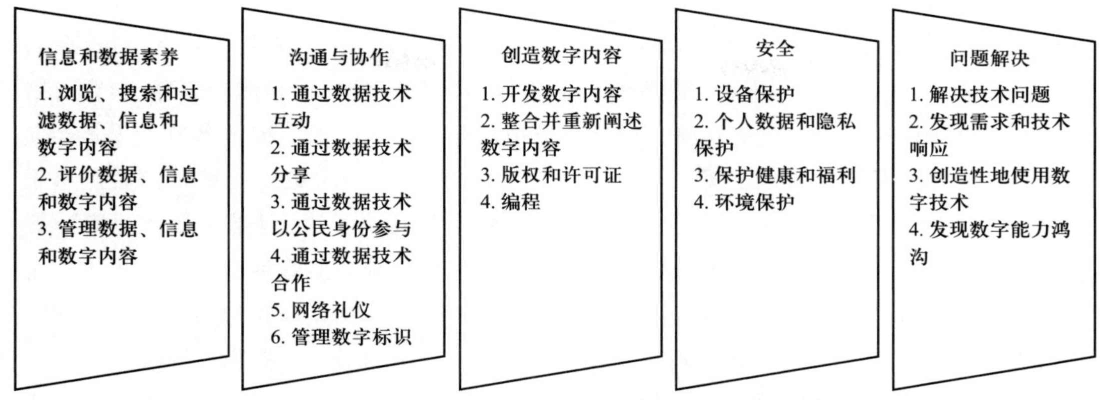

图 1-22 欧盟委员会使用的数字框架（Dig Comp 2.0 Framework）

资料来源：欧洲公民数字素养框架 2.0 版。

的人口至少具备基本综合数字技能，这一数值相较于欧盟提出的“2030 年让 80%的人口掌握基本的数字技能”这一宏伟目标仍有较大差距。具体来看，具备较高的综合数字技能的人口占欧盟总人口的 27.46%，具备基本综合数字技能的人口占欧盟总人口的 26.46%，仅 3.04%的欧盟人口不具备数字技能。此外，不同的社会人口群体具有的技能水平存在显著差异。例如，76.82%的学生，83.01%受过高等正规教育的人，71.06%的年轻人（16-24 岁）以及 63.42%的就业者具备基本及以上的综合数字技能。相比之下，只有 25.45%的中老年人（64-74 岁）具备基本及以上的综合数字技能。

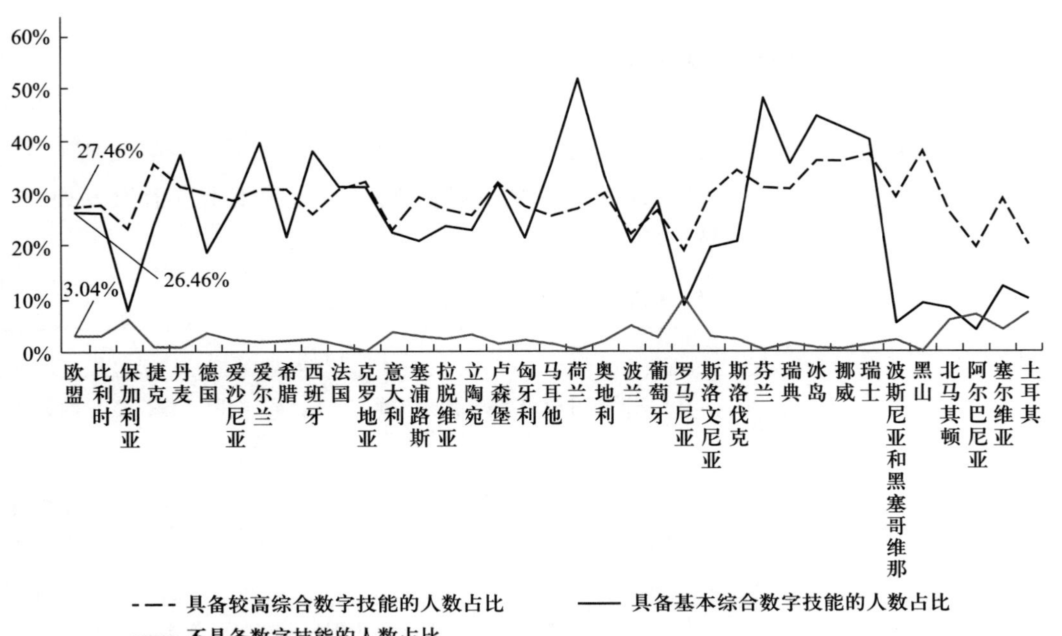

图 1-23 欧盟数字技能水平统计（2021 年）

资料来源：欧盟统计局。

3. 高度重视监管保护

欧盟的数字经济规划更偏向于先规范、后发展的路径，在规范监管数字经济方面，欧盟一直走在世界前列。2018 年欧盟的《通用数据保护条例》几乎成为全球通行标准，已有约 120 个国家和地区受其影响，通过了类似法规以保护隐私。2020 年欧盟委员会向欧洲议会和欧洲理事会提交《数字服务法案》和《数字市场法案》提案，前者侧重于数字平台治理，后者被认为是针对大型互联网平台的新反垄断法。《数字服务法案》旨在为欧洲单一市场的数字中介服务制定一个欧盟范围内的统一监管标准，以“提供一个不存在非法内容的安全的数字环境、提高透明度、加强问责制，以及加强对消费者和欧洲基本权利的保护”为目标，以适应当前和未来的数字化业态。《数字市场法案》将大型科技企业定义为互联网服务“看门人”。贴上这一标签的企业需要将其应用程序与竞争对手进行互操作，这意味着这些企业需要开放应用程序的接口，与其他应用程序进行交互和共享数据，并由用户决定在其设备上预安装哪些应用程序。欧盟委员会预计两部法案的实施将更好地保护数字消费者的权益，打造更加公平开放的数字市场，促进中小企业的创新发展。

欧盟在反垄断、人工智能和隐私保护问题上实施严格的规则。很长时间以来，欧盟对于个人数据隐私、垄断规则和数据安全等方面的高度关注在形成欧盟对国际数据和网络空间监管规则独到思路的同时，也在技术上制约了本土企业对数据的有效运用，给相关产业带来限制。不过，近来欧盟已经开始转换思路，试图在数据使用规则和产业发展之间构建新的平衡。

三、英国：数字政府建设的领先者

英国是欧洲数字经济的领头羊，也是全球数字政府建设的佼佼者。数字技术是英国未来繁荣的关键，英国也尽力确保这些技术的发展是负责任的，以便保护社会发展和维护公民权利。表 1-8 所示为英国数字经济发展规划主要政策汇总。

表 1-8 英国数字经济发展规划主要政策汇总

时间	政策	内容
2009 年	数字英国	通过改善基础设施、推广全民数字应用、提供更好的数字保护等将英国打造成世界的“数字之都”
2010 年	2010 数字经济法	将英国通信管制机构的管制范围由传统媒体扩大到互联网等新媒体，并对在线版权侵权、与互联网域名注册相关的权利等作了规定
2012 年	政府数字化战略	强调所有的服务应该默认为数字化，将数字化作为政府提供公共服务的优先方式，旨在为选择使用数字化渠道的民众提供条件，为无法使用数字化渠道的民众创造条件

续表

时间	政策	内容
2013 年	信息经济战略	通过技术创新、集群发展、市场产业链、公众需求、人才教育以及其他专项建设等多角度指明英国信息经济的发展方向
2015 年	数字经济战略 2015—2018	提出英国未来三年在数字经济框架之内的五大战略目标，通过数字化创新来驱动社会经济发展，实现在创新技术背景下的跨行业合作，建立起新型供应链及商业模式。把英国建设成为数字化强国
2017 年	政府转型战略 2017—2020 年	提出业务转型，培养合适的人才、技能和文化，为公务员建立更好的工具、流程和治理，更好地利用数据，创建共享的平台、组件和可重用的业务功能五大目标
2019 年	数字服务标准	更新为 14 项服务标准，帮助政府创建和运行出色的数字公共服务，逐步培养公民使用数字服务的意识和能力。充分考虑了数字化对整个社会的全面渗透这一背景，完全不同于传统公共服务体系下的条块分明，强调了全流程和全融合
2021 年	数字监管：推动增长和解锁创新	阐述了政府管理数字技术的总体方法，以推动增长和创新。指出数字技术是英国未来繁荣的关键，提出把握数字技术发展和监管的平衡，通过对数字技术的监管推动繁荣，同时将对经济、安全和社会的危害降到最低
2022 年	英国数字战略	指出英国将重点关注数字基础、创新和知识产权、数字技能和人才、为数字增长畅通融资渠道、高效应用和扩大影响力、提升英国的国际地位 6 个关键领域的发展

资料来源：英国政府官网汇总。

20 世纪 90 年代后期开始，面对互联网、ICT 的发展，世界各国政府陆续推出运用互联网、ICT 提供公共服务的计划，以提高公共服务的效率。随着全球化、数字化的不断演进，政府数字化转型成为各国的重要战略点。作为政府顺应数字经济潮流的一种方式，政府数字化转型以新一代信息技术如云计算、大数据和 AI 等为依托，通过数据驱动改变政府治理的形式与结构，向“用数据决策、数据服务、数据创新”的现代化治理模式转变，可以有效降低政府运营成本、促使经济社会协同发展。而英国是各国数字化政府转型中的佼佼者，在联合国历年的电子政务调查中均表现突出（见表 1-9）。

表 1-9 英国电子政务数据

年份	排名	电子政务发展指数（EDGI）	在线服务指数（OSI）	人力资本指数（HCI）	电信基础设施指数（TII）
2003	5	0.814 0	0.777 0	0.990 0	0.675 0
2004	3	0.885 0	0.973 0	0.990 0	0.693 0

续表

年份	排名	电子政务发展指数（EDGI）	在线服务指数（OSI）	人力资本指数（HCI）	电信基础设施指数（TII）
2005	4	0.877 7	0.996 2	0.990 0	0.647 1
2008	10	0.787 2	0.692 3	0.969 9	0.702 2
2010	4	0.814 7	0.263 4	0.314 9	0.236 4
2012	3	0.896 0	0.973 9	0.813 5	0.900 7
2014	8	0.869 5	0.897 6	0.853 4	0.857 4
2016	1	0.919 3	1.000 0	0.817 7	0.940 2
2018	4	0.899 9	0.979 2	0.800 4	0.920 0
2020	8	0.935 8	0.958 8	0.919 5	0.929 2
2022	11	0.913 8	0.885 9	0.936 9	0.918 6

资料来源：历年联合国电子政务调查。

林梦瑶等（2019）将英国数字政府的发展划分为电子政务和数字政府两大发展阶段，认为英国电子政务和数字政府成功的原因是始终坚持了以用户为中心的核心理念，存在着从技术到服务再到政府转型的演变脉络，始终聚焦于通过持续改革创新提高服务效率和效益，并以此从上到下地规划和组织整个系统的建设。

四、日本：智能社会先行者

日本是世界上较早认识到数字经济重要性的国家之一。虽然日本的数字经济发展速度并不快，但日本政府在推动本国数字经济发展过程中所做出的努力却不容忽视。王雨青（2021）认为，由于人口老龄化问题严重，经济长期停滞，使得日本政府更加重视将推动数字技术与经济增长、民生福祉与社会治理深度融合。

日本数字经济发展主要规划汇总如表 1-10 所示。

表 1-10 日本数字经济发展主要规划汇总

时间	政策	内容
1995 年	面向 21 世纪的日本经济结构改革思路	重点发展通信、信息等相关资本技术产业
2001 年	e-Japan 战略	以宽带化为核心开展的基础设施建设，建设超高速的网络，并尽快普及高速网络的接入；制定有关电子商务的法律法规；实现电子政务；为日本下一个十年的经济振兴提供高素质的人才
2003 年	e-Japan Ⅱ战略	发展重点转向推进 IT 技术在医疗、食品、生活、中小企业金融、教育、就业和行政 7 个领域的率先应用

续表

时间	政策	内容
2004 年	u-Japan 战略	以人为本，实现所有人与人、物与物、人与物之间的连接（又称 4U，Ubiquitous、Universal、User-oriented、Unique）
2009 年	i-Japan 战略 2015	计划到 2015 年，通过数位技术使行政流程简化、效率化、标准化、透明化，推动现有行政管理的创新变革，同时促进电子病历、远程医疗、远程教育等应用的发展
2015 年	日本机器人战略：愿景、战略、行动计划	“机器人革命”的目标
2016 年	第五次科学技术基本计划（2016—2020）	提出超智能“社会 5.0”，在交通、医疗、养老等领域推动数字化转型，形成适合日本发展需要的新型社会形态
2019 年	“数字新政”战略	加强“后 5G”时代信息通信基础设施投入，实现 ICT 在学校的普及应用，提高中小企业信息化水平，为 ICT 领域提供研发支持
2021 年	宣布国家数据战略（NDS）	旨在为建立数字社会奠定基础，这一战略的基本价值是建成“以市民为中心并兼顾效率和信任的社会”，而这一价值将通过“实现经济发展和解决社会问题以创造新价值”的以人为本的社会来体现，并将通过数字孪生技术来实现
2022 年	启动了日本-欧盟数字伙伴关系	旨在推进在数字问题上的合作，例如 5G、Beyond 5G、人工智能、半导体供应链、数字基础设施和数据等，并基于共同价值观实现以人为本的数字化转型，旨在推进数字领域的合作

资料来源：互联网资料整理汇总。

面对人口老龄化、劳动力短缺、产业竞争力不足等发展瓶颈，日本政府希望通过将先进技术融入不同的行业和社会活动，并促进创新创造新的价值，来实现一个既能促进经济发展又能解决社会问题的超智能社会。超智能社会（社会 5.0）是通过高度融合网络空间和物理（现实）空间的系统，兼顾经济发展和社会课题解决的以人为中心的社会，是继狩猎社会、农耕社会、工业社会、信息社会之后，科学技术创新引领社会变革所诞生的新型社会。

2016 年，日本政府在《第五次科学技术基本计划（2016—2020）》和《科学技术创新战略 2016》中首次提出超智能社会（社会 5.0）概念。之后，日本相继发布了《下一代人工智能推进战略》《科技创新综合战略 2017》《集成创新战略》等纲领性文件，从战略规划、制度建设、人才培养等方面为“社会 5.0”和“互联工业”铺平道路。2019 年日本开始全力推进“数字新政”战略，在“后 5G”时代信息通信基础设施、学校的 ICT 应用、中小企业信息化和 ICT 领域研发等方面，加大资金投入力度，推动社会数字化、智能化转型。

五、中国数字经济的发展与赶超

中国在数字经济方面起步较晚，但是发展势头迅猛，目前数字经济规模已跃居全球第二，仅次于美国。在互联网行业、人工智能产业等数字经济的重点领域，中国和美国在产业发展、人才、技术和影响力等方面均表现出较强的竞争优势。在新冠疫情中，中国数字经济展现出强大的抗冲击能力和发展韧性，推动中国经济实现逆势增长。

（一）数字经济发展规划历程

中国的数字经济政策在早期以信息化建设和鼓励电子商务发展为主。1993 年开始，社会信息化工作被列入党和国家重点关注的范围，“三金工程”和《中共中央关于制定国民经济和社会发展“九五”计划和 2010 年远景目标的建议》等都对信息化建设做出指导。2005 年《国务院办公厅关于加快电子商务发展的若干意见》的发布，标志着以电子商务为代表的数字经济发展成为国家战略的重要组成部分。

随着数字技术创新应用向更大范围、更高层次和更深程度拓展，一系列新模式、新业态不断涌现。2014 年 2 月 27 日，中央网络安全和信息化领导小组成立。以此为标志，数字经济开始成为我国重要工作，开启了发展新篇章。2015 年以《国务院关于积极推进“互联网+”行动的指导意见》为节点，“互联网+”相关政策呈现井喷式增长；2016 年 11 月，国务院印发《“十三五”国家战略性新兴产业发展规划》提出“实施国家大数据战略，推进数据资源开放共享”。此后，推进数字经济发展和数字化转型的政策不断深化和落地。

2017 年，“数字经济”首次被写入政府工作报告，习近平总书记在十九届中央政治局第二次集体学习中强调要加快建设数字中国，构建以数据为关键要素的数字经济，推动实体经济和数字经济融合发展。同年对共享经济、工业互联网、数字经济进行部署，在开展数字基础设施建设、加快行业信息化、鼓励竞争、降低税费、实行补助、政府采购、推动国际合作等方面制定了政策。2020 年 7 月发布的《关于支持新业态新模式健康发展激活消费市场带动扩大就业的意见》为支持新业态新模式健康发展提出 19 项创新支持政策，以创新生产要素供给方式，激活消费新市场，发展新的就业形态，培育壮大新动能。2022 年 1 月，国务院印发《“十四五”数字经济发展规划》，从全局和战略高度，对健全完善数字经济治理体系做出了系统部署。《“十四五”数字经济发展规划》明确坚持“创新引领、融合发展，应用牵引、数据赋能，公平竞争、安全有序，系统推进、协同高效”的原则，部署八方面重点任务，明确了信息网络基础设施优化升级等十一个专项工程，对于促进我国数字经济持续、高效、安全发展具有重要意义。

（二）数字经济发展规划突出点

对于数字经济发展的规划，有很多相关顶层设计层面的政策出台，这是党中央审时度势把握市场经济发展规律和产业变革趋势的结果，对数字经济有着比较强的催化作用。

1. “互联网+”战略

“互联网+”是中国最先提出的理念，具有较强的中国特色。目前，中国消费互联网较为成熟，产业互联网存在较大发展潜力和市场空间。“互联网+”农业、制造业、政务、交通、医疗、金融、教育均得到政府很高的重视与发展，在数字经济规划中占据着重要位置。

我国积极部署“互联网+”战略，相继出台一系列政策文件，为数字经济快速发展奠定了坚实基础，也激发了许多新产业、新业态的发展。2015 年李克强总理在政府工作报告中首次提出“互联网+”行动计划，推动移动互联网、云计算、大数据、物联网等与现代制造业结合，促进电子商务、工业互联网和互联网金融健康发展，引导互联网企业拓展国际市场。同年，国务院印发《关于积极推进“互联网+”行动的指导意见》，提出包括创业创新、协同制造、现代农业、智慧能源、普惠金融、益民服务、高效物流、电子商务、便捷交通、绿色生态、人工智能 11 项具体行动，旨在推动互联网由消费领域向生产领域拓展，加速提升产业发展水平，增强各行业创新能力，构筑经济社会发展新优势和新动能。“十三五”规划明确提出推进“互联网+”行动，以促进新一代信息技术与经济社会各领域的融合发展，培育“互联网+”生态体系。“十四五”规划指出要发展互联网+公共服务、互联网+政务服务、互联网+监管，以便更好地加快数字化发展、建设数字中国。

2. 大数据战略

随着数字经济在全球范围内的推进与发展，数据作为战略性资源和重要生产要素的重要性日益凸显，各国数据战略布局的步伐逐渐加快。

我国的数据战略布局大致可分为两个阶段。第一个阶段是发展阶段，以 2014 年大数据首次写入政府工作报告作为开端，此后大数据的热度不断上升，《“十三五”规划纲要》提出“实施国家大数据战略”，要求加快数据资源开放共享，发展大数据新应用、新业态，强化大数据与网络信息安全保障等。此后，工业和信息化部正式印发了《大数据产业发展规划（2016—2020 年）》，全面部署“十三五”时期大数据产业发展工作，加快建设数据强国，为实现制造强国和网络强国提供强大的产业支撑。随着大数据的日益发展与完善，与其他产业的融合更加广泛，我国数据战略进入第二个阶段，即融合阶段。2020 年《中共中央　国务院关于构建更加完善的要素市场化配置体制机制的意见》首次将数据与土地、劳动力、资本、技术等传统要素并列为要素之一，提出要加快培育数据要素市场。“十四五”规划提出构建数字规则体系，建立健全数据要素市场规则，营造开放、健康、安全的数字生态。党的二十大报告提出“加快发展数字经济，促进数字经济和实体经济深度融合，打造具有国际竞争力的数字产业集群”。

3. 数字经济区域发展战略

在中央对数字经济进行国家层面的发展规划时，各地区也以中央文件为导向，积极推动数字经济的发展。

《北京市促进数字经济创新发展行动纲要（2020—2022 年）》提出要体系化构建数字经济发展体制机制，聚焦“基础设施建设、数字产业化、产业数字化、数字化治理、数据价值化和数字贸易发展”六大方向，实施基础设施保障建设工程、数字技术创新筑基工程、数字产业协同提升工程等九项重点工程。《河北省数字经济发展规划（2020—2025 年）》指出抢抓新一轮科技革命和产业变革机遇，释放京津冀协同发展、雄安新区规划建设、北京冬奥会筹办提供的巨大发展势能，加快河北经济转型升级、实现高质量发展。上海市人民政府的《推进上海经济数字化转型赋能高质量发展行动方案（2021—2023 年）》提出推进经济数字化转型，重点聚焦 12 个专项行动、形成 40 项重点任务，集中突破 100 多个关键技术、形成 100 多个标准化算法产品、培育 100 多个智能硬件产品，打造 50 多家市值超百亿元的流量型企业。到 2023 年，将上海打造成为世界级的创新型产业集聚区、数字经济与实体经济融合发展示范区、经济数字化转型生态建设引领区，使上海成为数字经济国际创新合作典范之城。

中国信通院和中央广播电视总台上海站联合发布的《中国区域与城市数字经济发展报告（2020 年）》认为：各区域、各城市数字经济发展依托本地创新、产业、区位、政策等优势，形成了各具特色的数字经济发展之路，如以广东、北京、上海、江苏、浙江等为代表的综合经济实力驱动型，以广东、江苏、湖北、福建等为代表的产业集群驱动型，以广东、浙江、福建等为代表的数字政策环境驱动型，以广东、上海、北京等为代表的融合应用驱动型，以北京、上海等为代表的创新要素驱动型，以上海、浙江等为代表的市场需求拉动型。

本章小结

1. 数字经济的内涵随着技术的快速进步而不断丰富。当前全球数字经济的发展势头迅猛，但分布不均，此后的趋势将是数字技术应用的继续进步和扩张。

2. 在全球经济放缓、增长乏力的背景下，数字经济成为全球经济复苏和增长的新动能、新源泉。挖掘数字经济需求潜力，全面释放包括数字化消费、数字贸易和数字化投资等在内的数字化需求将对经济增长产生强大的拉动力。

3. 各个国家和地区结合自身的发展特点及现实需求，为推动数字经济的快速、健康发展制定了详细规划，并实行了一系列行之有效的政策和措施。

思考题

1. 数字经济包括哪两个组成部分？分别代表了怎样的内涵？

2. 相比于传统消费，数字化消费的突出特征是什么？数字经济对消费的影响主要体现在哪些方面？

3. 对于经济发展水平存在差异的各国政府来说，数字经济意味着什么？

第二章

数字经济的核算与统计

本章学习要点

1. 了解数字经济核算的内涵。
2. 了解当前数字经济核算面临的问题。
3. 了解各国统计机构、国际组织以及民间组织对于数字经济的核算方法及其优劣。
4. 明确《数字经济及其核心产业统计分类（2021）》关于数字经济的定义、核算范围及其颁布对于我国数字经济发展的重要意义。

数字经济与传统经济融合发展，推动了生产方式和生活方式的全面变革，成为当今世界经济发展新动能。数字经济的迅猛发展对数字经济核算与统计提出了迫切要求，各国统计机构、国际组织和民间组织纷纷开展数字经济核算的研究与实践。

目前数字经济核算统计工作仍存在一定的滞后性，与数字经济的快速发展不相适应。一方面，数字经济衍生出一系列新产品并带来了产品质量的改变，而现有的 GDP 统计核算体系并不包含该部分产品的价值；另一方面，不同机构在数字经济的测算方法、统计范围等方面存在差别，其统计结果缺乏可比性。

本章梳理了各国政府和各类机构在数字经济核算上做出的尝试，并对不同方法的适用范围与局限性进行了比较分析。此外，本章专门对中国数字经济核算的探索和发展阶段进行梳理，并针对我国现阶段数字经济核算可能存在的问题给出相应的改进建议。

第一节　数字经济核算概况

近年来，中共中央、国务院就数字经济和信息化发展战略做出一系列重大决策部署。2016 年 7 月印发的《国家信息化发展战略纲要》提出“加快建设数字中国”。《“十三五”国家信息化规划》中将“数字中国建设取得显著成效”作为我国信息化发展的总目标。2017 年政府工作报告首次提到数字经济，指出要推动“互联网+”深入发展、促进数字经济加快成长。2018 年 4 月 20 日，习近平总书记在全国网络安全和信息化工作会议上强调，信息化为中华民族带来了千载难逢的机遇，我们必须敏锐抓住信息化发展的历史机遇。2021 年 3 月 12 日发布的《中华人民共和国国民经济和社会发展第十四个五年规划和 2035 年远景目标纲要》中提出“打造数字经济新优势”“充分发挥海量数据和丰富应用场景优势，促进数字技术与实体经济深度融合，赋能传统产业转型升级，催生新产业新业态新模式，壮大经济发展新引擎”。

2022 年 1 月 12 日，国务院发布《“十四五”数字经济发展规划》，提出“以习近平新时代中国特色社会主义思想为指导，全面贯彻党的十九大和十九届历次全会精神，立足新发展阶段，完整、准确、全面贯彻新发展理念，构建新发展格局，推动高质量发展，统筹发展和安全、统筹国内和国际，以数据为关键要素，以数字技术与实体经济深度融合为主线，加强数字基础设施建设，完善数字经济治理体系，协同推进数字产业化和产业数字化，赋能传统产业转型升级，培育新产业新业态新模式，不断做强做优做大我国数字经济，为构建数字中国提供有力支撑”。

为贯彻落实中共中央、国务院关于数字经济和信息化发展战略的重大决策部署，科学界定数字经济及其核心产业统计范围，全面统计数字经济发展规模、速度和结构，满足各级党委、政府和社会各界对数字经济的统计需求，《数字经济及其核心产业统计分类（2021）》（简称《数字经济分类》）应运而生。

一、数字经济核算的简要介绍

数字经济在经济社会中发挥的作用愈发重要。为了能够更加准确地判断数字经济发展状况、为数字经济发展提供数据支撑，各国国家统计机构、国际组织以及民间组织纷纷开展数字经济核算统计工作。总体来看，数字经济核算方法主要包括以下三类：基于数字经济增加值核算、编制数字经济相关指数、构建数字经济卫星账户核算。本部分仅对数字经济核算方法做简要介绍，具体的核算内容、测算指标、各核算方法的优劣将在本章第二节中详细介绍。

基于数字经济增加值核算数字经济规模的方法依托于现有的国民经济增加值核算体系，适用于测算数字经济占 GDP 比重以及数字经济对 GDP 增长贡献率的情况。美国经济分析局（BEA）以互联网和相关信息通信技术为出发点定义数字经济，利用供给—使用表对美国数字经济增加值和总产出进行测算。澳大利亚统计局（ABS）借鉴 BEA 的测算方法，对澳大利亚数字经济增加值及其对整体经济的贡献程度进行了测度。中国信通院、中国社科院等通过加总数字产业化和产业数字化的增加值，测算了数字经济的规模。

编制数字经济相关指数能够评估一个国家或地区的数字经济发展水平。经济合作与发展组织（OECD）构建的数字经济指标体系涵盖了 38 个具有国际可比性的指标，运用大量数据、图表对指标进行全面对比分析，对主要国家的数字经济发展现状进行了测度。欧盟统计局编制了数字经济和社会指数（DESI）描述欧盟成员国数字经济的发展情况及面临的挑战。中国信通院编制了数字经济指数（DEI）对数字经济的发展态势进行观测和反映。腾讯联合京东、携程等企业，共同构建了中国“互联网+”数字指数，用于比较不同地区数字经济发展状况。浙江省基于基础设施、数字产业化、产业数字化、新业态新模式、政府与社会数字化五大类构建数字经济指数，对全省各地区数字经济发展情况进行了评价。

数字经济卫星账户（DESA）是对传统国民经济核算的辅助统计，为确保数字经济核算统计领域的全面性，将数字经济活动的运行视为整体。通过构建数字经济卫星账户的方法，可以对数字经济的经济模式以及相关产业运行状况进行专门的监测和分析。OECD 在 DESA 框架构建方面做出诸多研究，其基于数字化订购、促成平台和数字化传输三大特征识别数字经济活动等，以此测算数字经济占 GDP 的比重。

二、数字经济核算面临的挑战

数字经济在核算方面相对滞后，对于数字经济孕育出的一系列“新现象”解释力不足，并且难以为数字经济发展提供有效的数据支撑。数字经济在推动生产生活方式转变、拉动经济增长的同时，也为国民经济核算带来了挑战。

（一）现有 GDP 核算体系忽略了零价商品的价值

现有研究普遍认为，国民经济核算忽视了数字经济增长所带来的一些商品和服务的价值。Groshen 等（2017）指出数字经济发展带来了产品质量的改变，产出了一系列不用于出售的有价值的新产品和服务，这增加了准确核算国民经济的难度。

Brynjolfsson 和 Collis（2019）的研究表明，GDP 核算基于人们为商品和服务支付的费用，而数字经济发展产生了大量零价产品并带来了产品质量的改变，产品价格为 0 自然对 GDP 的贡献为 0，但大多数人从在线地图等免费产品中获得的价值远高于更昂贵的纸质产品的价值，却并未体现在 GDP 的核算中。

维基百科（Wikipedia）和脸书（Facebook）之间的比较能够佐证上述观点。购买一套完整的《大英百科全书》需要花费几千美元。与之相对，维基百科拥有比《大英百科全书》多得多的文章且质量相当，为消费者提供免费服务。根据测算，消费者能够从维基百科获得的价值中位数约为每年 150 美元，但成本为 0，也就意味着，单从维基百科提供的免费搜索服务来看，大约有 420 亿美元的消费者盈余未体现在美国的 GDP 核算中。在尝试测算 Facebook 产生的消费者盈余时，Brynjolfsson 和 Collis（2019）采取在线实验的方法，招募一个使用 Facebook 的代表性美国用户样本，采用激励相容选择的实验方法，为用户随机提供不同数额的资金使其放弃当月使用 Facebook 的服务。他们最终发现，约 20%的用户同意停止使用 Facebook 只需支付 1 美元，同样比例的人拒绝以低于 1 000 美元的价格放弃这项服务。总体来看，该代表性样本用户愿意放弃一个月使用的平均报酬为 48 美元。据此 Brynjolfsson 和 Collis（2019）估计：自 2004 年 Facebook 成立以来，该平台的美国用户约从中获得 2 310 亿美元价值，每年产生的平均消费者盈余约为每人 500 美元，而以计入 GDP 的平台广告收入测算，美国用户每年的平均仅为 140 美元左右。因此，大量零价产品的价值并未体现在 GDP 的核算中。

（二）数字经济模糊了消费品和投资品的界限

分享经济的兴起给 GDP 核算带来了消费品和投资品划分的困难。已有研究认为，分享经济是指利用互联网等现代信息技术，通过社会化平台整合海量闲置、分散的社会资源，以使用权分享为主要特征，实现社会价值最大化的新经济形态，是数字经济的重要组成部分。

基于国民账户体系（SNA）核算国内生产总值等经济活动指标时，对消费品和投资品的划分在原则上是十分清楚的。如果购买的家具、汽车等耐用消费品出于经营的目的，则应当按照投资品处理；如果出于满足自身消费需求的目的，则应当视为消费品。然而在现实中，二者之间很难准确划分。

以某打车平台顺风车司机为例，在目前的 GDP 核算中，居民对于轿车的购买行为，无论其价格、质量、性能，都应当属于消费品范畴。而居民如果将自家轿车在该平台注册为快车、顺风车等获取运输收入，则应当把自家轿车归属于投资品范畴。这带来了投资品和消费品划分的困难。

事实上，SNA 针对该问题给出了相应的解决办法，即将耐用品支出按照比例划分到投资品和消费品的核算中。然而，这种方法在实践中依旧困难重重：其划分比例难以确定，容易造成投资与消费核算失实的问题，对于包含大量虚拟内容的数字产品更是如此。

三、国家统计局明确数字经济分类标准

在国家统计局发布的《数字经济分类》中，对数字经济的概念、数字经济分类范围进行了详细说明。

《数字经济分类》指出，数字经济是指以数据资源作为关键生产要素、以现代信息网络作为重要载体、以信息通信技术的有效使用作为效率提升和经济结构优化的重要推动力的一系列经济活动。

《数字经济分类》从数字产业化和产业数字化两个方面，将数字经济产业范围确定为：01 数字产品制造业、02 数字产品服务业、03 数字技术应用业、04 数字要素驱动业、05 数字化效率提升业 5 个大类。在《数字经济分类》中，数字产业化和产业数字化形成了互补关系。

其中 01—04 大类为数字产业化的部分，即数字经济核心产业，是指为产业数字化发展提供数字技术、产品、服务、基础设施和解决方案，以及完全依赖于数字技术、数据要素的各类经济活动，主要包括计算机通信和其他电子设备制造业，电信、广播电视和卫星传输服务，互联网和相关服务，软件和信息技术服务业等，对应于《国民经济行

业分类》中的26个大类、68个中类、126个小类，是数字经济发展的基础。

05大类为产业数字化部分，是指应用数字技术和数据资源为传统产业带来产出增加和效率提升，是数字技术与实体经济的融合。该部分涵盖智慧农业、智能制造、智能交通、智慧物流、数字金融、数字商贸、数字社会、数字政府等数字化应用场景，对应于《国民经济行业分类》中的91个大类、431个中类、1 256个小类，体现了数字技术已经并将进一步与国民经济各行业产生深度渗透和广泛融合。

《数字经济分类》的制定意义重大，为我国数字经济核算提供了统一可比的统计标准，为相关决策制定提供了准确有效的数据支撑，有助于加快我国经济社会各领域数字化转型进程，加快形成与数字经济发展相适应的政策体系。

第二节 数字经济核算方法

数字经济改变了国民经济的生产、消费和分配方式，提供了更加高效的经济运行模式。但是，近些年世界上大多数国家的国内生产总值（GDP）或劳动生产率增长并没有显示出预期的由数字经济带来的提升。在这样的背景下，学界逐渐讨论是否出现了“新索洛生产率悖论”：数字经济似乎随处可见，唯独在宏观经济统计指标中无法捕捉到。一部分学者认为，现有的宏观经济统计数据不能捕获到那些由数字经济活动带来的经济收益和效率提升，GDP及其他宏观经济统计数据也因而出现了一定程度的错误统计。

数字经济的核算方法一直是数字经济研究的重中之重。目前，国际上对于数字经济的测量指标和方法达到了30多种。数字经济在不同国家GDP的占比真的相差如此悬殊吗？不同国家的测度方式究竟有何差异？

一、数字经济增加值核算研究

不同国家和机构对数字经济增加值的核算，主要区别在于对数字经济的范围界定不同。例如，美国经济分析局（BEA）是将信息产业增加值按照国民经济统计体系中各个行业的增加值进行直接加总；中国信通院则采用增长核算账户模型和分行业ICT资本存量测算，剥离出各个传统行业的数字技术贡献部分，再加总得到传统产业中的数字经济总量。中国信息通信研究院核算的美国2017年“数字产业化”规模为1.39万亿美元，与BEA公布的2017年美国数字经济规模1.35万亿美元较为接近。可以看出，两者数字经济统计结果不同是由于二者对数字经济的核算范围不同所造成的：BEA仅核算了“数字产业化”部分，而中国信息通信研究院的数字经济规模测度还包括了“产业数字化”部分。

（一）美国经济分析局（BEA）对数字经济的核算

从生产法角度，BEA 对数字经济核算范围进行了狭义界定，具体包括以下三个方面的内容：一是支撑计算机网络存在和运行所需要的数字化基础设施，如所有计算机硬件和软件，所有通信设备及服务，物联网和其他支持服务等。二是使用该系统进行的各种电子商务活动，如 B2B、B2C 等。三是各种数字媒体，即数字经济用户创建和访问的内容，如各种直接销售数字产品和服务或提供免费数字服务的媒体、大数据企业等。2020 年 8 月，BEA 对 2018 年的数字经济分类标准（数字使能基础设施、电子商务和数字媒体三部分）进行了修正，修正后的分类包括基础设施、电子商务、其他收费数字服务三类。如表 2-1 所示。2022 年 11 月，美国 BEA 将政府数字服务（非国防）作为第四类生产活动纳入数字经济核算体系中。

表 2-1 BEA 的数字经济分类标准

一级指标	二级指标
基础设施	计算机硬件
	计算机软件
	相关支撑基础设施
电子商务	B2B
	B2C
	P2P
其他收费数字服务	云服务
	电信服务
	互联网与数据服务
政府数字服务（非国防）	联邦通信委员会（FCC）
	国家电信和信息管理局（NTIA）
	教育部教育技术办公室
	美国数字服务局

资料来源：美国 BEA。

在此基础上，BEA 在“供给—使用”框架下对数字经济进行了核算。

首先，BEA 编制了整个经济体供给—使用表。BEA 使用北美产业分类体系（NAICS）对供给—使用表分类，NAICS 根据产品的生产过程对行业进行分类。然后，利用 BEA 年度行业调查数据和其他部门行政记录数据进行编制，包含了产业和最终使用交易完整信息，可以刻画不同行业间产出和消耗的关系。

其次，BEA 确定了数字经济相关产品目录。由于 NAICS 目录中产品类别只有部分产品属于数字经济，需要对其评估以确定其中属于数字经济的产品比例。由于基础资料所限，实际核算中仅包括以数字经济产品为主的类别。目前 NAICS 共包括约 5 000 种产品，BEA 的数字经济核算包含其中的 200 余种产品。

最后，BEA 进一步确定了生产这些产品的行业。BEA 按行业分列数字经济名义增加值、产出、补偿和就业估计数。根据 BEA 核算，2021 年，“收费数字服务”是美国数字经济的第一大行业，占数字经济总量的 38.98%；“基础设施”是第二大行业，占到数字经济总量的 37.82%，其中“软件”占 12.88%、“硬件”占 24.94%；电子商务占数字经济总量的 23.19%，其中“B2B”“B2C”的占比分别为 15.31% 和 7.88%。BEA 核算的美国数字经济增加值占名义 GDP 的比重见图 2-1。

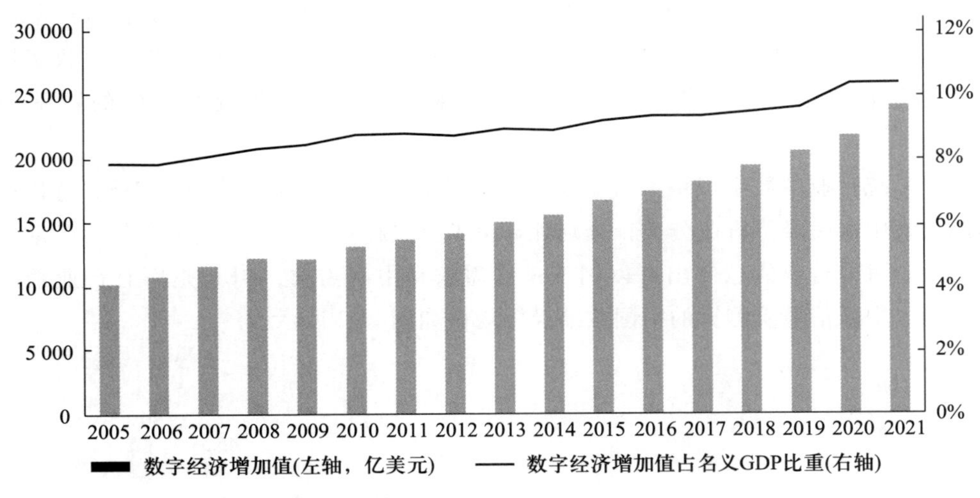

图 2-1 美国 2005—2021 年数字经济占名义 GDP 的比重

资料来源：美国经济分析局（BEA）。

（二）中国信息通信研究院对数字经济的核算

按照中国信通院的定义，数字经济包括数字产业化和产业数字化两部分。表 2-2 列示的为中国信通院对数字经济增加值规模的测算框架。

表 2-2 数字经济增加值规模的测算框架

数字经济	数字产业化部分（信息产业增加值）	数字产业化部分规模（增加值）	电子信息制造业（增加值）
			基础电信业（增加值）
			互联网行业（增加值）
			软件服务业（增加值）
	产业数字化部分（数字技术与其他产业融合应用）	产业数字化部分规模（增加值）	ICT 产品和服务在其他领域融合渗透带来的产出增加和效率提升（增加值）

资料来源：中国信通院。

1. 数字产业化部分的测算方法

数字产业化部分即信息通信产业，主要包括电子信息设备制造、电子信息设备销售和租赁、电子信息传输服务、计算机服务和软件业、其他信息相关服务，以及由于数字技术的广泛融合渗透所带来的新兴行业，如云计算、物联网、大数据、互联网金融等。增加值计算方法为数字产业化部分增加值按照国民经济统计体系中各个行业的增加值进行直接加总。

2. 产业数字化部分的测算方法

数字技术具备“通用目的技术”（General Purpose Technologies，GPT）的所有特征，通过对传统产业的广泛融合渗透，对传统产业增加产出和提升生产效率具有重要意义。对于传统产业中数字经济部分的计算思路就是要把不同传统产业产出中数字技术的贡献部分剥离出来，对各个传统行业的此部分加总得到传统产业中的数字经济总量。

对于传统行业中数字经济部分的测算，采用增长核算账户框架 KLEMS。将根据投入—产出表中国民经济行业分类，分别计算 ICT 资本存量、非 ICT 资本存量、劳动以及中间投入。每个行业的总产出可以用于最终需求和中间需求，GDP 是所有行业最终需求的总和。中国信通院测算的中国数字经济规模如图 2-2 所示。

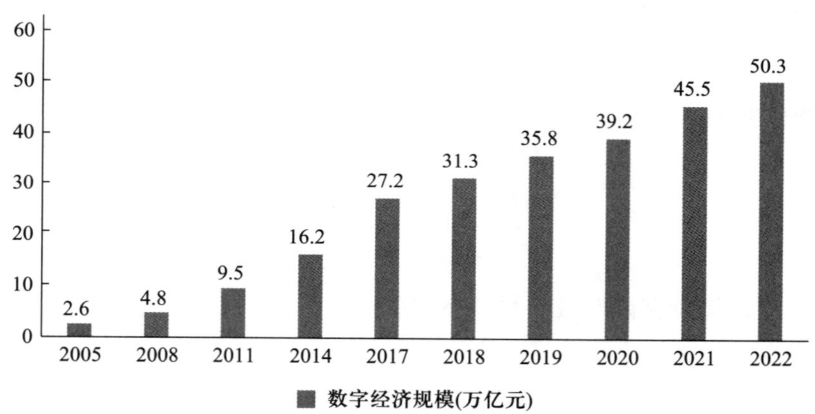

图 2-2 中国信通院测算的 2005—2022 年中国数字经济规模

资料来源：中国信通院。

（三）英国数字、文化、媒体和体育部（DCMS）的数字经济核算

英国数字、文化、媒体和体育部（DCMS）把数字经济划分为九个子行业：电子产品和计算机制造；计算机和电子产品批发；出版（不包括笔译和口译）；软件发布；电影、电视、视频、广播和音乐；电信；计算机编程、咨询及相关活动；信息服务活动；计算机和通信设备维修。如表 2-3 所示。可以看出，英国政府的这一做法也专注于窄口径的数字经济。

表 2-3 DCMS 的数字经济分类标准

一级指标	二级指标
电子产品和计算机制造	电子元件制造
	负载电子板的制造
	计算机及外围设备制造
	通信设备制造
	消费电子产品制造
	磁性和光学介质的制造
计算机和电子产品批发	计算机、计算机周边设备及软件批发
	电子及电信设备与配件批发
出版	图书出版
	发布目录和邮件列表
	报纸出版
	期刊出版
	其他出版活动
软件发布	其他软件发布
电影、电视、视频、广播和音乐	电影、录像和电视节目制作活动
	电影、录像和电视节目后期制作活动
	电影、录像和电视节目发行活动
	电影放映活动
	录音和音乐出版活动
	无线电广播
	电视节目和广播活动
电信	有线电信活动
	无线电信活动
	卫星电信活动
	其他电信活动
计算机编程、咨询及相关活动	计算机程序设计活动
	计算机咨询活动
	计算机设施管理活动
	其他信息技术和计算机服务活动
信息服务活动	数据处理、托管和相关活动
	门户网站
	通讯社活动
	其他信息服务活动
计算机和通信设备维修	计算机及周边设备维修
	通信设备维修

资料来源：DCMS。

二、数字经济相关指数编制研究

经济指数的编制更多的是为了考察不同国家或者不同地区之间的数字经济发展水平，通过指数可以对其进行直观的对比。国内外相关机构主要采用数量模型或指数评估方法来测度数字经济运行的相关指标数据。在国际上，OECD 构建了 ICT 与数字经济统计指标体系；欧盟统计局编制了数字经济与社会指数（DESI）；世界银行编制了知识经济指数（KEI），研究覆盖国家数量达到 146 个。在国内，赛迪顾问的数字经济发展指数（DEDI）、财新智库的中国数字经济指数（CDEI）、腾讯研究院的“互联网+”指数等都是创新性强、亮点突出的测度指标。下面对上述部分指数进行介绍。

（一）欧盟统计局的数字经济与社会指数（DESI）

欧盟数字经济与社会指数 DESI 是刻画欧盟各国数字经济发展程度的合成指数。该指数由欧盟根据各国人力资本、连通性、数字技术集成和公共服务数字化程度四个主要指标计算得出，如表 2-4 所示。该指标体系参照了 OECD 的《建立复合指数：方法论与用户说明手册》，同时兼顾数字经济对社会的影响，大部分指标数据来源于欧盟家庭 ICT 调查、企业 ICT 调查等专项统计调查，具有充分的研究积累和数据支撑。

表 2-4 欧盟数字经济与社会指数的测算指标

一级指标	二级指标
人力资本	互联网用户技能
	高级技能和发展
连通性	固定宽带占用
	固定宽带覆盖
	无线宽带
	宽带价格
数字技术集成	数字强度
	企业数字化
	电子商务
公共服务数字化程度	电子政务

资料来源：欧盟统计局。

欧盟委员会发布的《2022 年数字经济与社会指数报告》对欧盟的数字经济发展进行了分析。其指出，欧盟的数字化转型取得了一些进展，芬兰、丹麦、荷兰、瑞典的数字化水平在欧盟 27 个成员国中名列前茅。但整体而言，依旧存在成员国数字化发展进度不一、不同行业数字化转型程度差异较大、企业数字化转型进度不一、5G 技术相对落后等问题。

第一，在人力资本方面，欧盟将信息和数据读写能力、沟通与协作能力、数字化内容创造能力、数据安全意识、数字问题解决能力五方面均具备基本能力的人认定为具有基本综合数字技能。2021 年，欧盟仅 53.92%的人口至少具备基本综合数字技能，这一数值相较于欧盟提出的“2030 年让 80%的人口掌握基本的数字技能”这一宏伟目标仍有较大差距。在 16~74 岁的欧盟公民中有 87%的人经常使用互联网，但只有 54%的人至少拥有基本综合数字技能。此外，不同成员国在数字人力资本发展上存在较大差异，荷兰和芬兰作为欧盟数字经济发展的领跑者，两国拥有基本综合数字技能的人口比例接近 80%，而罗马尼亚和保加利亚则仅有约 30%的人口拥有基本综合数字技能。欧盟劳动力市场上信息通信技术专家仍然普遍短缺，人才短缺数量不断增加。

第二，在连通性方面，尽管欧盟已全面覆盖宽带，但只有 70%的家庭可从超大容量网络（包括光纤到户和有线电缆数据服务接口规范）连接中获益，其中光纤到户的覆盖率从 2020 年的 43%增长到 2021 年的 50%，有线电缆数据服务接口规范的覆盖率从 2020 年的 28%增长到 2021 年的 32%。不同欧盟成员国之间的数据仍存在很大差距，马耳他、卢森堡、丹麦、西班牙、拉脱维亚、荷兰和葡萄牙的超大容量网络家庭覆盖率均超过 90%，其中马耳他超大容量网络覆盖率达到 100%。相比之下，希腊、捷克、德国均只有不到 20%的家庭可以使用超大容量网络。

第三，在数字技术集成方面，尽管正处于数字化进程之中，但截至 2021 年，先进数字技术使用率仍很低，采用云计算、人工智能和大数据技术的企业仅占 34%、8%和 14%，在欧盟的中小企业中，仅有 55%的中小企业在采用数字技术方面至少达到了基本水平。

第四，在公共服务数字化方面，不同成员国之间进展差异明显。通过分析过去一年内使用互联网与政府进行互动的个人比例发现，瑞典、丹麦、芬兰、爱尔兰和荷兰等成员国通过互联网与政府进行互动的人口比例超过 90%，而罗马尼亚、保加利亚和意大利仅有 50%；通过对政府使用已知数据预先填写表格以避免公民重复提交数据的情况进行打分，荷兰、立陶宛、芬兰、爱沙尼亚、马耳他、丹麦和瑞典的得分在 85 分以上，然而表现较差的国家与上述国家之间存在较大差距，如罗马尼亚得分低于 20 分，塞浦路斯和克罗地亚得分均低于 40 分；此外，公共服务数字化依赖于开放数据，基于一系列综合指标对成员国开放数据水平进行评价，法国、爱尔兰、西班牙、波兰等 11 个国家的得分在 90 分以上，而斯洛伐克、马耳他、比利时和匈牙利的得分均低于 60 分。

（二）中国的数字经济发展指数

腾讯研究院利用回归分析的方法，基于面板数据，估计“互联网+数字经济指数”与 GDP 之间的回归系数，再利用合成的“互联网+数字经济指数”推算数字经济增加值。

中国信通院编制了数字经济指数（Digital Economy Index，DEI），力图对数字经济的发展态势进行观测和反映。DEI 是通过选取一系列与数字经济发展周期波动存在明确关系的经济发展指标，利用统计方法计算得出的景气合成指数，能够对数字经济的发展态势进行观测。

中国电子信息产业发展研究院在《2019 年中国数字经济发展指数》报告中将中国数字经济发展指数分为了基础指标、产业指标、融合指标、环境指标四个指标，对全国 31 个省、自治区和直辖市（不包括港、澳、台地区，以下简称“各省市区”）的数字经济发展水平进行评价。

中国赛迪顾问编制了数字经济发展指数（DEDI），它是定量评估全国数字经济整体发展情况的监测指标体系与结果集合。指数选取数字经济各维度、各季度典型指标数据，利用统计方法合成计算结果，全面、及时、科学地反映全国数字经济发展水平及动态特征，以期为中国数字经济发展提供参考和依据。

赛迪顾问打造了“4+3+N”指标体系，指标设定全面覆盖数字经济内涵构成、数字经济发展要素、数字经济民众参与程度三大方面。中国数字经济发展指数为定基指数，以 2017 年第四季度为对比基期，考量 8 项一级指标、55 项二级指标，动态反映中国数字经济发展进程。其中主要测算指标如表 2-5 所示。

表 2-5　中国数字经济发展指数的测算指标

一级指标	二级指标
基础指标	传统数字基础设施
	新型数字基础设施
产业指标	产业规模
	产业主体
融合指标	工业和信息化融合
	农业数字化
	服务业数字化
环境指标	政务新媒体
	政务网上服务
	政务数据治理

资料来源：赛迪工业和信息化研究院。

三、数字经济卫星账户核算研究

数字经济测度问题是信息革命下宏观经济统计面临的新测度挑战。为了准确核算数字经济发展规模及其对宏观经济运行的贡献程度，构建数字经济卫星账户（DESA）是一项较为可行的方案。国民账户体系（SNA）于 1993 年在国民经济核算中引入卫星账户的概念。SNA 认为，对于那些直接纳入中心框架将使内容受到一定限制的特殊活动，可通过建立卫星账户对其进行全面描述。

卫星账户是传统国民经济核算的辅助统计账户，通常用于分析国民经济运行中的特殊方面。通过构建卫星账户的方法可对特殊形态的经济模式及相关产业的运行状况进行专门的统计监测与分析，其核算结果是对传统宏观经济统计数据的有效补充。

目前国际上对 DESA 的构建研究尚处在初期探索阶段，做出比较前沿研究的国际组织是 OECD。OECD 构建的数字经济维度框架提供了对数字经济核算非常有价值的信息，即围绕数字交易的类型来对数字经济进行核算，而不是仅仅围绕数字产品或数字产业。

随着数字经济的快速发展及其衍生的经济模式类型不断增多，为了应对数字经济对传统统计核算的挑战，2016 年 OECD 成立了“数字经济下 GDP 测度的咨询组”（Advisory Group on Measuring GDP in a Digital Economy，AG），旨在提高宏观经济背景下数字经济的测度进程。

AG 提出 DESA 的研究构想，引入了“数字化产品”和“数字服务”的概念，并定义了一系列的辅助资产。AG 指出，为了反映数字中介平台提供产品和服务的整体价值、关注生产环节中数字化工具的使用、对数字经济中提供的“免费”服务及数据价值进行估价，应该构建 DESA 来对数字经济的运行做出系统的刻画。DESA 应重点反映数字经济在中心账户中所占的“份额”，其构建应该以数字交易的本质为重心，如果仅仅围绕数字产品和数字产业编制 DESA 容易造成对部分重要统计信息的漏统。

AG 构建了数字经济维度框架，对数字经济的“生产者”“使用者”“赋权者”“产品”和“性质”等进行系统剖析。首先，按照 SNA 中机构部门的划分标准对“生产者”与“使用者”进行细分，并加入“ROW”① 部门代表“国外”以强调数字贸易的重要性。其次，在“产品”中引入“信息”和“数据”作为除货物和服务之外的产品，拓宽数字经济中的产品范围。再次，对数字经济的“性质”进行阐释，将其划分为“数字订购”“平台实现”与“数字传递”三个类别，指出一个经济交易若包含在数字经济的范围内，则其至少应该满足数字订购、平台实现或数字传递三个特征之一。最后，“赋权者”是数字经济的重要支撑，其中包含了支持数字经济运行的投资以及设备等关键要素。AG 认为数字经济包含了目前 SNA 生产边界内与生产边界外的经济活动。

四、现有核算方法优劣比较

数字经济增加值、数字经济相关指数编制和数字经济卫星账户三种核算方法各有优缺点以及适用场景。

总体来说，相较于增加值测算和相关指数编制，数字经济卫星账户能够反映国民经济各行业从事数字经济特征活动的情况，是测度数字经济实际发展规模及其对整体经济的贡献程度较为可行的方法。

上述三种方法的具体优劣比较见表 2-6。

---

① ROW 为 rest of the world 的缩写，世界其他地区。

表 2-6 不同数字经济核算方法的比较

核算方法	优势	劣势	适用情况
数字经济增加值	依托现有国民经济增加值核算体系；测算体系相对成熟	无法准确反映数字经济真实的发展和变动情况；产业数字化部分增加值核算较为困难	数字经济增加值占GDP 的比重、数字经济增加值对 GDP 增长的贡献度
数字经济相关指数	指标体系创新性和实时性强；系统反映了国家或地区数字经济发展水平	理论框架不完备；数据来源不稳定；长期观测难持续	评估数字经济发展水平
数字经济卫星账户	系统反映了国民经济各行业从事数字经济特征活动的情况	核算方法复杂；测算框架需要根据国家发展情况进行调整	特定经济活动

资料来源：根据公开资料整理。

第三节 中国数字经济核算的探索

国际上对数字经济及其核算方法的研究已经有很长一段时间，而我国对数字经济及其核算方法的相关研究目前仍处于起步阶段。

一、中国数字经济核算的探索阶段

由于数字经济这一概念引入我国的时间较短，在数字经济概念还未引入并被社会各界熟知之时，我国针对该类产业活动及其规模核算的研究主要集中在信息经济、网络经济以及新经济等代表新产业、新技术类别的经济模式上。而其中比较具有代表性的便是中国信通院发布的多份信息经济研究报告以及学界对网络经济的核算研究。

（一）信息经济核算

1. 信息经济的定义

2014 年 2 月，习近平总书记在中央网络安全和信息化领导小组第一次会议上做出建设“网络强国”战略部署，将“信息经济全面发展”作为目标之一。这在当时给信息经济赋予了新的内涵，业界掀起研究信息经济的新高潮。

信息经济是以数字化信息资源为核心生产要素，以信息网络为运行依托，以信息技术为经济增长内生动力，并通过信息技术、信息产品、信息服务与其他领域紧密融合，形成的以信息产业、融合性新兴产业，以及信息化应用对传统产业产出和效率提升为主要内容的新型经济形态。信息经济主要包括以下三个特性：

第一，信息经济是包含了技术经济范式的全新突破，其全面扩展和深化了人与人、人与物、物与物的联系，传感器、物联网、机器人网络建立物与物的新联系，人机互动、通信网络、计算机网络建立人与人、人与物的新联系。以互联网为代表的新一代信息技术将人头脑中的隐性知识显性化，将分散的知识系统化，并进一步将抽象的知识和思想转化为具体的物质运动过程，搭建认识世界和改造世界的信息桥梁。

第二，信息经济是一种新的经济社会发展形态。具体而言，就是信息通信技术在经济社会各领域的深度应用，即在信息通信网络广泛普及的基础上，充分发挥互联网等信息技术应用平台的优势，推动技术进步、效率提升、组织变革，形成更广泛的以信息为创新要素的经济社会发展新形态。

第三，信息经济为新时期信息化发展提供了更明确的实施路径和手段。信息经济更侧重移动互联网、云计算、大数据、物联网等新技术在信息化发展中的基础性和创新性应用；更侧重跨企业、跨行业、跨区域的网络化连接和信息流动，打破信息不对称，实现供需精准对接，促进资源高效配置；更侧重平台化的数据汇集和深度应用，构建开放共赢的生态体系，集聚大众创业智慧，激发万众创新活力；更侧重跨界融合对推进改革深化、倒逼政府创新、助推社会进步、构建新型生产关系的驱动作用。

2. 中国信通院对信息经济规模的核算

中国信通院在实证核算时对信息经济的生产部分和使用部分分别通过统计方法和增长核算方法进行核算。信息经济总体规模由信息经济生产部分和使用部分统计加总得到。

（1）生产部分测算方法。信息经济的生产部分主要包括电子信息设备制造、电子信息设备销售和租赁、电子信息传输服务、计算机服务和软件业、其他信息相关服务，以及由于信息技术的广泛融合渗透所带来的新兴行业，包括云计算、物联网、大数据、互联网金融等。生产部分采用增加值测算方法。其中，增加值测算方法按照国民经济统计体系中各个行业的增加值进行直接加总。

（2）使用部分测算方法。信息技术具备通用目的技术（目前对于通用目的技术的概念，也没有形成一个统一、权威的定义。而学术界一般认为它是对人类经济社会产生巨大、深远而广泛影响的革命性技术，如蒸汽机、内燃机、电动机、信息技术等）的所有特征，通过对传统产业的广泛融合渗透，对传统产业增加产出和提升生产效率具有重要意义。信息经济使用部分是指信息技术对传统产业产出增加和效率提升的边际贡献。信息经济使用部分的计算思路就是要把不同传统产业产出中信息技术的贡献部分剥离出来，对各个传统行业的此部分加总得到传统产业中的信息经济总量。

（二）网络经济核算

1. 网络经济的定义

我们生活在一个互联网的世界，人与人之间通过网络进行着各种各样的经济活动，网络经济便是这一背景下的产物。

狭义上来说，网络经济实质是一种“产业经济”，即认为网络经济是从产业角度来展开的，所以它首先是一种信息产业，是“第四产业”。较为复杂一点的认识就是，未来几乎所有的产业都要与信息产业产生千丝万缕的联系。

广义上来说，网络经济实质是一种“经济模式”，这种认识就不再局限于产业经济的范围，它强调网络经济不只是信息产业经济，也不仅是信息技术在各个产业的应用，而且还是一种生产方式，是与工业经济时代不同的生产方式。网络经济对以工业经济为主的国民经济全局会带来根本性的改变。

2. 网络经济核算的方法

(1) 网络经济核算的重点——消费。生产是经济活动的基本活动，生产范围及生产活动本身是国民经济核算体系最重要的一个概念。但这一情况在网络经济中可能发生了变化。网络经济核算的重点由生产转变为了消费，究其原因有以下两点：

第一，网络经济的虚拟性。所谓的虚拟经济强调的是经济活动在网上进行，但具有实体交易活动的性质。比如在网上达成交易协议，进行购买、出售及订购等。按照我们一贯的认识，一笔交易要涉及两个交易者，两个交易者要进行相应的活动，产生一个协议。而在网络下，所有这些有关交易的活动，都可以通过网络界面来完成，同样的交易活动，但具有了虚拟的形式。

第二，网络经济下生产与消费的边界变得更加模糊。传统工业社会中，最终产品有两种具体形式：一是货物；二是服务。货物生产与其随后的销售或再销售分离，这是货物显著的经济特征。而服务一旦生产完成，也就宣告它必定已经提供给消费者了。在网络经济中，由于在网络上组织生产，实际的生产好像隐居幕后，并且像货物的生产与销售这样的环节，在网络上合为一体，同步进行。以网络直播为例，对于进行直播的主播来说是生产，对于收看直播的用户来说就是消费。

(2) 网络经济核算的重点——常住性原则。在核算 GDP、GNP 等指标时，都遵循一个原则，即常住性原则，即符合常住性原则的，我们就将其视为“国内”，而不符合的，就视为“国外”。网络经济中，常住性原则在计算 GDP 等指标时，为区别一国与他国经济总体之间的经济情况，同样起着重要的作用。但是，由于网络经济本身呈现出跨国境的经济交易趋势，常住性原则会受到严峻的考验，通过网络判断生产活动主体的常住性会很困难，相比之下，认定生产要素的常住性就变得更为可行。

基于以上考虑，有学者认为在网络经济核算中用国民消费总值（GNC）指标来取代 GDP 指标核算是一种不错的方法。在这个方案中，GNC 核算应突出两点：① 强调对国民经济运行及结果消费方面的核算。一般意义上，消费可以是扩大再生产过程的终结，也可视为扩大再生产的开始。② 采用常住性原则中的国民主体进行核算，以弥补国内主体原则在网络经济中的不足。网络经济必然是全球化经济，常住经济活动者的活动可能经常是既在国内又在国外，因此对其主体原则的认定，不如常住性原则认定好。

二、对我国数字经济核算工作的几点建议

近年来，在促进新旧动能转换政策的积极影响下，中国的数字技术日益多元并趋于完善，产业互联网发展条件更加成熟。从细分产业来看，数字经济开始融入医疗、教育、交通等多个行业，并逐步迈进快速发展期。随着细分实体领域与数字经济进一步融合，中国产业互联网增长指数已然有了很大改观。

即便如此，现行的 GDP 核算体系仍无法充分测度数字经济，免费数字产品或服务尚无法融入 GDP，数据资产核算研究较少等制约着我国数字经济发展及其核算工作的开展。为了改变这一现状，本书提出如下建议。

第一，补充、完善现行 GDP 核算体系，达到包容数字经济测度统计范围的目的。明确数字经济统计范畴，一方面需要国家统计局及相关单位从各地数据部门调取数字经济基础测算数据，汇总形成以“三新”[①] 数字经济为大类的统计范围，实现数字经济测度的可衡量标准；另一方面需要政府积极与大型数字化企业对接，共同制定数字经济统计数据的共享管理方案。这一过程中，政府需要增强企业对数字产业、“三新”活动等统计数据的时效性，使得数字经济统计共享数据满足数字经济测度发展的现实诉求。

第二，搭建数字经济统计指标口径框架。从宏观视角出发，可参考 OECD、欧盟、美国的经济指标体系构建方法，结合国家统计局出台的行业统计分类标准，搭建中国数字经济统计指标口径框架。可参考《国民经济行业分类》（GB/T 4754—2017）等相关分类报告，设置基础类、技术类、融合类、服务类四类数字经济指标。从微观视角出发，基于一级指标设立对现有二级指标进行细化。如针对服务类数字经济指标可以设立互联网金融用户分布、在线购物平台的网络用户零售额、生活服务如点评网站用户分布，以及即时通信软件的用户分布等多级细化指标。通过多指标全面、系统、准确地反映中国数字经济的运行和发展情况。

第三，优化数字经济测度评价指标体系。要遵循系统性、可操作、可量化等原则，合理设置数字化投入评价指标和数字化治理评价指标。具体而言，一方面，构建数字化投入评价指标。所谓数字化投入，是指数字经济发展过程中关键技术要素禀赋的一种投入，包括数字化基础设施投入与技术创新要素投入。在数字经济指标编制过程中，相关部门可参考国际经验，将网络通道使用频率、数据存储、网站资源等作为参考指标，采用物流网终端用户数、工业互联网企业用户数、云资源接入用户数、5G 基站覆盖率、大数据应用发展管理局数量五个指标，对中国数字经济发展进行衡量。另一方面，出台数字化治理评价指标。以社会管理体制为视角，通过出台专项数字经济税收优惠政策、专项数字经济社保政策、专项数字经济就业政策等数字化治理评价指标，衡量中国数字经济管理制度。以企业及个人为视角，通过出台数字知识专项申请量、个人隐私数据保护

---

① “三新”为新产业、新业态、新商业模式。

政策、知识产权保护政策三项评价指标，评价当下中国数字经济发展中产权保护状态。

第四，增加对数据资产核算的研究。数据属于非生产资产，因此其核算内容主要包括资产存量及其变动，与增加值和资本形成无关。李静萍（2020）研究指出，对于来自机构单位内部的数据资产，在资产物量其他变动账户中记录数据资产的经济出现，当数据在不同单位进行交易时，获得数据的单位在资本账户中记录非生产资产的获得，提供数据的单位在资本账户中记录非生产资产的处置。当确认数据不再具有价值或放弃开发使用时，在资产物量其他变动账户中记录数据资产的经济消失。如果核算期内数据的市场价格发生变化，应在重估价账户中记录数据资产的持有损益。数据资产的存量记录在期初和期末资产负债表上。

对于住户部门，其数据资产的价值等于出售数据获得的价值与通过易货交易获得的价值之和。数据资产首先在资产物量其他变动账户中记录数据资产的经济出现，然后在资本账户中记录非生产资产的处置，二者相抵消，不影响资产负债表的记录。如果个人数据处置与获取免费数字服务相对应，还需要在收入使用账户中记录免费数字服务的消费，同时这些服务的提供者要记录服务的生产。

第五，借鉴 OECD 的分类框架，采用“窄口径”的视角进行范围界定和分类，实现方法和数据的国际可比性。OECD 的统计部门具有丰富的理论与实践相结合的经验，其数字经济分类凝结了多个国际组织和多国统计机构、专家的智慧，也得到了许多国家的认可和实施。其“窄口径”的分类原则，不仅实现了与现有产业、产品分类体系的对接，也为卫星账户的编制打下了基础。但目前还未纳入 SNA 的数据产品、非货币交易等活动，由于缺乏理论和数据支持，暂不纳入分类框架。

为了满足各部门管理工作的需要，中国陆续出台了多个产业的分类制度，如文化产业、健康产业、体育产业、战略性新兴产业等。这些产业的分类方案中，除了相应的核心部门，还将相关的管理、服务等领域的内容纳入产业分类，实现了产业分类的创新。此外，《国民经济行业分类》（GB/T 4754—2017）还进行了一些创新分类，如增设了充分体现中国数字经济活跃性和创新发展的“互联网平台”分类。我们在数字经济分类中要充分体现这些中国特色的创新进展。

第六，与《国民经济行业分类》（GB/T 4754—2017）对接，为数字经济统计的直接测算提供保障。数字经济是国民经济的一部分，数字经济产业增加值是 GDP 的一部分。要对数字经济增加值进行直接测算，需要充分利用中国统计调查制度的数据基础，实现与《国民经济行业分类》（GB/T 4754—2017）的对接。这一分类原则已经在中国产业分类中得到体现，可以保障数字经济增加值直接测算的数据来源和可行性，提供多层次、可推广、可加总的数字经济数据，提高测算数据结果的可靠性和可用性。

本章小结

1. 数字经济带来了生产方式和生活方式的变革，成为世界经济增长的新动能。但是现有的国内生产总值（GDP）核算体系并没有完全体现出数字经济的价值。

2. 目前世界各国对数字经济的核算方法主要从以下三个不同的方

面进行：数字经济增加值核算、编制数字经济相关指数、数字经济卫星账户核算。在此基础上，美国经济分析局（BEA）、中国国家统计局、OECD、欧盟、中国信息通信研究院等机构进行了诸多研究。

3. 总体来说，我国数字经济核算起步较晚，整体发展仍然处于初级阶段，核算方法有待完善。我国目前的核算方法存在行业范围界定模糊、数据资产重视不足、产业间与国家间的数据缺乏可比性、运用模型和指数进行间接推算的方法不符合政府统计工作实践等问题。对此，本章给出了相应的完善现有统计体系的若干建议，以达到包容数字经济测度统计范围的目的：补充、完善现行 GDP 核算体系，达到包容数字经济统计范围的目的；搭建数字经济指标口径框架；优化数字经济评价指标体系；增加对数据资产核算的研究；采用“窄口径”的视角进行范围界定和分类；充分利用中国统计调查制度的数据基础等。

4. 国家统计局发布的《数字经济分类》（GB/T 4754—2017）客观反映数字经济发展的科学内涵和内在规律，对于加快我国经济社会各领域数字化转型步伐，推进国家治理体系和治理能力现代化，形成与数字经济发展相适应的政策体系和制度环境，具有十分重要的意义。

思考题

1. 数字经济核算的方法有哪些？这些核算方法各有哪些优缺点？从现有的数字经济核算的不同方面出发，谈谈如何改进核算方法。

2. 我国当前数字经济核算面临哪些问题？如何完善现有的核算体系？

3. 我国数字经济探索阶段和发展阶段分别采取了哪些不同的核算方法？

第三章

信息通信技术、人工智能与经济增长

本章学习要点

1. 了解信息通信技术如何影响经济增长。
2. 建立人工智能与经济增长之间的理论联系。
3. 初步了解数据经济的实质与理论基础。

在本章和下一章中，我们将致力于介绍基于数字经济这一新时代背景下所产生的经济形态对于传统经济增长理论的发展。经济增长理论主要研究的是经济的长期运行机制，并解答经济的长期趋势，一直以来都在经济学中处于核心地位，也是人们最为关心的现实经济问题。

在本章中，我们将从更加宏观的视角分析数字经济。具体而言，我们将首先介绍20世纪90年代开始兴起的信息通信技术（ICT）对经济增长的影响，尝试建立近年来逐渐流行的人工智能（AI）与经济增长的关系，最后引入目前受到广泛关注的数据经济这一新兴概念，了解数据经济的实质与理论基础。

第一节　ICT与经济增长

在过去几十年间，信息通信技术发展迅速。根据国际电信联盟2014年决议，ICT的定义为处理（如获取、创建、收集、存储、传输、接收、传播）信息和通信的技术及设备，包括电话、移动宽带、互联网、广播、传感器网络等。[①] 其作为典型的“通用目的技术”（GPT），不仅改变了信息的生产与传播方式，还可以广泛地应用于各类经济活动中，凭借其渗透率高和外部性强的特征，驱动其他产业和整体社会发展，并对经济增长产生全面且深刻的影响。

伴随着ICT的发展，信息经济和数字经济的概念逐渐被学界和政策制定者关注。根据中国信息通信研究院的定义，信息经济是以数字化信息资源为核心生产要素，以信息网络为运行依托，以ICT为经济增长内生动力，通过ICT、数字化产品及服务同其他领

---

① 参照国际电信联盟（ITU）2014年全权会议决议的内容。

域紧密融合，形成的以信息通信产业、融合性新兴产业、信息化应用提升传统产业产出和效率为主要内容的新型经济形态。① 而在新一轮 ICT 快速发展的背景下，信息经济这一概念已经逐渐演化为数字经济。

根据信息经济和数字经济的界定，不难发现 ICT 对经济增长的影响主要来自两方面：其一，ICT 产业化（在数字经济背景下，可称为数字产业化）是信息经济发展的基础。信息通信产业包括电子信息制造业、电信业、软件和信息技术服务业、互联网行业等，其迅速发展为各领域提供了 5G 网络、集成电路、软件、人工智能、大数据等技术、产品和服务支持。其二，传统产业信息化（在数字经济背景下，可称为产业数字化）是信息经济发展的主要阵地，强调传统产业应用 ICT 所带来的生产数量和效率提升。② 我国现阶段的信息化取得了突飞猛进的成就，数字经济通过促进 ICT 与实体经济的深度融合，为深化供给侧结构性改革，实现经济高质量发展做出了重大贡献。根据中国信息通信研究院测算，相比于数字产业化，产业数字化对数字经济发展的贡献日益突出，其占数字经济的比重由 2005 年的 49.1%逐步提升至 2019 年的 80.2%，占 GDP 比重达到 29%，已成为我国经济增长的重要支撑力量。

欧美的 ICT 产业自 20 世纪中叶便开始发展，因此早期研究大多立足于欧美，特别是美国背景。学者在分析 ICT 与经济增长的关系时多采用宏观增长核算模型③，基本做法是将经济增长的源泉划分为工作时长的增长和平均劳动生产率的提升。根据新古典主义理论，基于规模报酬不变和完全竞争市场假设，平均劳动生产率的提升则依赖于资本深化、劳动质量提升和全要素生产率增长。

上述研究利用 1995 年前美国宏观数据进行宏观增长核算时均发现 ICT 对经济增长的贡献极小。然而，伴随着半导体设备及 ICT 相关产品价格迅速下降和 ICT 相关投资快速增长，宏观经济学者在观察美国经济运行情况时发现，美国的整体生产率在 20 世纪 90 年代中后期至 21 世纪初有显著提升。在解释 1995—2001 年的“生产率复苏”现象时，ICT 推动此轮经济增长这一论述便收获了众多拥趸。

一、ICT 中心理论与宏观增长核算模型的应用

在 20 世纪 90 年代中后期美国劳动生产率显著提升的背景下，以 Jorgenson 和 Stiroh（2000）以及 Oliner 和 Sichel（2000）为代表的大量研究继续沿用宏观增长核算模型测

① 信息经济的具体概念界定请参考中国信息通信研究院发布的系列报告。

② 鉴于信息经济为数字经济的早期阶段，为免行文拖沓，本书后续将信息经济和数字经济统称为数字经济，ICT 产业化和数字产业化统称为数字产业化，传统产业信息化和产业数字化统称为产业数字化。

③ 宏观增长核算理论是在 Kuznets（1957）提到的现代经济增长理论和 Solow（1957）提到的索洛残差（Solow Residuals）的基础上产生的。Denison（1962）首次利用该方法对经济增长进行了全面核算，并将经济增长的源泉划分为劳动投入（包括就业、劳动时间、受教育程度、劳动力结构等）、资本投入（存货和非住宅性建设和设备等）、生产率（单位投入的产出）三者，其研究同时指出知识进步是导致生产率提高的主要原因。此后，Jorgenson 和 Griliches 等学者将该理论进一步推广。

度 ICT 对于劳动生产率的影响。这些研究的观点可概括为“ICT 中心理论”，即 ICT 相关部门的劳动生产率提升是导致 1995—2000 年美国经济增长的主导因素。

ICT 中心理论将整体经济分为 ICT 使用部门（ICT-use Sector）和 ICT 生产部门（ICT-production Sector），分析发现：一方面，ICT 使用部门的 ICT 资本深化，也即单位劳动时长中使用的 ICT 资本数量或质量有显著提升，促进了整体经济的持续增长；另一方面，ICT 生产部门的全要素生产率显著提升带动了整体经济全要素生产率的提升，并最终推动经济增长。宏观增长核算模型为理解 ICT 对经济增长的影响提供了一个简洁的整体分析框架。

然而，此阶段采用宏观增长核算模型的研究多使用国家宏观层面的时间序列数据进行分解，缺乏行业、企业层面的证据支持。Stiroh（2002）在一定程度上为前述结论提供了行业层面的证据支持，其研究表明 ICT 使用部门和 ICT 生产部门的生产率在 1995—2000 年均有显著提升，其中 26 个 ICT 使用部门的生产率提高为宏观经济生产率提高贡献了 0.83%，两个 ICT 生产部门则贡献了 0.17%，其他与 ICT 无关的部门则贡献了-0.21%（说明非 ICT 部门对于经济增长的贡献是负的）。

需要指出的是，这一阶段的宏观增长核算模型存在一定的局限性：

首先，作为新古典主义的核算分解框架，其严格的完全竞争和无调整成本的假设与现实情况存在较大偏离，且其难以刻画技术进步如何导致资本深化，即无法厘清 ICT 对经济增长的具体作用机制。例如，与 ICT 投资互补的生产组织结构变动难以在核算框架中加以考量，ICT 投资引致的企业用工决策改变、催生的新产品和服务创新同样难以在核算框架中得以展现。

其次，该核算框架中将 ICT 等同于传统的资本，并认为如果 ICT 投资可以准确度量，ICT 对 ICT 使用部门的影响仅能通过资本深化这一途径，其生产率提升效应则完全来自 ICT 生产部门，也即否认了 ICT 通过“非货币的外部性”。(Nonpecuniary Externality) 影响 ICT 使用部门的可能性。然而，ICT 作为通用型技术事实上对于 ICT 使用部门的生产率同样会产生显著影响，且利用行业及企业层面数据的实证研究已经提供了相应证据。

再次，由于该方法使用要素份额作为产出弹性的近似变量，一旦 ICT 资本深化发生，无论该部分 ICT 投资是否真正用于生产过程，在核算过程中都会有部分经济增长被归因于此，进而导致估计偏误。这也是 Gordon（2000）所批驳的地方。

最后，这一方法难以充分利用愈加丰富的微观数据对 ICT 的经济效应进行因果关系识别，导致相关结论受到严重质疑。

二、进入 21 世纪以来的理论发展

21 世纪初期，互联网泡沫破裂导致此阶段 ICT 投资迅速缩水，如果根据前述宏观增长核算模型，则 ICT 使用部门的 ICT 资本深化程度下降，ICT 生产部门的全要素生产

率也显著下滑，因此整体经济的劳动生产率应当下降。但实际上 2001—2004 年美国劳动生产率依然攀升。为解释这一现象，宏观经济学者开始对 ICT 中心理论进行修正，并对传统宏观增长核算框架加以拓展。拓展后的宏观增长核算模型将调整成本、无形资本等因素纳入考察。

总结来看，这一阶段形成了三种相对主流的观点。

其一认为 ICT 投资不仅包括对硬件的投资，同时也囊括了与 ICT 互补的无形资本的投资，因此在 20 世纪初 ICT 使用部门企业的资本依然在持续增加，进而推动了同时期的宏观经济增长。

其二认为 ICT 投资对 ICT 使用部门有非货币的外部性溢出效应，即对该部门的全要素生产率同样有显著的正向影响，且相对于 ICT 生产部门而言，ICT 使用部门的全要素生产率提升对整体经济的劳动生产率提升贡献更为主要。

其三认为 ICT 作为通用型技术，其影响传导至其他不使用 ICT 的行业同样会对这些行业的技术创新产生深远影响。且由于传导需要时间，20 世纪 90 年代初期迅速发展的 ICT 生产部门经过一段时间的积累推升了其他部门的生产率，进而使得 21 世纪初期的劳动生产率继续提高。

尽管扩展后的宏观增长核算模型已将无形资产和调整成本等因素纳入分析，但其发掘的 ICT 对经济增长的影响渠道依然是直接的全要素生产率效应和资本深化效应。

事实上，除上述传统的直接影响渠道外，考虑到 ICT 的潜在正外部性，近年来分析 ICT 如何影响经济增长的研究开始发掘其他间接影响渠道，包括：

（1）ICT 通过提升人力资本推动经济增长；

（2）ICT 通过降低信息搜寻获取成本，提高市场运行效率，最终促进经济增长。

以人力资本渠道为例，人力资本是指劳动力的技能储备、受教育程度和其他可以提高劳动生产率的特征，诸多基于微观数据的实证研究已发现 ICT 投资对教育质量、入学率、受教育年限等人力资本指标有正向影响，而人力资本作为新古典主义生产函数中的重要投入，其提升也将显著推动经济增长。

对于提升市场效率这一渠道而言，诸多基于发展中国家背景的实证研究表明，以手机、互联网等为代表的 ICT 发展极大地降低了协调、信息搜寻和处理等成本，从而有效提升了当地市场效率，而市场效率的提升同样有助于推动经济增长。

接下来，我们将会简要介绍一项诞生于 ICT，但又能够在更大程度上改变原有经济运行模式的新技术——人工智能技术（AI）。

第二节 人工智能与经济增长

如果 AI 技术能够将一项先前由人类劳动力进行的、需要持续不断完成的工作变为自动完成，会发生什么？AI 技术可能被配置在传统的商品和服务生产过程当中，并且很有可能影响经济增长以及各要素收入份额的分配。AI技术还可能改变我们产生新的想法和技术的过程，帮助我们解决复杂的问题，以及使得创造的效率加倍。更极端的，一些研究者们甚至认为AI技术会非常迅速地进行自我提升，能够在有限的时间里实现无限的机器智能水平以及无限的经济增长速度，并将这一未来称为“奇点”(Singularity)。Nordhaus（2021）提供了详细的评述，并站在经济学的角度讨论了这个“奇点”到来的前景。

在本部分，我们将简要介绍Aghion等（2019）构建的关于人工智能的经济增长模型。在这个模型中，作者们参考Zeira（1998）以及Acemoglu和Restrepo（2018）对于AI技术的处理方法，将AI技术视为一种新形式的自动化技术，能够推动自动化进一步发展，完成一些先前被认为是自动化所不能完成的工作。

这些工作或许被认为是没有那么机械重复的，例如自动驾驶汽车，或者可能需要高水平的工作技能，例如法律服务、放射性工作，以及一些形式的科研工作。此外，Baumol（1967）在他的研究中观察到了一个被称为“成本病”（Cost Disease）的现象，即由于一些部门的生产率增长过快，导致其中一些增长较慢的部门的产品价格提升，进而在经济中越来越重要。本部分的模型将讨论自动化可能是这一变化的推动力量之一。

一、基准模型设定的分析

经济的总产出（或称GDP）被设定为各种不同商品的一个CES组合形式，且替代弹性小于1：

$$Y(t)=A(t)\left(\int_0^1 X(v,t)^{\rho}\mathrm{d}v\right)^{\frac{1}{\rho}} \tag{3-1}$$

其中$\rho<0$，$A(t)=A(0)\mathrm{e}^{gt}$表示标准的技术进步，此处我们将其视为外生的。Zeira（1998）在其最初的研究中也给出了对于自动化的类似的简单表述，而我们遵循Acemoglu和Autor（2010）中的观点，将这些变量视为不同的生产任务，这样的设定方式在接下来对模型结果的解读上较为方便。我们要求替代弹性小于1是为了让这些任务之间是总互补品的关系。直观上来说，这是生产函数的一种“弱的联系形式”，因为GDP在某种程度上受限于各类产品中最弱的一环。还没有被自动化的任务由一对一的劳动力生产，而一旦任务被自动化了，人们可以使用一单位的资本作为替代：

$$X(v,t)=\begin{cases}L(v,t),\text{如果未被自动化}\\K(v,t),\text{如果已被自动化}\end{cases} \tag{3-2}$$

如果总体的资本K和劳动力L最优化地被分配在这些任务中，那么生产函数就可以表达成：

$$Y(t)=A(t)K(t)^{\alpha}L(t)^{1-\alpha} \tag{3-3}$$

其中，指数α表示那些被自动化了的任务的总体份额或重要程度。当经济中的自动化程度提升，则可以认为是资本对于生产的贡献提升了，即α增加。

模型剩下的部分与新古典的设定方式类似：

$$Y(t)=C(t)+I(t) \tag{3-4}$$

$$\dot{K}(t)=I(t)-\delta K(t) \tag{3-5}$$

$$\int_0^1 K(v,t)\,\mathrm{d}v = K(t) \tag{3-6}$$

$$\int_0^1 L(v,t)\,\mathrm{d}v = L(t) \tag{3-7}$$

为了简便起见，此处假设劳动力的总体水平是保持固定不变的。

令 $\beta(t)$ 表示截至时期 t 已经被自动化了的产品部分，并且假设资本和劳动力在不同的任务间是被对称地分配的。因此，$K(t)/\beta(t)$ 单位的资本被用于每个自动化了的任务中，而 $L/(1-\beta(t))$ 单位的劳动力则被用于其他未被自动化了的任务中。生产函数由此可写成：

$$\begin{aligned} Y(t) &= A(t)\left[\beta(t)\left(\frac{K(t)}{\beta(t)}\right)^{\rho}+(1-\beta(t))\left(\frac{L}{1-\beta(t)}\right)^{\rho}\right]^{\frac{1}{\rho}} \\ &= A(t)\left[\beta(t)^{1-\rho}K(t)^{\rho}+(1-\beta(t))^{1-\rho}L^{\rho}\right]^{\frac{1}{\rho}} \end{aligned} \tag{3-8}$$

这一设定便退化成了新古典增长模型的一个特定形式，并且资源的分配能够通过一个标准的竞争均衡达到最优。在这个均衡当中，GDP 中已被自动化的产品份额等于要素报酬中资本的份额，即：

$$\alpha_K(t) \equiv \frac{\partial Y(t)}{\partial K(t)}\frac{K(t)}{Y(t)} = \beta(t)^{1-\rho}A(t)^{\rho}\left(\frac{K(t)}{Y(t)}\right)^{\rho} \tag{3-9}$$

类似地，GDP 中未被自动化的产品份额等于要素报酬中劳动力的份额，即：

$$\alpha_L(t) \equiv \frac{\partial Y(t)}{\partial L(t)}\frac{L(t)}{Y(t)} = \beta(t)^{1-\rho}A(t)^{\rho}\left(\frac{L(t)}{Y(t)}\right)^{\rho} \tag{3-10}$$

因此，已被自动化的与未被自动化的产出之比，或者资本份额与劳动力份额之比等于：

$$\frac{\alpha_K(t)}{\alpha_L(t)} = \left(\frac{K(t)}{L(t)}\right)^{\rho} \tag{3-11}$$

我们在一开始就说明了我们只关心不同种类产品间的替代弹性小于 1，即 $\rho<0$ 的情形。由式 3-11 可知，有两类基础的力量能够导致资本份额的变动（或者说，经济中被自动化了的部分）。

第一，各类产品中被自动化的比例逐渐升高，会增加 GDP 中自动化产品的份额，并增加资本的份额（保持 K/L 固定不变）。这一结论比较显然，并且与 Zeira（1998）模型中的结论是一致的。

第二，随着 K/L 提升，资本的份额以及自动化部门的价值在 GDP 中的份额将会下降。由于资本的积累，自动化了的商品的价格会相对于未被自动化的商品的价格发生下降。因为需求相对来说更加无弹性，花费在这类产品上的支出也同样会下降。以上分析便解释了 Baumol（1967）提出的经典“成本病”问题。

二、进一步扩展：内生增长模型

按照 Acemoglu 和 Restrepo（2018）的方法，我们可以通过设定一种技术以将自动化内生于模型当中，这一技术可让研发中的投入推动产品的自动化进程。但显然的是，$[\beta(t)/(1-\beta(t))]^{1-\rho}$的增长速度能否快于或慢于（$K(t)/L(t)$）$^{\rho}$的下降速度，取决于我们如何设定这一技术。也就是说，模型的结果将取决于我们关于自动化的具体假设，而目前我们并没有足够的知识来支持我们如何给出这样的假设。因此，就目前而言，我们将自动化处理成外生的，并考虑当$\beta(t)$ 以不同方式变化时所导致的不同结果。

注意到，式 3-8 实际上是新古典生产函数的一个特殊形式，即：

$$Y(t)=A(t)F(B(t)K(t),C(t)L(t)) \tag{3-12}$$

其中 $B(t)\equiv\beta(t)^{\frac{1-\rho}{\rho}}$且 $C(t)\equiv(1-\beta(t))^{\frac{1-\rho}{\rho}}$。当 $\rho<0$ 时，注意到$\beta(t)$ 升高将导致 $B(t)$ 下降以及 $C(t)$ 上升。也就是说，自动化等价于劳动力增强型技术进步和资本消耗型技术进步的结合。这是一个比较不好理解的结果，因为从直观上来想，自动化应该带来某种程度上的资本增强，而事实却并非如此。另外，我们还需要注意的是，如果替代弹性系数变成大于 1，这些结论就会发生反转。

从经济学直觉上来看，以上结论主要来源于自动化的两个基本效应。首先，资本能够被应用到更大数量的任务当中，这是基础的资本增强型推动力。然而，这也意味着固定总量的资本会变得更加分散，这又是资本消耗型的效应。当不同任务间是替代品（$\rho>0$）时，增强型效应占主导，故自动化是资本增强型的。然而，当不同任务间是互补品（$\rho<0$）时，消耗型效应便占主导。另外注意到，对于劳动力来说，具有相反的效应：自动化将固定总量的劳动力集中在小范围的任务中，故当$\rho<0$时技术进步是劳动力增强的。

目前的主流文献中，AI 技术的经济学模型主要是将该技术视为一种更高效率的自动化过程，即资本取代劳动力作用于生产中的过程。由于这一过程仅涉及从劳动力到资本的转换效率，整个模型最基础的生产与分配机制并未发生改变，因此目前的分析框架仍没有跳出新古典经济学的分析范式。在接下来的内容中，我们将介绍近年来最为流行的经济学概念之一——数据要素，来探讨以数据要素为重要特征的数据经济是如何运行的。

第三节 数据经济

本部分将简要介绍与数据经济相关的一系列概念，并通过对徐翔和赵墨非（2020）研究的简要介绍，引入数据经济增长模型的一系列相关研究。

一、重要概念的区分

在开始讨论数据经济这一新兴经济形式之前，我们有必要首先厘清两组重要的概念：想法（Idea）、信息（Information）、数据（Data）；数据要素（Data Factor）、数据隐私（Data Privacy）、数据经济（Data Economy）。前一组概念主要基于数据产生的来源这一分析视角，需要阐明“数据”这一目前人们热烈讨论的概念的“来龙”；后一组概念则主要基于“数据”成为影响经济发展的关键因素之后，所催生出的一系列新的研究主题，也就是“数据”这一概念的“去脉”。接下来，将分别阐述这两组概念之间的关系，以期让读者在正式进入本部分的研究之前对这些相关的概念有清晰的认识。

（一）想法、信息与数据

Romer（1990）将想法定义为一系列用于生产经济产品的说明，以信息的形式存在，通常还包含其他相关的想法。类似地，Akcigit 等（2016）也在文章中提到，新的想法是经济增长的源泉，生活标准能否得到提升取决于人们将新想法转换成用于消费的产品或生产流程的效率。近期关于想法的研究，还包括 Bloom 等（2020），作者们从实证的角度研究了各个领域内由想法推动技术创新的发展历程。

考虑现今的经济组织形式，本书认为“想法”应是某种更加抽象的概念，应当被认为是新产品种类的原型，而“信息”则应被定义为用于描述和实现新产品的更具体的形式。然而，信息的定义依然太抽象了。例如，我们无法确认一条信息是否有商业价值，并且更重要的是，我们无法准确有效地度量出信息的量。

而数据作为信息的载体，则能够很好地解决这一问题。信息能够以各种不同的数据形式被储存下来，如文字、图像和声音等。并且，数据可以通过被拆分为有限单位的字节而被准确度量。因此，它能够很容易地被打包成数据集甚至数据库以进行交易。

最后，当我们说起大数据技术时，正如前文所述，我们通常认为这是旨在处理体量日益庞大的数据的一系列新兴技术手段。这些技术仅仅在当今这个计算能力极大加强、网络传输速度极大提升、信息收集效率极大提高的时代才会被需求。可以说，数据量的日益膨胀催生了对高效处理这些庞大数据的技术需要，而大数据技术的产生和广泛应用又造就了当今这个数据量以几何级数形式增长的时代。

为了进一步说明以上几个概念间的差别，我们来举一个现实世界中的例子，比如虚拟现实（Virtual Reality，VR）技术的发展。VR 是指与现实世界相似或完全与现实不同的模拟体验。在 20 世纪 50 年代，当 VR 首次在一部名为“皮格马利翁的眼镜”（Pygmalion’s Spectacles）的科幻小说中被提出时，这项技术仅仅是一种想象，是一种纯粹的想法。到了 20 世纪 70 年代，有人发明了 VR 设备的原型机。

VR 技术的演进和迭代就好比数据处理算法的演进历史。为了使得用户沉浸感更佳，感觉更像是在现实中游玩一样，对 VR 设备的开发在试图模拟现实世界之前首先需要收集足够量的信息。这些信息可以是各个方面的，如空气流动、光照、温度等，它们需要被转换为不同的数据集合。在这种情形下，只有最有价值的数据集才会被保留。有时候，人们还需要“创造”虚拟人。这需要收集并分析一个现实中的人的行为并尝试还原一些主要的特征。所有的这些都需要大量的数据以及相应的能够整合和处理这些数据的技术。

随着大数据技术不断成熟，VR 技术也变得越来越接近于当初小说中的描述了。除了 VR 技术以外，近几年出现的许多新兴技术都离不开大数据技术的有力支持。

Jones 和 Tonetti（2020）以特斯拉自动驾驶汽车作为一个典型的例子。他们将一辆自动驾驶汽车的制造过程视为一个机器学习的算法，即从各类如照相机、雷达、GPS 等的传感器得到的数据中通过一系列的非线性回归得出一个专业的驾驶员在特定情形下的最优反应。

在这个例子中，数据就是从传感器中得到的读数以及专业驾驶员的行为，而想法则仅是使用数据来估计非线性回归模型参数以进行预测的规则。本书更偏向于从大数据技术在其中的实际应用角度出发，更强调大数据技术在整合大量数据中的重要性，由这一角度，论证信息被物化成为数据并能够被打包进行交易的合理性。

在大多数的研究中，信息抑或是数据都代表着与消费者个人相关的某方面资料，通常由一些类似数据中间商的企业收集，而后打包销售给其他生产企业。在这样的模型设定中，对这两个概念的区分确实没有特别的必要。而在诸如长期经济增长模型中，信息只有在转换为数据之后，才能为企业的生产或研发过程所用，这时就有了区分的必要。

（二）数据要素、数据隐私与数据经济

尽管数据的早期的形式——信息已经从理论到实证上被研究得非常透彻了，但数据作为继传统的土地、劳动力、资本等又一新的要素进入人们视野之中还只是近几年的事情。借由大数据技术形成的数据要素，与传统的生产要素有着本质的区别。

从来源来看，数据要素既来自人们日常生活的衣食住行、医疗、社交等活动，又来自平台企业、政府、商业机构在为消费者提供服务之后所收集、统计到的各类信息。数据一旦成为要素，便直接催生出数据产权、数据要素收益分配等一系列问题，这也是数据不同于早期研究中所关注的信息的重要方面。本部分所提到的数据要素概念，即指的是这些能够被度量、被交易的影响经济增长的关键变量。

数据要素的产生，离不开人们的生产和生活行为，那么，这些原始数据本身便自然地带有人们某些方面的个人信息。如果这些信息不加以有效管理，数据来源的个人隐私便极有可能受到侵害。因此可以说，数据隐私保护问题是与数据作为要素进入人们视野中同步产生的。而同时，与数字经济迅猛发展相伴而生的隐私受侵害问题也呈现高发态势，有关于这一主题第四章将会有进一步的论述。

尽管限于目前相关统计数据的可得性，我们将在许多地方对“数字经济”与“数据经济”进行混用，但我们仍然有必要进一步厘清数据经济之于数字经济的差别。根据

维基百科的定义，数据经济指的是一个全球范围的数字生态系统。在这个系统内，处于该网络之中的各类数据零售商基于从收集而来的信息中创造价值的目的，对数据进行集中、组织和交换。

也就是说，数据经济在狭义范围内指的是以数据交换为主要动力的一些行业，而从更广义的范围内来看，则可以包含受到这些行业影响的上下游行业。这些上下游行业相互联系在一起，同时也可以认为是数字经济。本部分以及接下来两章中所研究的数据经济，指的正是这一类受到数据收集、处理、交易影响的行业所组成的经济形式。相比于传统的经济形式，其具有更强大的发展潜力，但同时数据隐私的问题也相伴而生。

二、数据增长模型：数据资本的视角

本部分首先用一个简单的微观模型说明数据资本的积累对生产效率和数据处理效率的影响。此时，数据的积累可视为一种研发投入。根据 Choi（1991）等研究，创新性突破以泊松流的形式产生，其瞬时密度正比于企业当时的研发投入。需要注意的是，此处我们并没有囊括经济中的所有创新，而是关注数据资本及与其伴生的 ICT 资本的创新作用。详细内容可参见徐翔和赵墨非（2020）。

假设企业研发投入依赖于数据和 ICT 资本联合发挥的作用，用 $D(t)^{\mu}I_{IT}(t)^{1-\mu}$予以表示，其中 $D(t)$ 表示数据，$I_{IT}(t)$ 表示 ICT 资本投资，μ 表示二者之间的替代弹性。

假设联合的投入力度 $D(t)^{\mu}I_{IT}(t)^{1-\mu}$为 1 时，数据处理技术产生突破的泊松流的密度为 a，单次创新性突破带来的效率进步率为 g，令 $q(t)$ 表示数据处理的技术水平（数据资本的积累效率），则 $q(t)$ 随时间变化满足如下关系：

$$\begin{aligned} E(q(t) \mid q(0)) &= q(0)\sum_{k=0}^{\infty}\frac{\exp\left(-\int_0^t \lambda(x)\,\mathrm{d}x\right)\left(\int_0^t \lambda(x)\,\mathrm{d}x\right)^k}{k!}(1+g)^k \\ &= q(0)\sum_{k=0}^{\infty}\frac{\exp\left(-a\int_0^t D(x)^{\mu}\,I_{IT}(x)^{1-\mu}\mathrm{d}x\right)\left(a\int_0^t D(x)^{\mu}\,I_{IT}(x)^{1-\mu}\mathrm{d}x\right)^k}{k!}(1+g)^k \end{aligned} \tag{3-13}$$

其中，第一行中的 $\lambda(x)$ 表示非齐次泊松过程中泊松流在时间点 x 的瞬时密度，即第二行式子中的 $aD(x)^{\mu}I_{IT}(x)^{1-\mu}$，$q(0)$ 表示初始的数据积累效率或称数据分析技术的初始水平。

类似地，对于一般性的技术而言，数据和 ICT 资本也联合发挥作用提升技术水平，我们用 $D(t)^{\nu}I_{IT}(t)^{1-\nu}$予以表示，其中 ν 表示二者之间的替代弹性。本部分假设联合的投入力度 $D(t)^{\nu}I_{IT}(t)^{1-\nu}$为 1 时，技术突破带来的泊松流的密度为 b，假定单次创新性突破带来的技术进步率为 h，令 $Z(t)$ 表示生产技术水平，则 $Z(t)$ 随时间的变化满足如下关系：

$$E(Z(t)\mid Z(0))=Z(0)\sum_{k=0}^{\infty}\frac{\exp\left(-\int_0^t\gamma(x)\,\mathrm{d}x\right)\left(\int_0^t\gamma(x)\,\mathrm{d}x\right)^k}{k!}(1+h)^k$$
$$=Z(0)\sum_{k=0}^{\infty}\frac{\exp\left(-b\int_0^t D(x)^{\nu}I_{IT}(x)^{1-\nu}\mathrm{d}x\right)\left(b\int_0^t D(x)^{\nu}I_{IT}(x)^{1-\nu}\mathrm{d}x\right)^k}{k!}(1+h)^k \tag{3-14}$$

其中，第一行中的 $\gamma(x)$ 表示非齐次泊松过程中泊松流在时间点 x 的瞬时密度，即第二行式子中的 $bD(x)^{\nu}I_{IT}(x)^{1-\nu}$，$Z(0)$ 表示初始的数据积累效率或称初始技术水平。

接下来，用 $B(t)$ 表示数据资本，$K_{IT}(t)$ 表示 ICT 资本，$K_{NT}(t)$ 表示传统物质资本。此时，如果对包含多个公司的整个经济体进行分析，则这些公司仍有异质性。可以使用异质性企业的宏观模型求解稳态。但这要求引入企业的进入退出等一系列配套设定，较为复杂。我们关注的最终问题是经济的宏观增长表现，而非企业的异质性，而在稳态中，该模型在宏观上是没有不确定性的。因此，选择从该产业组织的技术创新模型消除企业的异质性，再将上述结构引入增长模型中，并使用代表性公司进行分析。

具体地，当 g 和 h 趋于0，而密度中的参数 a 和 b 趋于无穷时的极限状态下的近似。在该极限下，技术在时间 t 附近无随机性地以 $(1+g)^{aD(t)^{\mu}I_{IT}(t)^{1-\mu}}$ 的速率增长，令 $\lambda=ga$，在极限处，增长率为 $\exp(\lambda D(x)^{\mu}I_{IT}(x)^{1-\mu})$。

随后，为符合内生增长模型的分析规范，对时间轴进行离散化。将技术创新模型的连续时间转化为一个紧密的离散时间轴，即每期间隔标记为1，每期的投资在期初发生，则单期增长率为 $\lambda D(x)^{\mu}I_{IT}(x)^{1-\mu}$。

$$q(t+1)=q(0)\left[1+\lambda D(x)^{\mu}I_{IT}(x)^{1-\mu}+o(\lambda)\right] \tag{3-15}$$

$$Z(t+1)=Z(0)\left[1+\gamma D(x)^{\nu}I_{IT}(x)^{1-\nu}+o(\gamma)\right] \tag{3-16}$$

此时，令时间轴的相邻点的间隔足够紧密，则在极限处，增长率为：

$$\gamma\left[\nu\frac{q(t)D(t)}{B(t)}+(1-\nu)\left(\frac{I_{IT}(t)^{1-\nu}}{K_{IT}(t)^{1-\nu}}-\delta\right)\right]+o(1)$$

进一步地，在极限处，有：

$$\frac{Z(t+1)}{Z(t)}=1+\gamma\left[\nu\frac{q(t)D(t)}{B(t)}+(1-\nu)\left(\frac{I_{IT}(t)^{1-\nu}}{K_{IT}(t)^{1-\nu}}-\delta\right)\right]+o(\gamma)$$
$$=\left[\left(1+\frac{q(t)D(t)}{B(t)}\right)^{\nu}\left(1+\frac{I_{IT}(t)^{1-\nu}}{K_{IT}(t)^{1-\nu}}-\delta\right)^{1-\nu}\right]^{\gamma}+o(\gamma)$$
$$=\left[\left(\frac{B(t+1)}{B(t)}\right)^{\nu}\left(\frac{K_{IT}(t+1)^{1-\nu}}{K_{IT}(t)^{1-\nu}}\right)^{1-\nu}\right]^{\gamma}+o(\gamma) \tag{3-17}$$

将上式迭代，忽略低阶项，并将 $B(0)$、$K_{IT}(0)$ 标准化到1，得到：

$$Z(t)=Z(0)\left(B(t)^{\nu}K_{IT}(t)^{1-\nu}\right)^{\gamma} \tag{3-18}$$

类似地，我们还能得到：

$$q(t)=q(0)\left(B(t)^{\mu}K_{IT}(t)^{1-\mu}\right)^{\lambda} \tag{3-19}$$

通过对以上微观结构的推导，我们发现在将数据资本的创新过程平稳化之后，其对经济增长的影响具有类似 Arrow（1962）和 Romer（1986）的“干中学”的特点。一般意义上，“干中学”是指随着经济积累，新生成资本的生产力提高，如果对每单位资本进行编号，则编号较为靠后的资本有更高的生产效率。而在本部分的模型中，这一结论在经济学直觉上也有充分的基础：如前所述，资本的投入会带来随机的技术进步，当将这一进步的随机过程平稳化后，相当于后投入的资本有了更高的生产效率。除此之外，模型还表现出另一种类似“干中学”的特征，即随着资本投入，技术进步使得新的资本积累更有效率。

上述推导建立了两者数学上的直接联系，即当离散时间轴的单位步进长度足够紧密时，在极限处，生产技术进步的流密度与“干中学”的资本生产效率随资本的增长（表现为 t 的增长），以及资本积累技术进步的流密度与资本积累效率的增长之间，分别存在一一对应关系。

本章小结

1. 本章主要梳理了数字经济从萌芽到发展的大致过程，从最一开始的信息通信技术，到后来的人工智能技术，再到近年来逐渐兴起的大数据技术，这一系列的技术革新都体现了数字经济从低级向高级、从简单到复杂的变化趋势。

2. 从本章的介绍我们可以看出，就经济学理论，尤其是经济增长相关的理论而言，数字经济的早期形式——ICT 与 AI 技术——均仅能起到提高经济增长效率的作用，而对理论的发展并没有太大的影响。

3. 针对数字经济的最新形式——数据经济，鉴于数据作为要素具有区别于其他传统要素的诸多性质，则有可能对经济增长理论有一定的推进作用。在下一章中，我们将要分别介绍两个最新的相关研究，从数据要素的不同侧面，推进经济增长理论的发展。

思考题

1. 不同的数字技术对于经济增长的影响为何是不同的？

2. AI 技术对于经济增长的影响机制是什么样的？我们应如何理解 AI 对于劳动力的替代？

3. 相较于 ICT 和 AI 技术，大数据技术（以及与之高度相关的数据要素）的发展对于经济增长的影响为何更具革命性？

第四章

数据经济增长理论

本章学习要点

1. 理解数据的非竞争性的内涵与内容。
2. 学会使用内生增长框架分析数据经济增长问题。
3. 了解数据的隐私特征对于经济增长的影响。

近年来，数据要素在经济中的作用正在变得越来越明显。性能更强大的计算机以及算法上的进步如机器学习等将数据的用处提升到了一个新的高度。我们可以在生活中发现许多这样的例子，如自动驾驶汽车、实时语言翻译、医学诊断、产品推荐及社交网络等。

伴随数字经济产生的一系列新技术正在重新定义社会管理与国家决策、企业管理决策、商业组织运作及个人决策等方方面面的形式与流程。2020 年 3 月 30 日，中共中央、国务院共同发布的《关于构建更加完善的要素市场化配置体制机制的意见》更是明确将“数据”纳入市场化配置改革的基础生产要素，与土地、劳动力、资本、技术等传统要素并列。①

这一系列的举措，都体现了党中央和国家对于在以大数据、人工智能等技术为代表的“第四次工业革命”中取得领先地位的决心和信心。而要想实现这一目标，加深对于“数据”这一概念的理解是基础。目前在各类场合被经常提起的两个概念——5G 和人工智能，都是数字经济的双引擎驱动力量，但其最底层逻辑仍然是数据。

数据与土地、资本等传统的生产要素存在本质差异。数据具有非竞争性；数据不存在稀缺性；数据的价值具有非常强的时效性，会很快地衰减。数据具有非竞争性是因为数据在被使用之后通常不会影响其被用在其他地方，或被其他人使用。并且，数据来源于人本身，是人在多个维度上的体现，而随着技术水平不断提高，数据收集的方法会不断更新迭代，也就有了几乎可以说是“取之不尽、用之不竭”的数据，即数据不存在稀缺性。但是，数据的价值本身又具有非常强的时效性。② 此外，被用于不同用途的数

---

① 该《意见》第六条“加快培育数据要素市场”中明确指出：推进政府数据开放共享；提升社会数据资源价值；加强数据资源整合和安全保护。这三条意见的背后都与本部分的研究主题息息相关。

② 在最近的一些研究和新闻中，我们还可以看到一个新的趋势，即有一部分数据不再来自人本身，而是来自生产过程。例如，工业物联网大数据，即将世界上各种机器、设备组、设施和系统网络，与先进的传感器、控制和软件应用程序相连接形成的一个大型网络。例如，核磁共振成像仪、飞机发动机、电动车，甚至发电厂等工业生产中的重要组成部分，都可以连接到工业物联网中。通过网络互联与大数据分析技术相结合进行合理决策，从而能更有效地发挥出各机器的潜能，提高生产力。在这一过程中同样会产生海量的数据，而这些数据则与个人本身的关系将不再那么紧密。

据，其价值衰减的速度也会不尽相同。

数据要素具有的这些性质，正在深刻地改变全世界的生产模式和格局，同时也为人们带来诸多的便利和经济上的效益。数据的大规模利用离不开大数据技术，这项技术的广泛应用为经济运行中的各个领域节省了非常庞大的开支。

麦肯锡公司在大数据行业的一份研究报告中预测，大数据技术的运用能够为欧洲节约超过 1 000 亿欧元的企业运营成本，为美国减少 3 000 亿美元的医疗支出，占美国 GDP 的 8%左右。随着数据的收集和分析技术不断进步与完善，这一新兴工具还会在传统的医疗护理领域掀起一场新的革命。病人们将不再需要采用传统的一对一咨询的方式，而是通过计算机进行检验和诊断。这种方式通过处理大量病人的数据将具有相似症状和基因背景的病人相关联，并且这样通常比医生的诊断更有效率，也更容易理解。大数据技术在医学领域的应用同样能够为专业医生们节省大量的时间和精力，可以将省下的时间和精力用于攻关那些复杂的疾病。

本章中的理论模型尤其关注数据的不同产权安排将如何决定其在经济中被使用的方式，以及相应的对产出、隐私及消费者福利的影响。分析的出发点是数据的非竞争性（Nonrivalry），即在某一技术水平之下，数据是可以被无限地使用的。经济中的绝大多数产品都是具有竞争性的：如果某人消费了一千克的大米或者一位会计的一小时工作时间，某些拥有正的机会成本的资源将会被消耗掉。与此不同的是，现存的数据可以被任意数量的企业或个人同时地使用，并且不会因此而被消耗掉。

第一节 模型设定

本节主要从代表性家庭、企业的生产过程与数据的产生和打包、创新过程三方面分别给出模型的具体设定，以及对一些其他可能的模型设定方法进行简要的讨论。

一、代表性家庭

经济中有一个代表性家庭，其效用由消费带来的正效用和由数据被使用带来的负效用两部分组成。其中，对人均消费水平 $c(t)$ 的效用是对数形式的。在时期 t 中总共有 $N(t)$ 种家庭结合在一起，并通过固定的替代弹性加总因子 $\sigma>1$ 进入效用当中。经济中的人口数量在时期 t 是 $L(t)$，并以外生的速率 n 增长。我们有如下所示的代表性家庭效用函数：

$$\int_0^{\infty} \mathrm{e}^{-\rho t} L(t)\left(\ln c(t)-\frac{\kappa}{2} \frac{1}{N(t)^2} \int_0^{N(t)} x(v, t)^2 \mathrm{d} v-\frac{\tilde{\kappa}}{2} \frac{1}{N(t)} \int_0^{N(t)} x(v, t)^2 \mathrm{d} v\right] \mathrm{d} t \tag{4-1}$$

其中：

$$c(t)=\left(\int_0^{N(t)} c(v,\ t)^{\frac{\sigma-1}{\sigma}}\mathrm{d}v\right)^{\frac{\sigma}{\sigma-1}} \tag{4-2}$$

隐私相关的问题主要有以下两类影响渠道：

第一类由 $x(v,\ t)$ 表示，即家庭在消费第 v 类消费品时产生的数据被用于对应种类消费品的企业生产时的比例；

第二类由 $\widetilde{x}(v,\ t)$ 表示，即家庭在消费第 v 类消费品时产生的数据被生产其他类型消费品的企业使用时的比例。

隐私带来的损失以一种平方损失函数的形式进入效用当中，其中 κ 和 $\widetilde{\kappa}$ 分别表示隐私相对于消费在效用中的权重。因为经济中总共有 $N(t)$ 种消费品，我们将不同种类间的隐私损失加总起来并假设隐私的效用成本取决于其平均值，故需加上 $1/N(t)$ 以调整。另外，相比于 $\widetilde{x}(v,\ t)$ 表示被用于其他所有（$N(t)$）企业的数据所带来的隐私成本，$x(v,\ t)$ 不存在数据被分享时产生的额外风险，故还需额外加上 $1/N(t)$ 以进一步调整。

我们还可以考虑一种更加一般化的模型设定方式，即对消费束中不同种类的消费品 v 赋予不同的权重以表示其对于隐私的不同影响程度。在现实中，消费者可能倾向于购买由更加尊重隐私的企业所生产的消费品。然而，由于本章模型的关注重点并不在于此，故此处忽略了这一影响渠道，并且不改变模型的主要内容。

二、企业的生产过程与数据的产生和打包

在这个模型中，我们假设每一单位的消费都会产生一单位的数据作为其副产品，故有以下式子：

$$J(v,\ t)=c(v,\ t)L(t)=Y(v,\ t) \tag{4-3}$$

其中，$J(v,\ t)$ 表示第 v 类消费品在时期 t 产生的数据量。

将所有种类的消费品生产加总起来，我们可得到经济的总体产出为：

$$Y(t)=c(t)L(t) \tag{4-4}$$

此外，我们假设消费品的生产遵循一个简单的生产函数，除了使用劳动力，还使用数据作为生产要素，即：

$$Y(v,\ t)=D(v,\ t)^{\eta}L(v,\ t) \tag{4-5}$$

其中，$\eta\in(0,\ 1)$ 表示数据在这个生产函数中的重要性，而 $D(v,\ t)$ 则表示时期 t 用于生产第 v 类消费品的数据量。注意到，对比经典的生产函数 $Y(v,\ t)=A(v,\ t)L(v,\ t)$，其中 $A(v,\ t)$ 表示全要素生产率，故此处的 $D(v,\ t)^{\eta}$ 项可认为是起到了与 $A(v,\ t)$ 同样的作用。

由生产第 v 类消费品的企业（或可称为第 v 类企业）所使用的数据是以下两项的组合：

$$D(v,\ t)\leqslant \alpha x(v,\ t)J(v,\ t)+(1-\alpha)B(t) \tag{4-6}$$

式子的第一项表示由消费第 v 类消费品所产生的数据（或可称为第 v 类数据）被用于帮助第 v 类企业生产的总量。如果数据完全由企业所拥有，则第 v 类企业可以使用所有的第 v 类数据。然而，如果数据由消费者所拥有，则数据的使用会受到一定程度的限制（$x(v, t)<1$），我们将在下一节中讨论这一问题。

式子的第二项表示由第 v 类企业所使用的其他所有种类数据，这些分享出来的数据被组合在一起形成一个数据束 $B(t)$。权重 α 和（$1-\alpha$）则确定了企业自身的数据与其他企业的数据之间的相对重要性。

以上的式子展示出了本模型的一个非常重要的性质，即数据的非竞争性：数据束 $B(t)$ 可以被任意数量的企业同时使用，因此该变量与种类数 v 无关。

接下来我们讨论数据束的组合过程。第 v 类数据被分享出去用于其他类型企业生产的数量假设为：

$$D_s(v, t) \equiv \tilde{x}(v, t)J(v, t) \tag{4-7}$$

因此，所有类型企业分享出来的数据将通过一个 CES 生产函数组合起来，即：

$$B(t) = \left[N(t)^{-\frac{1}{\epsilon}} \int_0^{N(t)} D_s(v, t)^{\frac{\epsilon-1}{\epsilon}} \mathrm{d}v\right]^{\frac{\epsilon}{\epsilon-1}} \tag{4-8}$$

其中 $\varepsilon>1$ 表示替代弹性系数。我们参考 Benassy（1996）提出的方法将 CES 函数中由替代弹性所产生的种类规模报酬分离出来，即 $N(t)^{-\frac{1}{\varepsilon}}$ 一项。特别地，这样的设定方式意味着 B 的规模会随着 N 的增加而不断扩大，即在对称的情形下有 $B=N D_s(t)$，分析便得到了简化。为了简便，本模型还设定了本期所产生的数据只会在当期被使用，并且数据在每一期都会完全折旧。这样的设定保证了数据不是一个状态变量，也由此简化了分析。

三、创新过程

本模型中，新种类消费品的产生采用简单的形式：产生一种新的消费品需要投入 χ 单位的劳动力，即：

$$\dot{N}(t) = \frac{1}{\chi} L_e(t) \tag{4-9}$$

其中，$L_e(t)$ 表示投入于创新过程的劳动力。另外，我们设投入于生产过程的劳动力为 $L_p(t)$，两者相加便得到经济中的总劳动 $L(t)$。①

最后，我们还需要讨论这一过程当中的创造性破坏。这一问题实际上并不是经济环境中的组成部分，但却是这一经济形式的一个重要性质，尤其是在去中心化经济当中。在经济中，与数据被使用产生的隐私问题类似，企业间的数据分享具有创造性破坏的风

---

① 根据劳动力市场出清条件，投入生产过程的劳动力 $L_p(t)$ 由以下式子表示：

$$L_p(t) \equiv \int_0^{N(t)} L(v, t)\mathrm{d}v \tag{4-10}$$

险：某一企业分享数据给更多的其他类型的企业，该企业就会有更大的概率被其他类型新进入的企业取代。正式地，我们假设第 v 类企业的所有权转移遵循一个到达率（Arrival Rate）为 $\delta(\tilde{x}(v, t))$ 的泊松过程，这一到达率可表示为：

$$\delta(\tilde{x}(v, t)) = \frac{\delta_0}{2}\tilde{x}(v, t)^2 \tag{4-11}$$

其中δ_0为常数。由于这仅仅涉及所有权的转移，因此并不能对社会计划者问题的结果造成影响。

第二节 最优分配结果

首先，我们可以通过考虑对称性大幅地简化模型。此时，人均消费为：

$$c(t) = N(t)^{\frac{\sigma}{\sigma-1}}c(v, t) = N(t)^{\frac{\sigma}{\sigma-1}}\frac{Y(v, t)}{L(t)} \tag{4-12}$$

进一步地，某一种类消费品的生产为：

$$Y(v, t) = D(v, t)^{\eta}L(v, t) = D(v, t)^{\eta}\frac{L_p(t)}{N(t)} \tag{4-13}$$

结合式 4-12 和式 4-13，这一对称经济中的总体产出为：

$$Y(t) = N(t)^{\frac{1}{\sigma-1}}D(v, t)^{\eta}L_p(t) \tag{4-14}$$

接下来，由对称性我们还可以简化数据的组合，即：

$$\begin{aligned} D(v, t) &= \alpha x(v, t)Y(v, t) + (1-\alpha)N(t)\tilde{x}(v, t)Y(v, t) \\ &= [\alpha x(v, t) + (1-\alpha)\tilde{x}(v, t)N(t)]Y(v, t) \end{aligned} \tag{4-15}$$

将式 4-15 代回式 4-13，得：

$$Y(v, t) = [(\alpha x(v, t) + (1-\alpha)\tilde{x}(v, t)N(t))^{\eta}L(v, t)]^{\frac{1}{1-\eta}} \tag{4-16}$$

由此，我们便可以观察到数据带来的规模报酬递增效应（由 $1/(1-\eta)$ 项表示），这也体现了数据的非竞争性带来的额外收益。

最后，将式 4-15 代入式 4-14，并使用对称性条件 $L(v, t) = L_p(t)/N(t)$、$x(v, t) = x(t)$ 和 $\tilde{x}(v, t) = \tilde{x}(t)$，得：

$$Y(t) = N(t)^{\frac{1}{\sigma-1}}\left(\frac{\alpha x(t)}{N(t)} + (1-\alpha)\tilde{x}(t)\right)^{\frac{\eta}{1-\eta}}L_p(t)^{\frac{1}{1-\eta}} \tag{4-17}$$

至此，我们可以列出以下的社会计划者问题：

$$\max_{L_p(t),\ x(t),\ \tilde{x}(t)}\int_0^{\infty} e^{-(\rho-n)t}L(0)\left(\ln c(t) - \frac{\kappa}{2}\frac{1}{N(t)}x(t)^2 - \frac{\tilde{\kappa}}{2}\tilde{x}(t)^2\right)dt \tag{4-18}$$

使得：

$$Y(t) = N(t)^{\frac{1}{\sigma-1}}\left(\frac{\alpha x(t)}{N(t)} + (1-\alpha)\tilde{x}(t)\right)^{\frac{\eta}{1-\eta}}L_p(t)^{\frac{1}{1-\eta}} \tag{4-19}$$

$$\dot{N}(t)=\frac{1}{\chi}(L(t)-L_p(t)) \tag{4-20}$$

此外，还有消费与产出的关系 $c(t)=Y(t)/L(t)$ 以及人口的增长方程 $L(t)=L(0)\mathrm{e}^{nt}$。社会计划者将第 v 类数据给第 v 类企业使用以提升生产率和产出。类似地，社会计划者还会利用数据的非竞争性，将第 v 类数据分享给其他类型的企业使用以提高所有企业的生产率和产出。制约这一行为的因素是消费者隐私保护问题。最后，社会计划者通过分配受雇于生产部门和创新部门的劳动力以调整产生新种类消费品的收益和生产更多的现有种类消费品的收益。社会计划者问题的解如命题 4-1 所示。

命题 4-1

在一个平衡增长路径（BGP）下，随着 $N(t)$ 逐渐增加，各变量的最优分配将会收敛于以下结果（我们使用下标“S”表示社会最优的结果）：

$$\tilde{x}_S=\left(\frac{1}{\tilde{\kappa}}\frac{\eta}{1-\eta}\right)^{\frac{1}{2}} \tag{4-21}$$

$$x_S=\frac{\alpha}{1-\alpha}\frac{\tilde{\kappa}}{\kappa}\left(\frac{1}{\tilde{\kappa}}\frac{\eta}{1-\eta}\right)^{\frac{1}{2}} \tag{4-22}$$

$$L_S=\chi\rho\frac{\sigma-1}{1-\eta}\equiv\nu_S \tag{4-23}$$

$$N_S(t)=\frac{L(t)}{\chi^{n+\nu_S}}\equiv\psi_S L(t) \tag{4-24}$$

$$L_{p,S}(t)=\nu_S\psi_S L(t) \tag{4-25}$$

$$Y_S(t)=[\nu_S(1-\alpha)^{\eta}\tilde{x}_S^{\eta}]^{\frac{1}{1-\eta}}(\psi_S L(t))^{\frac{1}{\sigma-1}+\frac{1}{1-\eta}} \tag{4-26}$$

$$c_S(t)=\frac{Y(t)}{L(t)}=[\nu_S(1-\alpha)^{\eta}\tilde{x}_S^{\eta}]^{\frac{1}{1-\eta}}\psi_S^{\frac{1}{\sigma-1}+\frac{1}{1-\eta}}L(t)^{\frac{1}{\sigma-1}+\frac{\eta}{1-\eta}} \tag{4-27}$$

$$g_S^*=\left(\frac{1}{\sigma-1}+\frac{\eta}{1-\eta}\right)n \tag{4-28}$$

$$D_S(v,t)=[(1-\alpha)\tilde{x}_S\nu_S\psi_S L(t)]^{\frac{1}{1-\eta}} \tag{4-29}$$

$$D_S(t)=ND(v)=[(1-\alpha)\tilde{x}_S\nu_S]^{\frac{1}{1-\eta}}(\psi_S L(t))^{1+\frac{1}{1-\eta}} \tag{4-30}$$

$$Y_S(v,t)=[\nu_S(1-\alpha)^{\eta}\tilde{x}_S^{\eta}]^{\frac{1}{1-\eta}}(\psi_S L(t))^{\frac{\eta}{1-\eta}} \tag{4-31}$$

本命题中最重要的结果是由式 4-27 所示的人均消费（人均总体产出），该结果表明了人均产出与经济规模的某一指数幂呈比例关系。指数 $1/(\sigma-1)+\eta/(1-\eta)$ 表示规模报酬递增的程度，并由两个部分组成：第一项来自标准的“喜欢多样性”（Love of Variety）效应，当不同种类的消费品之间的替代性越强时这一效应会越小；第二项是与传统文献不同的新效应，反映了与数据的非竞争性相关的规模报酬递增。

此外，这个方程还阐释了为什么我们要求 $\eta<1$。如果 $\eta\geqslant 1$，规模报酬效应的程度会变得非常高，以至于经济会出现爆炸式的增长：更多的产出带来了更多的数据，反过来又促进了产出的增加，如此正向循环。

第三节 去中心化经济

在对社会最优配置进行求解之后，我们还将研究几种产权安排下的去中心化经济的分配结果。具体来说，我们首先研究当企业拥有数据时的分配，然后研究当消费者拥有数据时的分配。

一、当企业拥有数据时的分配

当企业拥有数据时，由于数据的非竞争性，为了较为清楚地设定经济中各参与者的行为，我们假设数据是通过一个数据中介进行买卖的。这个中介将从所有类型消费品收集而来的数据组合在一起，然后重新销售给各个企业。我们首先介绍这一产权安排下的模型设定，然后给出均衡的定义，最后进行求解。

（一）经济参与者的最优化问题与产权安排

1. 家庭的最优化问题

假设每个家庭都有 1 单位劳动力，并以工资率为 $w(t)$ 的收益无弹性地供给。他们还持有回报为 $r(t)$ 的资产。[①] 由此，代表性家庭的最优化问题为：

$$\max_{c(v,\ t)}\int_0^{\infty} \mathrm{e}^{-\rho t}L(t)\left[\ln c(t)-\frac{\kappa}{2}\frac{1}{N(t)^2}\int_0^{N(t)}x(v,\ t)^2\mathrm{d}v-\frac{\widetilde{\kappa}}{2}\frac{1}{N(t)}\int_0^{N(t)}x(v,\ t)^2\mathrm{d}v\right]\mathrm{d}t \tag{4-32}$$

其中，

$$c(t)=\left(\int_0^{N(t)}c(v,\ t)^{\frac{\sigma-1}{\sigma}}\mathrm{d}v\right)^{\frac{\sigma}{\sigma-1}} \tag{4-33}$$

$$\dot{a}(t)=(r(t)-n)a(t)+w(t)-\int_0^{N(t)}p(v,\ t)c(v,\ t)\mathrm{d}v \tag{4-34}$$

注意，由于此时数据由企业拥有，故家庭并不会决定使用或出售多少数据（$x(v,\ t)$ 和 $\widetilde{x}(v,\ t)$）。人均消费 $c(t)$ 的价格被标准化为 1 以便其他所有商品的价格都可以表示成以 $c(t)$ 为单位。

① 这些资产可以认为是对那些垄断竞争的企业的所有权。

2. 企业的最优化问题

每个在位企业都会选择购买和出售的数据量，以及雇用的劳动力数量。企业使用其所拥有数据的 $x(v, t)$ 比例，并将 $\tilde{x}(v, t)$ 比例的数据以 $p_s(v, t)$ 的价格出售给数据中介，且这个价格是通过垄断竞争由它自己设定的。由于数据的非竞争性，企业可以同时使用和出售同一组数据。此外，企业还以给定的价格 $p_b(t)$ 购买数据束 $D_b(v, t)$。最后，每个企业都将其对于该类型消费品的需求视为给定，即：

$$p(v, t) = \left(\frac{c(t)}{c(v, t)}\right)^{\frac{1}{\sigma}} = \left(\frac{Y(t)}{Y(v, t)}\right)^{\frac{1}{\sigma}} \tag{4-35}$$

令 $V(v, t)$ 表示第 v 类企业在时期 t 的市场价值，则在位企业的最优化问题为：

$$\begin{aligned} r(t)V(v, t) = & \max_{\{L(v, t), D_b(v, t), x(v, t), \tilde{x}(v, t)\}} \left(\frac{Y(t)}{Y(v, t)}\right)^{\frac{1}{\sigma}} Y(v, t) - w(t)L(v, t) \\ & - p_b(t) D_b(v, t) + p_s(v, t)\tilde{x}(v, t)Y(v, t) \\ & + \dot{V}(v, t) - \delta(\tilde{x}(v, t))V(v, t) \end{aligned} \tag{4-36}$$

满足式 4-13 和式 4-15，以及

$$p_s(v, t) = \lambda_{DI} N(t)^{-\frac{1}{\epsilon}} \left(\frac{B(t)}{\tilde{x}(v, t)Y(v, t)}\right)^{\frac{1}{\epsilon}} \tag{4-37}$$

式 4-37 表示的是来自数据中介的第 v 类企业数据的向下倾斜需求曲线。第 v 类企业在求解其最优化问题时将 λ_{DI}、$B(t)$、$N(t)$ 和 $Y(t)$ 都视为给定。

3. 数据中介的最优化问题

需要注意的是，在本模型的环境下，我们是无法将数据中介设定为在完全竞争环境下的：如果个体能够以某个给定价格购买非竞争的数据，并以某个给定价格出售，那么他们就会想要购买 1 单位并出售这 1 单位无数次。因此，我们假设数据中介是一个满足自由进入条件的垄断者且其成本忽略不计，以使其利润为零。此外，我们还假设实际的和潜在的数据中介都将它们从企业处购买数据的价格 $p_s(v, t)$ 视为给定。由此，我们有如下的最优化问题：

$$\max_{\{p_b(t), D_s(v, t)\}} p_b(t)\int_0^{N(t)} D_b(v, t)\mathrm{d}v - \int_0^{N(t)} p_s(v, t) D_s(v, t)\mathrm{d}v \tag{4-38}$$

使得：

$$D_b(v, t) \leqslant B(t) \equiv \left[N(t)^{-\frac{1}{\epsilon}} \int_0^{N(t)} D_s(v, t)^{\frac{\epsilon-1}{\epsilon}}\mathrm{d}v\right]^{\frac{\epsilon}{\epsilon-1}}, \quad \forall v \tag{4-39}$$

$$p_b(t) \leqslant p_b^*(t) \tag{4-40}$$

其中，$p_b^*(t)$ 表示与来自自由进入的零利润条件有关的价格上限。以上两个条件反映出了数据中介可以购买一次数据并出售多次，即数据的非竞争性。这一性质由利润函数的第一项表示，其收益实际上可表示为 $N(t)p_b(t)B(t)$：企业能够出售相同的数据束 $B(t)$ 若干次。

由这一设定，我们可以对数据的向下倾斜需求曲线进行求解。考虑以下成本最小化问题：

$$\min_{D_s(v,\ t)}\int_0^{N(t)} p_s(v,\ t)\ D_s(v,\ t)\,\mathrm{d}v \tag{4-41}$$

满足式 4-39。由此构建拉格朗日函数：

$$\mathcal{L}=\int_0^{N(t)} p_s(v,\ t)\ D_s(v,\ t)\,\mathrm{d}v+\lambda_{DI}\left[D_b(v,\ t)\ -\left(N(t)^{-\frac{1}{\epsilon}}\int_0^{N(t)} D_s(v,\ t)^{\frac{\epsilon-1}{\epsilon}}\mathrm{d}v\right)^{\frac{\epsilon}{\epsilon-1}}\right] \tag{4-42}$$

λ_{DI} 表示其中的拉格朗日乘子。对 $D_s(v,\ t)$ 求一阶条件，整理后即可得到式 4-37。

4. 企业的进入和新消费品种类的产生

与第二节中的设定相同，一种新的消费品可以以 χ 单位劳动力的固定成本被设计或发明出来。除此之外，新进入者还可能因为创造性破坏效应而获得其他种类消费品的产权。因此，自由进入条件为：

$$\chi w(t)=V(v,\ t)\ +\frac{1}{\dot{N}(t)}\int_0^{N(t)}\delta(\tilde{x}(v,\ t))V(v,\ t)\,\mathrm{d}v \tag{4-43}$$

方程左边的 $\chi w(t)$ 表示用于产生一个新种类消费品所需的 χ 单位劳动力成本。方程右边有两项，第一项表示产生的新种类消费品的价值，第二项表示平均每个进入者从创造性破坏中可获得的额外收益。

（二）均衡的定义

当企业拥有数据时，均衡由数量 $\{c(t),Y(t),c(v,\ t),x(v,\ t),\tilde{x}(v,\ t),a(t),Y(v,\ t),L(v,\ t),D(v,\ t),D_b(v,\ t),B(t),D_s(v,\ t),N(t),L_p(t),L_e(t),L(t)\}$ 和价格 $\{p(v,\ t),p_b(t),p_s(v,\ t),w(t),r(t),V(v,\ t)\}$ 组成，使得：

（1）$\{c(t),c(v,\ t),a(t)\}$ 表示家庭效用最大化问题的解。

（2）$\{L(v,\ t),\ Y(v,\ t),\ p(v,\ t),\ p_s(v,\ t),\ D_b(v,\ t),\ D(v,\ t),\ x(v,\ t),\ \tilde{x}(v,\ t),V(v,\ t)\}$ 表示企业利润最大化问题的解。

（3）数据市场出清：$D_b(v,\ t)=B(t)$ 和 $D_s(v,\ t)=\tilde{x}(v,\ t)Y(v,\ t)$。

（4）$\{N(t)\}$ 以创新可能性边界（式 4-9）的形式变化。

（5）数据中介的自由进入保证了零利润的成立，如式 4-38、式 4-39 和式 4-40 所示。

（6）产生新种类消费品的自由进入保证了零利润的成立，如式 4-43 所示。

（7）劳动力市场、资产市场出清，资源约束成立。

（三）均衡结果

根据本部分的模型设定，我们可以得到命题 4-2。

命题 4-2

在一个由企业拥有数据的去中心化经济中，当经济达到平衡增长路径（BGP）时，各变量的均衡结果会随着 $N(t)$ 逐渐增加而收敛于以下结果（我们使用下标“F”表示企业拥有数据的去中心化经济均衡结果）：

$$\tilde{x}_F = \left[\frac{2\Gamma\rho}{(2-\Gamma)\delta_0}\right]^{\frac{1}{2}},\ \Gamma \equiv \frac{\eta(\sigma-1)}{\frac{\epsilon}{\epsilon-1}-\sigma\eta} \tag{4-44}$$

$$x_F = 1 \tag{4-45}$$

$$L_F = \chi n \frac{\rho+\delta(\tilde{x}_F)}{n+\delta(\tilde{x}_F)} \frac{\sigma-1}{1-\sigma\eta\frac{\epsilon-1}{\epsilon}} \equiv \nu_F \tag{4-46}$$

$$N_F(t) = \frac{L(t)}{\chi^{n+\nu_F}} \equiv \psi_F L(t) \tag{4-47}$$

其余的变量如 $L_{p,F}(t)$、$Y_F(t)$、$c_F(t)$、g_F^*、$D_F(v,t)$、$D_F(t)$ 和 $Y_F(v,t)$ 均具有与命题 4-1 中所列变量类似的形式，仅需将各常数变量 $\tilde{x}_F$、x_F、v_F 和 ψ_F 代入对应的位置即可。此外，我们还可以得到以下各类价格变量。

$$p_F(v,t) = [\psi_F L(t)]^{\frac{1}{\sigma-1}} \tag{4-48}$$

我们将结合下一部分中关于当消费者拥有数据时的分配结果进行对比和讨论。

二、当消费者拥有数据时的分配

当消费者拥有数据时，他们可以向数据中介出售数据，并在出售数据获得收益与其自身的隐私成本之间进行权衡。企业在其初创时不拥有数据，但可以从数据中介处购买。正如我们之前所讨论的，消费者不能承诺只将他们的数据出售给某一家企业。因此，也不可能出现以下情形：某一企业 v 以较低价格向消费者出售其产品，用于换取消费者只将数据出售给这一企业。注意，为了节约符号的使用，本部分中将对上一部分中的符号重新进行定义。

（一）经济参与者的最优化问题与产权安排

1. 家庭的最优化问题

与企业拥有数据的情形不同的是，此时家庭能够选择其出售数据的量。由于数据的非竞争性，消费者就同一组数据可以分别以两种方式出售给企业：一种是允许其第 v 类数据仅被第 v 类企业使用，另一种是允许其第 v 类数据被组合在一起的其他所有类型的企业使用。故而，这两种不同用途的出售方式各自将拥有不同的价格，前者设为

$p_{a,s}(t)$，后者设为 $p_{b,s}(t)$。正式地，代表性家庭的最优化问题为：

$$\max_{c(v,t),\ x(v,t),\ \tilde{x}(v,t)} \int_0^{\infty} \mathrm{e}^{-\rho t} L(t)\left[\ln c(t)-\frac{\kappa}{2}\frac{1}{N(t)^2}\int_0^{N(t)} x(v,t)^2 \mathrm{d}v-\frac{\tilde{\kappa}}{2}\frac{1}{N(t)}\int_0^{N(t)} x(v,t)^2 \mathrm{d}v\right]\mathrm{d}t \tag{4-49}$$

其中，

$$c(t)=\left[\int_0^{N(t)} c(v,t)^{\frac{\sigma-1}{\sigma}}\mathrm{d}v\right]^{\frac{\sigma}{\sigma-1}} \tag{4-50}$$

$$\begin{aligned}\dot{a}(t)&=(r(t)-n)a(t)+w(t)-\int_0^{N(t)} p(v,t)c(v,t)\mathrm{d}v+\int_0^{N(t)} x(v,t)\,p_{a,s}(t)c(v,t)\mathrm{d}v\\&\quad+\int_0^{N(t)}\tilde{x}(v,t)\,p_{b,s}(t)c(v,t)\mathrm{d}v\\&=(r(t)-n)a(t)+w(t)-\int_0^{N(t)} q(v,t)c(v,t)\mathrm{d}v\end{aligned} \tag{4-51}$$

其中，$q(v,t)\equiv p(v,t)-x(v,t)\,p_{a,s}(t)-\tilde{x}(v,t)\,p_{b,s}(t)$ 表示消费的实际价格，即消费所产生的数据带来的额外收益抵消了其部分支出。

2. 企业的最优化问题

每一个在位企业都可以选择购买的数据量，或者购买与其类型相同的数据（$D_a(v,t)$），或者购买其他类型的数据（$D_b(v,t)$）。每个企业都面临一个对其类型消费品的向下倾斜需求曲线：

$$q(v,t)=\left(\frac{c(t)}{c(v,t)}\right)^{\frac{1}{\sigma}}=\left(\frac{Y(t)}{Y(v,t)}\right)^{\frac{1}{\sigma}}=p(v,t)-x(v,t)\,p_{a,s}(t)-\tilde{x}(v,t)\,p_{b,s}(t) \tag{4-52}$$

以使得：

$$p(v,t)=\left[\frac{Y(t)}{Y(v,t)}\right]^{\frac{1}{\sigma}}+x(v,t)\,p_{a,s}(t)+\tilde{x}(v,t)\,p_{b,s}(t) \tag{4-53}$$

令 $V(v,t)$ 表示第 v 类企业的市场价值，则在位企业的最优化问题为：

$$\begin{aligned}r(t)V(v,t)=&\max_{\{L(v,t),\ D_a(v,t),\ D_b(v,t)\}}\left[\left(\frac{Y(t)}{Y(v,t)}\right)^{\frac{1}{\sigma}}+x(v,t)\,p_{a,s}(t)+\tilde{x}(v,t)\,p_{b,s}(t)\right]Y(v,t)\\&-w(t)L(v,t)-p_a(t)D_a(v,t)-p_b(t)D_b(v,t)+\dot{V}(v,t)-\delta[\tilde{x}(v,t)]V(v,t)\end{aligned} \tag{4-54}$$

满足式 4-13 和

$$D(v,t)=\alpha D_a(v,t)+(1-\alpha)D_b(v,t) \tag{4-55}$$

站在企业的视角，两类数据 $D_a(v,t)$ 和 $D_b(v,t)$ 是完全替代品：企业对于使用其自身类型的数据和使用由其他类型数据打包而成的组合没有偏好。

3. 数据中介的最优化问题

由于此时有两种数据，故我们引入两个不同的数据中介：一个专门处理“自有”

数据，另一个专门处理数据组合。这两个数据中介的最优化问题分别如下。

将从消费者处购买数据的价格 $p_{a,s}(t)$ 视为给定，专门处理“自有”数据的中介在每一期 t 求解以下问题：

$$\max_{\{p_a(v,t),\,D_{a,c}(v,t)\}} \int_0^{N(t)} p_a(v,t)\,D_a(v,t)\,\mathrm{d}v - p_{a,s}(t)\int_0^{N(t)} D_{a,c}(v,t)\,\mathrm{d}v \tag{4-56}$$

使得：

$$D_a(v,t) \leqslant D_{a,c}(v,t),\ p_a(v,t) \leqslant p_a^*(v,t),\ \forall v \tag{4-57}$$

其中，$p_a^*(v,t)$ 表示来自自由进入的零利润条件所决定的价格上限。

类似地，将从消费者处购买数据的价格 $p_{b,s}(t)$ 视为给定，专门处理数据组合的中介在每一期 t 求解以下问题：

$$\max_{\{p_b(v,t),\,D_{b,c}(v,t)\}} \int_0^{N(t)} p_b(v,t)\,D_b(v,t)\,\mathrm{d}v - p_{b,s}(t)\int_0^{N(t)} D_{b,c}(v,t)\,\mathrm{d}v \tag{4-58}$$

使得：

$$D_b(v,t) \leqslant B(t) \equiv \left(N(t)^{-\frac{1}{\epsilon}}\int_0^{N(t)} D_{b,c}(v,t)^{\frac{\epsilon-1}{\epsilon}}\mathrm{d}v\right)^{\frac{\epsilon}{\epsilon-1}},\ \forall v \tag{4-59}$$

$$p_b(v,t) \leqslant p_b^*(v,t) \tag{4-60}$$

其中，$p_b^*(v,t)$ 同样表示来自自由进入的零利润条件所决定的价格上限。

（二）均衡的定义

当消费者拥有数据时，均衡由数量 $\{c(t), Y(t), c(v,t), x(v,t), \tilde{x}(v,t), a(t), Y(v,t), L(v,t), D(v,t), D_a(v,t), D_b(v,t), D_{a,c}(v,t), D_{b,c}(v,t), B(t), N(t), L_p(t), L_e(t), L(t)\}$ 和价格 $\{q(v,t), p(v,t), p_a(v,t), p_b(v,t), p_{a,s}(v,t), p_{b,s}(v,t), w(t), r(t), V(v,t)\}$ 组成，使得：

（1）$\{c(t), c(v,t), x(v,t), \tilde{x}(v,t), a(t)\}$ 表示家庭效用最大化问题的解。

（2）$\{L(v,t), Y(v,t), p(v,t), D_a(v,t), D_b(v,t), D(v,t), V(v,t)\}$ 表示企业利润最大化问题的解。

（3）$\{D_{a,c}(v,t), D_{b,c}(v,t), B(t), p_a(v,t), p_b(v,t)\}$ 表示数据中介利润最大化问题的解，同时满足自由进入以及零利润的条件。

（4）数据市场出清条件分别决定了 $p_{a,s}(t)$ 和 $p_{b,s}(t)$：

$$D_{a,c}(v,t) = x(v,t)c(v,t)L(t),\quad D_{b,c}(v,t) = \tilde{x}(v,t)c(v,t)L(t)。$$

（5）$\{N(t)\}$ 以创新可能性边界（式 4-9）的形式变化。

（6）产生新种类消费品的自由进入保证了零利润的成立，如式 4-43 所示。

（7）劳动力市场、资产市场出清，资源约束成立。

（三）均衡结果

根据本部分的模型设定，我们可以得到命题 4-3。

命题 4-3

在一个由消费者拥有数据的去中心化经济中，当经济达到平衡增长路径（BGP）时，各变量的均衡结果会随着 $N(t)$ 逐渐增加而收敛于以下结果（我们使用下标“C”表示消费者拥有数据的去中心化经济均衡结果）：

$$\tilde{x}_C = \left(\frac{\eta(\sigma-1)}{\tilde{\kappa}(1-\eta)\sigma}\right)^{\frac{1}{2}} \tag{4-61}$$

$$x_C = \frac{\alpha\tilde{\kappa}}{(1-\alpha)\kappa}\left(\frac{\eta(\sigma-1)}{\tilde{\kappa}(1-\eta)\sigma}\right)^{\frac{1}{2}} \tag{4-62}$$

$$L_C = \chi n\frac{\rho+\delta(\tilde{x}_F)}{n+\delta(\tilde{x}_F)}\frac{\sigma-1}{1-\sigma\eta} \equiv \nu_C \tag{4-63}$$

$$N_C(t) = \frac{L(t)}{\chi^{n+\nu_C}} \equiv \psi_C L(t) \tag{4-64}$$

其余的变量如 $L_{p,C}(t)$、$Y_C(t)$、$c_C(t)$、g_C^*、$D_C(v, t)$、$D_C(t)$ 和 $Y_C(v, t)$ 均具有与命题 4-1 中所列变量类似的形式，仅需将各常数变量 $\tilde{x}_C$、x_C、v_C 和 ψ_C 代入对应的位置便可。此外，我们还可以得到以下各类价格变量：

$$q_C(v, t) = (\psi_C L(t))^{\frac{1}{\sigma-1}} \tag{4-65}$$

$$p_C(v, t) = \left[1+\frac{\eta(\sigma-1)}{\sigma(1-\eta)}\right](\psi_C L(t))^{\frac{1}{\sigma-1}} \tag{4-66}$$

至此，我们给出了两种不同的产权安排下去中心化经济的分配结果。

显然，当数据由不同参与者所有时，均衡的结果会大不相同。由于本模型中我们仅设定了数据使用需要向所有者支付费用，而并没有设定其他额外的成本，故当数据由企业所有时，对于自身数据的使用决策则必然是全部用完。而当数据由消费者所有时，由于数据使用需要支付费用，故模型不再得到角点解。我们将在下一节中结合社会最优情形进一步讨论这两种产权安排的异同。

第四节　最优分配结果与去中心化经济的比较：数值分析

本节采用数值分析的方法以更直观地对本模型的最优分配结果和去中心化经济均衡结果进行比较。在此基础上，本节还将对由此引出的一些相关政策启示展开讨论。

一、参数取值与数值分析结果

除了一些在标准文献中很容易找到的估计的参数取值，Jones 和 Tonetti（2020）还通过美国的部分数据粗略地讨论了一个特殊参数的取值。

例如，数据在生产函数中的重要性 η 是一个关键的参数，一个可能的估计方法是参照机器学习算法的错误率以及将原始数据转化成有用信息的效率。参考计算机领域的相关研究如 Joulin 等（2015）和 Sun 等（2017），作者估计 η 的取值大约为 0.06。

至于与隐私问题相关的两个参数 κ 和 $\tilde{\kappa}$，Athey 等（2017）的研究表明，人们会对隐私问题表现出关切，但如果哪怕给予一点点物质激励，又是非常愿意将隐私分享出来的。因此，隐私在总效用中被赋予了较大的权重，约为 $\kappa=\tilde{\kappa}=0.2$。其他的参数取值如表 4-1 所示。

表 4-1　数值分析所用到的参数

变量名	变量含义	变量取值	备注
η	数据在生产过程中的重要性	0.06	估计
σ	消费品的替代弹性系数	4	标准
$\kappa=\tilde{\kappa}$	隐私在总效用中的权重	0.20	估计
$L(0)$	人口初始水平	100	任意决定的
n	人口增长率	0.02	标准
ρ	主观贴现因子	0.025	标准
χ	创新可能性边界中的效率项	0.01	任意决定的
δ_0	创造性破坏效应参数	0.4	任意决定的
α	数据组合中的权重系数	0.5	任意决定的
ϵ	数据的替代弹性系数	50	任意决定的

给定了各个参数的取值，我们便可计算本模型中在不同情形下各个变量的取值，如表 4-2 所示。

表 4-2　数值分析结果

经济环境	自数据使用 x	他数据使用 $\tilde{x}$	企业规模 ν	种类 ψ	消费 c	增长率 g	创造性破坏效应 δ
社会最优	0.56	0.56	798	1 002	45.3	0.79	0.064
企业拥有数据	1	0.13	953	867	40.7	0.79	0.003
消费者拥有数据	0.49	0.49	848	955	44.7	0.79	0.048

由表 4-2 中所列结果可以看出，尽管在社会最优问题和去中心化经济中经济的增长率都相同（这个结论也是半内生经济增长模型中常见的结论），从其他各个变量的结果来看，三种情形仍然有着很大不同。以社会最优情形的分配结果作为基准，比较其他两种去中心化经济中的情形，我们可以得出以下结论。

首先，当企业拥有数据时，尽管企业会使用全部的自身类型数据，但对于其他类型数据使用与其他两种情形相比都较低，这很大程度上是因为企业使用了大部分其自身数据，从而挤出了其他类型数据的使用（两类数据是完全替代品）；当消费者拥有数据时，则两类数据的使用量均低于社会最优水平，这是由消费者对隐私问题的关注所导致的。

其次，虽然从企业规模上来看，两个去中心化经济的情形均高于社会最优水平，但由于社会最优情形下的种类数更高，加总起来便是社会最优情形具有更高的生产水平。关于这一点，从人均消费来看也是如此，社会最优情形的人均消费要高于其他两种情形。

最后，从创造性破坏效应来看，同样地，尽管社会最优情形下要高于其他两个去中心化经济的结果，但由于这一效应仅涉及专利所有权的转移，而不涉及经济总体产出本身的增长，故可以说明，在去中心化经济中，企业间的数据分享行为仍然是过于保守的，尤其是在数据为企业所拥有的情形下，与社会最优情形有着较大的差距。

二、启示与讨论

本部分的讨论主要分为两方面：一是关于数据经济背景下产业组织形式可能发生的新变化；二是关于数据跨境流动问题的启示。

（一）关于产业组织形式变化的启示

由于数据的非竞争性导致的在生产过程中与数据使用有关的规模报酬递增效应，在本章所述模型的经济中，所有企业最终很可能合并成单个具有整个经济规模的大企业。现实中，如果所有的医院都合并成一个大的整体，那么就有可能通过更准确的算法提供更好的诊断服务。因此，数据的这一性质要求政策制定者在制定数据政策的同时还需要充分考虑垄断可能带来的负面影响。

由数据集中产生的数据壁垒问题也是非常值得考虑的。当一家企业逐渐积累数据之后，其他的企业就会越来越难以进入市场。在本模型中，这一力量某种程度上反映在了设定的创造性破坏效应 $\delta(\tilde{x})$ 上。在未来，这个问题将会是理论发展的一个主要方向。

（二）关于数据跨境流动问题的启示

在传统的增长文献当中，普遍认为经济的长期增长是由一个个新的想法（Idea）所构成的创新活动而推动的。想法本身并不能轻易地被限制在某一国之内，而是会不断地向外扩散到周边国家和地区。因此，我们在构建增长模型时通常考虑的是整个世界范围内的市场环境，而非单独的某个经济体。这也可以解释为什么一些规模很小的经济体如卢森堡，仍然能够拥有非常高的发展水平。

然而，与想法所不同的是，数据虽然同样具有非竞争性，但这一新的要素是可以具有排他性的。也就是说，数据可以通过加密等方式，比较容易被控制仅在某一特定的范围内流动。由于目前数据在经济运行当中日益凸显出其强大的作用，这一问题已经不局限于某几家企业之内，甚至可以推广至国家层面去考虑。李开复在他的文章中提到："中国比美国拥有更大的数据量……数据是 AI 能够发挥作用的基础……一个拥有海量数据且水平不错的科学家，将能够轻易击败一个无法获得较多数据的顶级科学家。"因此在不久的将来，可以预期，数据将会成为一项重要的战略资源，围绕数据的跨境流动，也将会有许多问题需要我们去探索和回答。

第五节　数据隐私的保护

正如其他的社会性技术现象一样，大数据技术既能带来"乌托邦"，也能带来"反乌托邦"的结果。当数据逐渐成为一类重要生产要素，并且得益于大数据技术的广泛应用，极大地提升了经济运行的效率和节约了运营成本，但是，随之而来的一些问题也同样需要我们去关注。一方面，数据以及大数据技术能够作为解决一系列诸如精准销售和高效医疗等社会问题的工具，减少了信息收集过程中的无谓耗费。而另一方面，在大数据时代，如果我们无法有效地防止其被滥用，我们的个人信息将会非常容易地受到侵害，这将导致公民权利和个人自由的损害。

目前，许多国家已经逐渐意识到采用大数据技术带来的副作用，并开始着手制定法律来防止潜在危害的产生。2018 年 5 月 25 日，欧盟通过了《通用数据保护条例》(*General Data Protection Regulation*，GDPR)。这一新法律因其管辖范围之广、处罚力度之大，被认为是有史以来用于规范个人信息使用的最严格的法律。在我国，关于数据使用和个人隐私侵害之间的矛盾也同样不容小觑。

在中国的数字经济经历高速发展和扩张的同时，与个人数据滥用及隐私侵犯相关联的法律案件数量也在同步上涨，尤其是刑事案件的数量。2016 年由中国青年政治学院互联网法治研究中心发布的《中国个人信息安全和隐私保护报告》中对当前的公民隐私问题提出了立法方面的迫切需求。国家互联网应急中心发布的《2019 年上半年我国互联网网络安全态势》指出，每款 App 平均收集 20 项个人信息，大量 App 存在监测用户对其他 App 软件的使用，或是读取写入用户设备文件等一系列的异常行为，对用户的个人信息安全造成潜在安全威胁。因此，在对个人信息保护的立法方面，中国政府也在不断加快步伐。2021 年 6 月 10 日，十三届全国人大常委会第二十九次会议通过《中华人民共和国数据安全法》，自 2021 年 9 月 1 日起施行。该法确立了数据分类分级管理，建立了数据安全风险评估、监测预警、应急处置及数据安全审查等基本制度，并明确了相关主体的数据安全保护义务，是我国第一部有关数据安全的专门法律，也是国家安全领域的一部重要法律。2021 年 8 月 20 日，十三届全国人大常委会第三十次会议表决通过《中华人民共和国个人信息保护法》，自 2021 年 11 月 1 日起施行。该法在有关法律的基础上，进一步细化、完善个人信息保护应遵循的原则和个人信息处理规则，明确个人信息处理活动中的权利义务边界，健全个人信息保护工作体制机制，具有确立个人信息保护原则、规范处理活动保障权益、禁止“大数据杀熟”规范自动化决策、严格保护敏感个人信息等亮点，是我国首部专门保护个人信息的法律。《数据安全法》和《个人信息保护法》与已施行的《网络安全法》共同构成了中国网络法律体系的“三驾马车”。

Cong 等（2021）构建了一个由数据驱动创新的内生增长模型。该模型考虑到目前的经济发展中数据的作用越来越重要，尝试在模型中加入数据作为推动经济增长的要素之一。该项研究发现，在添加了数据生成约束的经济中，虽然数据的使用量大大减少了（公众的个人隐私侵害随之减少），但经济会经历一个更长时间的过渡时期达到接近于平衡增长状态的高增长率水平。这一结论值得我们深思。

本章小结

1. 本章构建了一个数据参与到消费品生产过程当中的内生增长模型。该模型着眼于数据这一新要素所具有的非竞争的特性，并在模型中加入数据直接扮演全要素生产率这一角色，从而推动经济增长。

2. 在上述设定之下，我们讨论了三种不同的经济环境下，由数据的非竞争性所带来的特别性质，并初步探讨了数据经济可能为未来经济发展带来的新问题。

3. 从模型的结果来看，由于使用数据带来的潜在隐私问题，在去中心化经济中，无论产权如何安排，对于数据的使用总是低于社会最优水平。在社会最优的情形下，更高的数据使用比例带来了更大程度的创造性破坏效应，但也使得经济中的消费品种类更加丰富，人均消费水平更高。同时，注意到无论是在社会最优还是去中心化经济中，都能得到相同水平的经济增长率，故此时消费水平更高的情形自然是更优的。

思考题

1. 对于数据存在的非竞争性，请结合现实举出实例。

2. 将数据产权赋予消费者，是否能够提升数据的配置效率？为什么？

3. 政府能够在优化数据要素的分配和使用上做哪些工作？这些工作是否会有效？

第五章

数字经济的溢出效应与创新机制

本章学习要点

1. 掌握通用目的技术的定义和判断标准，了解为什么数字技术是通用目的技术。

2. 掌握新旧“生产率悖论”的相关概念及其四种主流解释，熟悉数字技术影响社会生产效率的作用机制。

3. 了解数字经济中的技术创新和模式创新，并掌握数字技术对各个经济部门创新的推动作用。

在数字经济的发展过程中，数字技术作为其核心的技术支撑，起到了举足轻重的作用。作为一种通用目的技术，数字技术广泛应用于社会经济的各个领域，对社会生产效率产生深远影响，同时也不断推动着各个经济部门的技术创新与模式创新。

第一节　作为通用目的技术的数字技术

一、通用目的技术

（一）通用目的技术的基本概念

通用目的技术（GPT）的一般定义是，在国家或全球层面能够影响整体经济的科学技术。学术界认为通用目的技术是产业革命中的关键共性技术，具有多种应用场景和广阔发展空间，从初期的特定应用最终扩展到多个部门广泛应用，具有突出的溢出效应，促进生产、流通、组织方式的优化，对产业转型和经济增长发挥乘数倍增作用。

纵观人类经济发展史，所有出现经济快速增长的时代，往往都是由通用目的技术所驱动的。Bresnahan 和 Trajtenberg（1995）强调，包括蒸汽机、内燃机、电动机和 ICT 等在内的 GPT 对于人类经济社会产生巨大、深远而广泛的影响，进而成为“经济增长的引擎”。

（二）通用目的技术的特点

在历史上的任何一个时间节点，总存在某几种技术，它们不会囿于某种特定的用途，而是能够在大范围行业的不同部门之间得到普遍的使用，这些技术即是通用目的技术（GPT）。

具有普遍性的 GPT，都具有极强的技术活力，能够不断地演进和完善，在持续演化的过程中扩散和渗透到整个经济的每个角落，直接带来或促进普遍的生产力提高。

在现实中，多数 GPT 通常扮演着“使能技术”（Enabling Technology）的角色，在经济活动中发挥创造、开辟新机会的作用，而非作为完备的技术解决方案。

在第二次工业革命后，电动机在制造业中得到了普遍的应用，推动了社会生产力的巨大提高。然而，这种生产力的提高并不局限于能源成本的降低，电力替代煤炭成为新的能源后，各部门可以不断发现并利用电能的灵活性，从而催生了更有效率的工厂设计与大量新的电动产品生产。

与此相类似，21 世纪初，微电子被视为经济中最具创新性的行业之一。从业者通过将该技术应用到集成电路中，继而享受到了硅所带来的巨大收益。这一现象就包含了所谓的“创新补充性”，即通用目的技术的创新会促进下游部门研发生产力的提高。这种补充性放大了通用目的技术的创新效应，并使之在整个经济中的应用得到扩展。

总而言之，各行各业中使用通用目的技术，会提高其新发展所带来的回报；通用目的技术的发展，又反过来创造了新的应用机会。这种正向的反馈能够推动技术的快速进步和经济的增长。

需要强调的一点是，这种补充性的创新活动在整个经济中的扩展既带来了众多新的发展机会，又可能带来新的问题：由于通用目的技术能够广泛应用的普遍适用性，使得创新活动也变得非常分散，难以得到有效的统一和协调，这不利于为源头的通用目的技术的创新提供足够的激励，进而阻碍了其应用范围的扩张。

体现上述问题的一个鲜明例子是，在互联网行业经常出现的研发“内卷”现象。其具体表现是：许多互联网企业可能同时进行某一种 App 或在线平台的开发（如共享单车或外卖软件），经过激烈的竞争后可能只有少数几家企业幸存，造成研发资源和生产资源的严重浪费。对于这类问题需要通过有效的监管与引导予以解决。

随着时代的进步，通用目的技术的内容也在不断完善或扩张，决定某项技术属于通用目的技术的标准却几乎没有改变。Richard 等（2005）就针对变化迅速的 GPT 将前文提到的特征归结为三个判断标准：① 它是单一、可识别的普遍适用技术，具有多种不同的用途；② 在初始阶段具有很大改进空间，继而在整个经济中得到广泛的应用；③ 创造大量的溢出效应，促进相关技术创新。

Bekar 等（2016）在上述三条特征之外，添加了使能性、普遍的生产力收益性以及没有相近替代技术这三条作为 GPT 的补充性特征。这六条特征成为 GPT 的核心判断标准。

与通用目的技术相对的专用技术（Proprietary Technology）是由个体或企业所独有的一系列产品、方法或组织体系，可以为所有者带来额外收益或比较优势，与通用目的技术的普遍适用性恰好相反。以下是一些专用技术的例子：

（1）特效药。它是针对某种特定疾病具有疗效的药物。典型的例子是治疗癌症的靶向药。

（2）食品的防潮包装/充气包装技术。它是一类专用于延长食品储存期限的包装技术。

（3）银行内部数据系统。银行开发自己的内部数据系统来收集和处理内部使用的数据，进而完成风险评估等工作。

（三）通用技术的历史演进

一种 GPT 可以是一个具体的产品、一种处理事务的方法，也可以是某种组织体系。事实上，早在新石器时代之前出现的语言、衣物、武器（包括边缘尖锐的工具）以及火的使用，已经具备了 GPT 的一些基本特征。或者说，这些远古技术可以被视为后世 GPT 出现的创新基础。通用目的技术的历史发展如表 5-1 所示。

表 5-1 通用目的技术的历史发展

通用目的技术	溢出效应	时期	类别
植物养殖	新石器时代农业革命	公元前 9000—前 8000 年	方法
动物养殖	新石器时代农业革命、役用动物	公元前 8500—前 7500 年	方法
矿石冶炼	早期的金属工具	公元前 8000—前 7000 年	方法
机轮	机械化、陶钧（制造陶器时用的转轮）	公元前 4000—前 3000 年	产品
文字	贸易、记录保存	公元前 3400—前 3200 年	方法
青铜器	工具和武器	公元前 2800 年	产品
钢铁	工具和武器	公元前 1200 年	产品
水轮	机械能、机械系统	中世纪早期	产品
三桅帆船	发现新大陆、海上贸易、殖民主义	15 世纪	产品
印刷术	知识经济、科学教育、财政记录	16 世纪	方法
工厂制度	工业革命、可互换零件	18 世纪后期	体系
蒸汽机	工业革命、机床	18 世纪后期	产品
铁路	城郊、通勤、工厂灵活选址	19 世纪中期	产品
轮船	全球农业贸易、国际旅行、战舰	19 世纪中期	产品
内燃机	汽车、飞机、石油工业、运动战	19 世纪后期	产品
电力	集中发电、工厂电气化、电报通信	19 世纪后期	产品
汽车	城郊、通勤、购物中心、国内长途旅行	20 世纪	产品
飞机	国际旅行、国际体育联盟、运动战	20 世纪	产品
批量生产	消费主义、美国经济增长、工业战争	20 世纪	体系
计算机	数字革命、互联网	20 世纪	产品

续表

通用目的技术	溢出效应	时期	类别
精益生产	日本经济增长、敏捷软件开发	20 世纪	体系
互联网	电子商务、众包、社交网络、信息战争	20 世纪	产品
生物技术	转基因食品、生物工程、基因诊疗	20 世纪	方法
业务虚拟化	无纸化办公、远程办公、软件代理	21 世纪	方法
纳米技术	纳米材料、纳米医药、量子太阳能电池、癌症靶向治疗	21 世纪	产品
人工智能	无人驾驶汽车、仓储机器人、工业机器人	21 世纪	方法

二、作为通用目的技术的数字技术

支撑数字经济蓬勃发展的各类数字技术，从宏观经济维度上来讲都应属于通用目的技术。在这里，我们将现代经济中的全部数字技术划分成俗称“大、智、移、云、物、区”的六类基础数字技术——大数据技术、人工智能技术、移动互联网技术、云计算技术、物联网技术和区块链技术，并分别进行介绍和分析。

（一）大数据技术

在这个信息爆炸的时代，“大数据”一词我们已经耳熟能详。

大数据，顾名思义，即是规模体量巨大的数据。人们需要借助新的技术和设备，通过收集和处理从中提取价值。也正是因为超常的规模，传统技术难以对其做到有效的分析处理。大数据的大规模、高速度、多样性、多变性、复杂性和高价值的特征，对传统技术提出了前所未有的挑战。于是，对大数据进行采集、处理、存储和分析的大数据技术应运而生。

大数据技术的应用范围相当广泛，覆盖了经济活动中的各个部门。

（1）大科学（Big Science）。斯隆数字巡天（Sloan Digital Sky Survey，SDSS）是使用位于新墨西哥州阿帕奇山顶天文台的 2.5 米口径望远镜进行的红移巡天项目。该项目开始于 2000 年，以阿尔弗雷德·斯隆的名字命名，计划观测 25%的天空，获取超过 100 万个天体的多色测光资料和光谱数据。在大数据技术的加持下，它每晚生成约 200 GB 的数据，并储备超过 140 TB 的信息量。

（2）政府部门。犹他数据中心（Utah Data Center），是美国国家安全局使用的一座数据存储设施。该数据中心拥有尧字节（Yotta Byte，YB①）级的设计存储能力（2011 年全球整个互联网的容量总和也不过 525 EB 左右），能够储存 100 年有价值的通信信

① 1 YB＝1 024 ZB，1 ZB＝1 024 EB，1 EB＝1 024 PB，1 PB＝1 024 TB，1 TB＝1 024 GB。

息，其主要任务是提供计算机网络安全服务。

(3) 国际合作。“信息和通信技术促进发展”(Information and Communication Technologies for Development, ICT4D) 指出 ICT 和大数据技术的使用，能够为社会经济、人权和国际发展做出巨大的贡献。

大数据分析技术的用途也相当丰富。在 IT 行业，大数据分析技术不仅可以对整体和大规模的可用数据进行分析以发现和确定系统故障点，还能够有效延长系统日志的存储寿命。在金融业，通过大数据建模和分析来计算风险，是使风控系统更具效率的有力措施。而在社交网络上，企业组织也可以通过持续监控用户对其产品和服务的评论来获取大量用户反馈数据，进而调整自己的销售经营策略并提高利润。

为了更好地应对和利用复杂的大数据，各个行业部门也在积极地推动相应的技术创新。例如，在国家电力系统中，实时管理用电量并监控电网运行情况至关重要。大数据分析技术有助于识别存在风险的变压器，检测连接设备的异常行为，通过建模模拟事件场景以制定问题预防策略，进行能源预测分析以更好分配电力资源等。为了充分利用大数据技术的这些优势，智能电网的建设就成为了第一部分提到的“创新补充性”：智能仪表、传感器、控制中心和其他基础设施之间建立了多重连接，从而实现了高效的运营管理。

(二) 人工智能技术

人工智能 (Artificial Intelligence, AI) 是由机器所展现出的智能，与人类或动物展现出的自然智能 (Natural Intelligence) 相对应。前沿的人工智能教科书将这一领域定义成有关“智能代理”的研究，即任何能够感知其环境并采取行动最大限度地实现其目标的系统。从这一定义不难看出，人工智能也是一种能够在社会经济领域中广泛应用的通用目的技术。

事实上，人工智能的首要或最终目标，就是建立人工通用智能 (Artificial General Intelligence, AGI)，即智能代理的一种假设的能力：理解或学习任何人类能够做到的脑力任务。但是在目前，AGI 更多的只是出现在科幻小说和对未来的研究中。据推测，AI 技术距离发展到 AGI 还有几十年的时间。

不过即便当前的 AI 技术还没办法做到一劳永逸，但其仍旧在十分广泛的社会经济领域中发挥着作用，并不断创新和改善，从而充分满足了成为一种通用目的技术的条件。这些应用包括但不限于：

(1) 网络搜索引擎及其推荐系统。人工智能通过学习用户的搜索、点击和停留等行为，为用户优化检索结果，并为其精准推送符合个人偏好的产品和服务。这一应用被视频门户和电商平台等线上数字服务提供商广泛推行。

(2) 人类语音识别。一个典型例子便是苹果公司的智能语音助手 Siri，它可以支持自然语言输入，并且可以调用系统自带的天气预报、日程安排、搜索资料等应用，还能够不断学习新的声音和语调，提供对话式的应答。在后续的更新和改进中，Siri 的智能化水平仍在不断提升，除了加入多语言的实时翻译功能，还将支持上下文的预测功能。

（3）无人驾驶汽车。特斯拉（Tesla）的AI系统使用神经网络的深度学习算法来对收集到的行驶数据进行特征提取，进而利用PyTorch进行分布式训练，不断训练系统对于行人、路径、周边环境的判断能力，提供多种路径规划算法供工程师进行选择。日后，特斯拉还将从自动驾驶的可视化技术出发继续改进，让“神经网络可以吸收越来越多的问题”，不断发掘自动驾驶的可能性。

（4）参与策略游戏比赛。谷歌（Google）旗下DeepMind公司基于深度学习开发的AlphaGo人工智能机器人，通过两个不同的神经网络“大脑”——落子选择器（Move Picker）和棋局评估器（Position Evaluator）——合作学习和迭代，达到了用几天时间学会人类花费几千年才研究出来的策略的效果，并在2016年以4比1的比分战胜世界冠军、职业九段棋手李世石，2017年以3比0横扫当时排名世界第一的世界围棋冠军柯洁，在人机对弈的挑战中彻底打败了人类。

（三）移动互联网技术

移动互联网技术是移动通信技术和互联网技术融合的产物，其核心是在信息技术的基础上加入移动通信技术的信息通信技术，这充分结合了移动通信的随时、随地、随身和互联网的开放、分享、互动的优势，可以同时提供话音、传真、数据、图像、多媒体等高品质通信服务，由运营商提供无线接入，互联网企业提供各种成熟的应用。

在ICT的支持下，用户通过使用智能手机、平板电脑等无线终端设备，即使是在高速移动的情形下（如公交车、地铁），仍然可以随时随地访问互联网以获取数据和信息，或使用社交和娱乐多媒体等网络服务。移动互联网技术凭借其灵活性和高效性，迅速渗透到人们工作生活的各个领域，并在传统社交和支付等手段中催生了颠覆性的创新。以移动支付为例，微信支付、支付宝和银联“云闪付”占据了中国移动支付市场的较大份额。在今天的中国，微信已经成为人们日常生活联系和社交不可或缺的重要工具。移动支付也在很大程度上替代了传统的现金支付方式，极大地提高了交易效率。

从3G到4G，再到5G时代的到来，移动通信技术在传输速率和覆盖范围上都取得了飞跃性的发展，其与互联网技术的结合也越来越充分，从而保证了移动互联网技术在各个领域的普遍应用。除了我们已经熟悉的电子阅读、移动视听、移动搜索、移动社区、移动支付和手机游戏等发展较为成熟的应用，第五代移动通信技术（5G）还提出了三大主要应用场景（见第一章第一节），并涵盖了社会经济的各个角落。

在工业领域，5G支持下的VR/AR研发实验协同、远程控制和机器视觉等应用充分涵盖了研发设计、生产制造、运营管理及产品服务四个大的工业环节，大幅降低了人工成本，并有效提高了产品检测准确率。2018年，TCL华星光电和腾讯优图合作，推出了国内第一个用人工智能来判别面板缺陷的项目——ADC（Auto Defect Classification，自动缺陷分类）项目。面板的缺陷种类多达120种，此前都需要人工肉眼识别AOI（自动光学检测）拍出的图片，并根据缺陷种类进行分类。在ADC项目中，优图实验室研发了一个AI模型训练器识别AOI图片，并自动归档分类。通过AI技术，在人力缩减了一半的情况下，缺陷识别速度提升了 10 倍。ADC 识别单张图片的速度也从人工的 2 秒缩短到了 500~600 毫秒，为华星光电节省超过 1 000 万元人民币的成本。

在教育领域，移动互联网技术凭借低延时和高速率的优势，结合全息影像、超高清视频、大数据分析和地理信息系统等技术，推动了 5G+智慧课堂和 5G+智慧校园的建设，在提高个性化教学质量的同时，也增强了学生管理和校园安全。

腾讯课堂联合艾瑞咨询发布的《中国综合性终身教育平台用户大数据报告——腾讯课堂数据篇》（简称报告）显示，随着经济水平的提高、教育意识的加强，三四线城市及乡镇居民对优质教育的需求非常强烈。在 2020 年“双 11”期间，三四线城市学员在腾讯课堂的人均学习时长创下了全年的最高峰值。同时，“小镇青年”贡献了职业考证课程 50%的销量，更大量囤购电商运营、汽修类等课程。

腾讯课堂通过教育科技突破了时空和地域的限制，在加速了优质教育资源共享的同时，其在线技能学习也给我国的农村经济发展带来了新思路。腾讯课堂以极低的学习成本，大力提升了乡村劳动力的技能水平，帮助他们通过学习编织、设计、汽修等各类课程，带动自身及身边留守人群致富增收，为农村产业发展注入新的活力，催生出乡村振兴的新业态。

在医疗领域，超高清远程会诊和远程影像诊断等应用极大提高了医疗资源的利用效率，移动互联网技术的高速、灵活特点也使得急救人员、救护车、应急指挥中心和医院之间能够快速建立应急救援网络，在第一时间将病患的体征数据和病情图像等以毫秒级速度无损实时传输到医院，帮助院内医生做出正确指导并提前制定抢救方案，实现患者“上车即入院”的愿景。除此之外，文化旅游、城市管理和金融等行业也对移动互联网技术有着广泛的应用，并展示出了其不俗的发展潜力。

疫情期间，用户出门看病非常不方便，而且如果线下求诊不当还将增加交叉感染的风险，高血压、糖尿病等慢性病患者的复诊更是个难题。医疗体系多环节的打通帮助解决了这个问题，广州、东莞等地开展试点推动“互联网+”慢性病医疗服务纳入医保报销，并打通微信医保支付。在广州医科大学附属第二医院、广东省人民医院等多家医院，慢性病患者可以通过微信在线复诊、开药续方、在线医保支付，之后药品配送到家，足不出户完成整个看病流程。

（四）云服务技术

所谓云，是对互联网及其底层基础设施的一种抽象比喻说法。它将服务器虚拟化，形成虚拟资源池，相比物理机更加节省资源成本，便于管理。从某种程度上来说，云是对互联网的升级，这意味着互联网并不仅仅是存储数据，而是把互联网产品以服务的形式体现出来，把互联网软件变成服务提供给用户。云服务的核心基础是云计算（Cloud Computing）技术，它是分布式计算的一种，指的是通过网络“云”将巨大的数据计算处理程序分解成无数个小程序，然后通过多部服务器组成的系统对这些小程序进行处理和分析，得到结果并返回给用户。云服务则是在云计算强大运算能力的技术架构支撑下，对外提供的按需分配、可计量的 IT 服务，可用于替代用户本地自建的 IT 服务。

现阶段，云服务已经不再单单是一种分布式计算，而是分布式计算、并行计算、效用计算、网络存储、虚拟化、负载均衡和内容分发网络等传统计算机和网络技术发展融合的产物，是基于互联网相关服务的增加、使用和交付模式，云计算可以将虚拟的资源通过互联网提供给每一个有需求的客户，从而实现拓展数据处理。这也为云服务的广泛应用奠定了技术基础。

网络搜索引擎是一种最为典型的云服务技术应用：任何一个拥有移动终端设备的用户，都可以随时随地在搜索引擎上搜索自己想要的任何信息，这实质上就是通过云端共享了数据资源服务。其中，云存储服务是云服务的核心组成部分。它是在云计算技术基础上发展起来的一个新的存储技术，是一个以数据存储和管理为核心的云计算系统。用户可以将本地的资源上传至云端，并可以在任何地方连入互联网来获取云上的资源。云存储向用户提供了存储容器服务、备份服务、归档服务和记录管理服务等，大大方便了使用者对资源的管理。通过和其他数字技术以及部门专业技术相结合，构成了应用至各个行业部门的各类云服务。如图 5-1 所示。

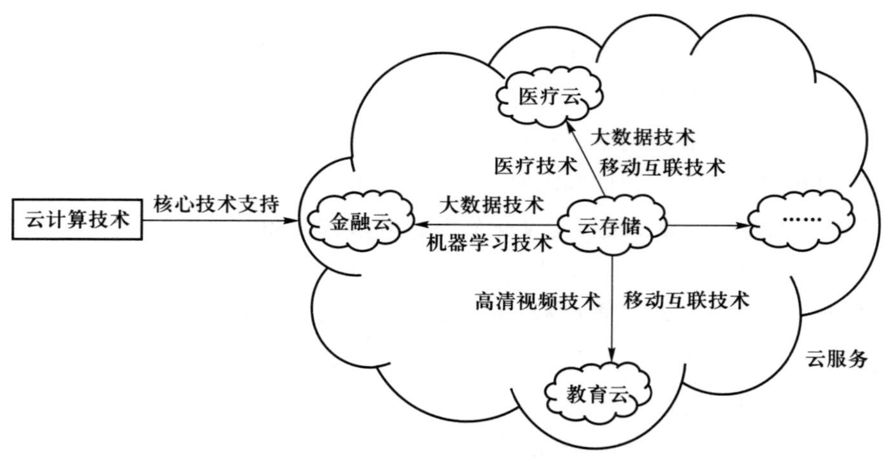

图 5-1 云计算、云存储和云服务技术

（1）医疗云。是指在大数据和移动互联网等技术的基础上，结合现代医疗技术，使用云计算来创建医疗健康服务云平台，实现了医疗资源的共享和医疗范围的扩大，具有数据安全、信息共享、动态扩展、布局全国等优势。现在医院的线上预约挂号和电子病历系统等都是云计算与医疗领域结合的产物。

（2）金融云。是指利用云计算的模型，将金融服务分散到庞大分支机构构成的互联网“云”中，旨在为银行、保险和基金等金融机构提供互联网处理和运行服务，同时共享互联网资源，从而解决现有问题并且达到高效、低成本的目标。

（3）教育云。实质上是教育信息化的一种发展，它可以将教育所需的任何硬件资源虚拟化，随后传入互联网中，以向老师、学生和教育机构提供一个方便快捷的平台。大型开放式网络课程“慕课”（Massive Open Online Courses，MOOC）就是教育云的一种应用，它通过在网络平台上提供顶尖大学的免费课程和学习管理系统，为全球的学生提供了更多接受教育的可能性。

（五）物联网技术

物联网（Internet of Things，IoT）这一概念描述的是实物构成的网络，具体来说，即是在各类实物中嵌入传感器、软件和其他组件，以通过接入互联网的设备和系统来实现物与物、人与人之间的连接和数据交换。

在消费市场上，物联网技术与适用于“智能家居”概念的产品密切相关，包括了支持一个或多个通用产品生态系统的设备和应用（如照明设备、加热设备、空调设备、多媒体设备、摄像头、家庭安全系统以及其他家用电器），并且能够使用与该生态系统相联系的设备（例如智能手机）进行实时操控。举个例子，苹果公司的HomeKit智能家居平台，使人们可以在iOS这一系统生态中，通过苹果手机或苹果手表等设备上的应用（也可以是他们的智能语音助手Siri）来控制家中的相关设备。从长期来看，物联网技术在家庭中的应用可以通过自动确保电灯和电子设备关闭，以及通知家庭成员使用情况等方式来达到节约能源的效果。

除此之外，医疗物联网（Internet of Medical Things，IoMT）也是物联网技术的一个重要应用，通常用于医疗和保健相关的数据收集、研究分析和实时监测。IoMT也被称为“智能医疗”，该技术的应用推动了数字化医疗系统的创建，并连接了可用的医疗资源和保健服务。在交通运输领域，物联网技术还可以协助整合各类运输系统之间的通信、控制和信息处理，支持车内、车间通信的实时动态交互，从而实现智能交通管控、智能泊车和自动电子收费。

在国防领域，可借助物联网技术来增强陆军士兵的作战能力。通过战场物联网设备将数据发送到士兵们的装备上，这可以让他们对战场上发生的一切都有“感知”，甚至指挥官可以指定目标射击，任何没有收到射击命令的士兵枪支将无法开火。

（六）区块链技术

区块链是一个信息技术领域的术语。从本质上讲，区块链是一个共享数据库，存储于其中的数据或信息具有“不可伪造”“全程留痕”“可以追溯”“公开透明”和“集体维护”等特征。基于这些特征，区块链技术奠定了坚实的“信任”基础，创造了可靠的“合作”机制，具有广阔的应用前景。

在金融领域，区块链技术的应用能够省去第三方中介环节，实现点对点的直接对接，从而在大大降低成本的同时，快速完成交易支付。例如信用卡公司Visa推出了基于区块链技术的Visa B2B Connect，它能为机构提供一种费用更低、更快速和安全的跨境支付方式来处理全球范围的企业对企业的交易。Visa还联合Coinbase推出了首张比特币借记卡，花旗银行则在区块链上测试运行加密货币“花旗币”。

在数字版权领域，通过区块链技术，可以对作品进行鉴权，证明文字、视频、音频等作品的存在，保证权属的真实、唯一性。作品在区块链上被确权后，后续交易都会进行实时记录，实现数字版权全生命周期管理，也可作为司法取证中的技术性保障。例如，美国纽约一家创业公司 Mine Labs 开发了一个基于区块链的元数据协议，这个名为 Mediachain 的系统利用 IPFS 文件系统，对数字作品版权进行了有力的保护。在公益领域，区块链上存储的数据，高可靠且不可篡改，天然适合于社会公益场景。公益流程中的相关信息，如捐赠项目、募集明细、资金流向、受助人反馈等，均可以存放于区块链上，并且有条件地进行透明公开公示，方便社会监督。

从上述分析可知，全部的（基础性）数字技术都是标准的通用目的技术。首先，它们绝不限于单一部门或用途，而是适用于广泛的社会经济活动。无论是单一的数字技术，还是几类数字技术的组合，都可以同时在家居、教育、金融、制造、交通、医疗卫生甚至政府部门等各个领域中找到它们的身影。其次，每一种数字技术发展到今天的水平，也都并不是一蹴而就的。无论在数据的存储规模、传输速度还是处理方式上，数字技术都经历了不断提升和不断改善的过程，从而使其应用的范围持续拓宽，能够处理的任务也越来越复杂、越来越高级。最后，每一种数字技术，在应用到某个具体的领域中时，都能与该领域的专用技术有效结合，并推动部门技术的创新，对数字技术形成有力的补充，也即通用目的技术的创新补充性。在未来，作为一种通用目的技术，数字技术势必仍将发挥应用广泛的优势，并在不断深度创新的过程中产生技术溢出效应，促进社会经济各个部门的高级化发展，为数字经济提供持续有力的技术支撑。

第二节 数字技术与社会生产效率

在数字技术浪潮到来的背景之下，各企业纷纷走上数字化转型之路。

2017 年，施耐德电气（Schneider Electric）开始在美国、中国、法国、墨西哥、印度尼西亚等地的五大工厂实施数字化转型战略，主要内容包括三点：一是打造数字化转型办公室、组织部门内外人才在敏捷工作模式下合作共事；二是建设“数字学院”，培养员工的数字化技能；三是打造标准的 IT 和运营技术平台，加快公司全球数字化战略的横向部署。据麦肯锡统计，在实施数字化转型战略以来，施耐德电气五大工厂的劳动生产效率提高约 75%，按时足量交付客户订单增加 25% 以上，总耗能减少 10% 以上，报废成本降低约 40%。

为了满足消费者日益攀升的个性化、差异化和多元化需求，青岛啤酒也于近几年开始走上数字化转型之路。青岛啤酒采用新型商业模式，在整个产业链、供应链和价值链上下游重新部署了智能数字化技术。在客户端，推出业内首个在线定制平台，为 B2B 和 B2C 销售渠道提供定制化包装服务；在生产端，借助数字化赋能的柔性生产模式与自动化管理，实现了快速灵活的小批量生产；在销售端，依托 AI 技术优化后的供应链规划体系和分析引擎，成功提升了产品分销效率。据麦肯锡统计，在此次数字化转型之后，青岛啤酒缩短约56%的产品交付时间和约50%的生产调度时间。与此同时，消费者需求预测准确度提高约20%，品牌偏好度提升约37%。

沃尔玛从2016年开始就把数字化转型的重要性提到战略层面。这一年，沃尔玛入驻京东到家平台，在京东商城开出首个沃尔玛官方旗舰店和山姆官方旗舰店，同时与众包物流公司达达-京东到家合作，解决“零售最后一公里”的问题。2018年6月，沃尔玛与腾讯合作推出小程序“扫玛购”，优化线下购物体验。顾客不必排队等待结账，而是直接在微信小程序上自助“扫一扫”录入商品，用微信支付结账。小程序的注册用户已经突破7 000万人。2021年“6·18”期间沃尔玛小程序商品交易总额（GMV）同比增长226%，实体门店100%实现在线化。沃尔玛中国还将10万余名员工接入企业微信，共享统一的通讯录，补充原有的电子邮件交互和电话沟通，缩短了上传下达和反馈的周期。在超过400家的门店中，企业微信上的门店任务管理、促销员管理系统、门店数字化售卡等小工具可以极大提高员工效率。

由此看来，提高生产效率是企业纷纷走上数字化转型之路的最重要目的之一。从企业的个体角度来说，数字技术对生产效率的提升作用几乎是颠扑不破的真理；从社会的全局角度来看，数字技术对生产效率的影响或许并不那么明显。在本节中，第一部分介绍新旧“生产率悖论”的相关概念，并根据Erik Brynjolfsson等学者的学术研究，重点阐述该悖论的四种主流的潜在解释。第二部分根据Ajay Agrawal和Philippe Aghion等学者的研究，分别从正反两方面介绍数字技术影响社会生产效率的作用机制。

一、新旧“生产率悖论”

（一）特征与定义

信息技术的快速发展正推动全球经济形态的数字化转型，但体现技术进步和经济增长的生产率增速却在全球范围内呈现日益衰减的趋势。美国劳动统计局（BLS）的资料显示，1949—1973年，美国非农业生产部门的劳动生产率（LP）年均增长2.9%，全要素生产率（TFP）年均增长1.9%。但是，1973—1997年，劳动生产率和全要素生产率的年均增长率分别仅为1.1%和0.2%。如图5-2所示，两段虚线分别为1949—1973年和1973—1997年美国非农业生产部门的劳动生产率年均增速的线性趋势线。

可以看出，1949—1973年的平均劳动生产率增速比1973—1997年更高。如果说，20世纪70年代之前的经济快速增长可以被看作始于19世纪末20世纪初工业技术革命的结果，那么为什么始于20世纪后半期的信息技术革命却没有带来应有的经济快速增长？此外，根据相关的统计资料，这种“反常”现象同时存在于经合组织（OECD）中的许多国家。美国经济学家、诺贝尔经济学奖得主罗伯特·索洛（Robert Solow）称1973—1997年“快速的技术进步与缓慢的生产率增速”在统计上表现出来的这种对应关系为“生产率悖论”（Productivity Paradox）：“我们处处可见计算机时代已经到来，除了关于生产率的统计数据。”人们也因此经常把“生产率悖论”称为“索洛悖论”（Solow Paradox）。

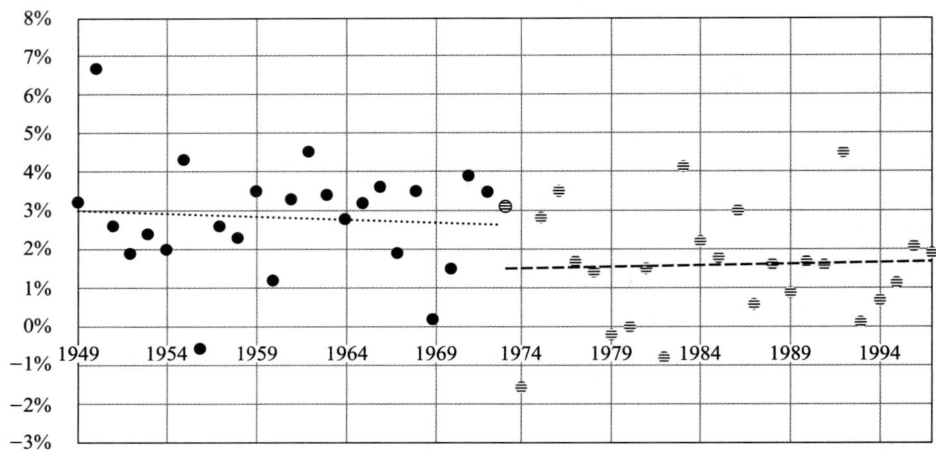

图 5-2 1949—1997 年美国非农业生产部门的劳动生产率年均增速

资料来源：美国劳动统计局（BLS）。

21 世纪初以来，随着数字技术的迅速发展，人们生活的方方面面都变得更加智能和便利。但从统计数据上看，数字技术并未影响到社会生产率。许多发达经济体的劳动生产率增速在 21 世纪头 10 年中期呈现大幅下降趋势，并且此后一直维持在低位水平。根据世界大型企业联合会（The Conference Board）的统计数据，2005—2016 年，美国总体劳动生产率的年均增长速度仅为 1.3%，还不及 1995—2004 年年均 2.8%增长速度的一半。如图 5-3 所示，两段虚线分别为 1995—2004 年和 2005—2016 年美国总体劳动生产率年均增速的线性趋势线。

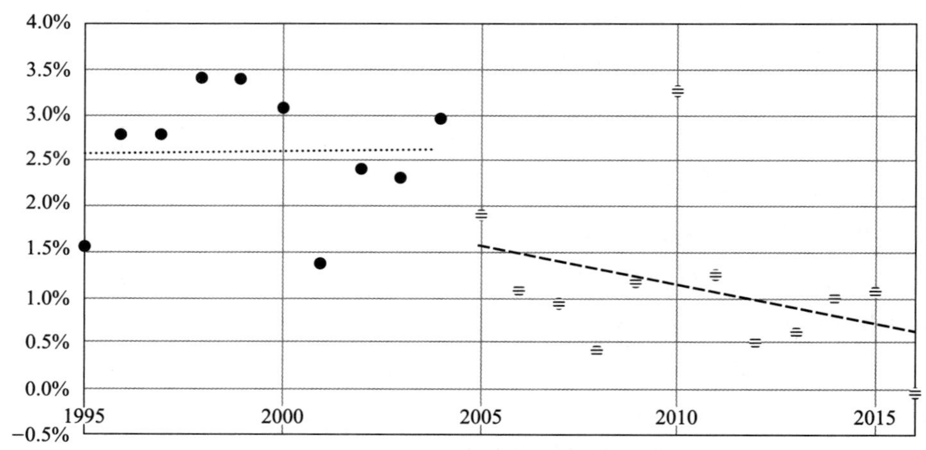

图 5-3 1995—2016 年美国总体劳动生产率的年均增速

资料来源：世界大型企业联合会（The Conference Board）。

除此之外，OECD 编制的生产率数据库还显示，在除美国外的其他 29 个 OECD 国家中，有 28 个国家的劳动生产率增速呈现类似的下降。1995—2004 年，这些国家劳动生产率的年均增长速度为 2.3%，但 2005—2015 年这一数据仅为 1.1%。这似乎意味着，始于 21 世纪的数字技术革命并未有效带动经济快速增长和生产率提升。人们把这种现象定义为“生产率悖论”的新版本，即“现代生产率悖论”（Modern Productivity Paradox）。

（二）关于“生产率悖论”形成原因的几种观点

当前，学术界对于“生产率悖论”现象的出现原因并无定论。麻省理工学院的 Erik Brynjolfsson 教授、Daniel Rock 教授和芝加哥大学的 Chad Syverson 教授基于已有文献和经验分析归纳总结了造成“生产率悖论”的四种可能。

第一，对于生产率增长的“错误预期”（False Hopes）。一种观点认为，人们对信息技术的过分乐观态度是错误的也是毫无根据的。信息技术的作用并不能达到人们的预期。不可否认的是，信息技术可能对特定的行业有一般或者巨大的影响，但它们对整体经济的影响却微乎其微。例如，距离人们第一次使用核聚能已经超过几十年，但近 20 年来相关技术并没有明显进步，核电也没有变得更加便宜、便捷；距离人类最后一次登上月球以后，现在人们也没有登上火星或其他任何一颗行星；距离汽车被发明已经超过 100 年，但当前依然未出现会飞的汽车。如此种种证据，都表明信息技术给社会带来的改变可能并没有人们想象中的那么巨大、全面和深刻，人们对信息技术的乐观估计导致了期望和现实的巨大落差。

第二，对于生产率的“测算误差”（Mismeasurement）。“生产率悖论”的另外一种解释是，当前的统计方法和口径已经无法准确统计信息时代背景下的生产效率，低估了技术进步对生产效率的积极影响。如今，人们处处享受着信息技术带来的红利，从网络购物到网络打车，从社交平台到在线媒体，无不体现着信息技术对人们生活质量的改善和提高。但是，信息技术对社会生产率的贡献却难以被统计数据捕捉。

一方面，许多信息产品的本身价值不会被统计。美国经济学家 Hal Varian 通过以下例子说明了这一点：“2000 年，全球一共约有 800 亿张照片，每张照片的成本约为 50 美分。但到 2015 年，大约有 1.6 万亿张照片，但每张照片的成本几乎为零。显然，社会生产率得到了显著提高，因为我们有了更多的产出，成本也大大降低了。但是，从 GDP 的角度来看，这并不会被计入核算数据当中，因为这些照片通常是在朋友之间交换，然后放进相册之类的东西里。它们不会在市场中出售。GDP 是产品和服务交易的市场价值，任何没有卖出或者价格为零的东西都不会出现在 GDP 中。”

另一方面，许多信息产品和服务都属于时间密集型消费，而 GDP 无法衡量它们给消费者带来的实质性效用。一般情况下，消费是由商品和时间两种要素组成的。按照商品和时间在消费中所占的比重大小，我们可以将消费分为商品密集型消费和时间密集型消费。时间密集型消费是指人们通过消费更多的时间来获取更高的效用，例如智能手机、社交平台、网络媒体等都属于时间密集型消费。时间密集型消费往往能给消费者带来更多的精神满足和心理效用，但 GDP 无法衡量这一点。通常情况下，由于时间密集型消费的价格相对较低，它们占 GDP 比重会远小于商品密集型消费。

然而，最新研究认为，测算误差并不是导致社会生产率下降的主要因素。美国经济分析局研究员参考全球主要经济体的官方核算数据，评估了测算误差对生产率增速的影响。他们发现，即使存在测算误差，其规模也不足以解释可测量的 GDP 增长和生产率增长的普遍放缓。因此，客观地说，测算误差不应是“生产率悖论”的主要解释。

第三，集中分配和租金消耗（Concentrated Distribution and Rent Dissipation）。这种观点认为，信息技术带来的收益已经实现。但是，这些收益主要集中分配在某些企业或者行业，并且获益者会采取各种“寻租”措施阻止其他人获益，从而保护和提高自身收益。在这过程中，获益者耗费大量资源，从而稀释甚至中和了信息技术给社会生产率带来的积极影响。

以近几年中国互联网发展为例，共享单车的兴起，给人们的出行带来极大的便利，大大增加了社会福利和行业收益。但是，这些收益主要集中在滴滴、美团等互联网企业中，该行业逐渐形成垄断的格局。这些企业为了阻止其他潜在挑战者进入市场，同时扩大自身的市场份额和巩固自身的垄断地位，不考虑市场的实际需求大小、相关的配套设施是否健全等问题，疯狂投入大笔资金，加速共享单车的线下布局。结果造成了许多社会问题，比如单车乱停乱放，影响城市交通，占用公共资源；企业间不良竞争，频频爆发价格战，甚至蓄意破坏竞争对手的单车，浪费公共资源；企业盈利模式单一，破产事件频发，损害消费者利益，人们纷纷“谈车色变”。

一些研究结论为该种观点提供了间接的支持。OECD 研究员 Dan Andrews、Chiar Criscuolo 和 Peter Gal 通过实证得出结论：在同一行业中，领先企业与一般企业之间的生产率差异一直在增大。与过去相比，在当前信息时代背景下，领先企业更能够在生产率增速方面保持领先地位。Erik Brynjolfsson 等学者利用 20 世纪 90 年代至 21 世纪初美国公司层面的数据，衡量了各种行业的动荡程度和集中度。他们发现，自 20 世纪 90 年代末以来，随着信息技术的发展，那些极为少数的超级明星企业，正在获得越来越多的市场份额。纽约大学的 Germán Gutiérrez 教授和 Thomas Philippon 教授通过实证研究发现，当市场集中度提高时，领先公司获利激增，但其投资和创新意识会逐渐减弱，这将给社会总体福利带来损失。

第四，实施和重组的滞后（Implementation and Restructuring Lags）。这种观点认为，信息技术的发展能够加速未来的生产率增长，但是对当期生产率增长的影响并不那么显著。信息技术被认为是通用目的技术，而历史证明，通用目的技术能够深刻地改变人们生活和工作的方式，对社会生产率和总体福利产生重要影响。纽约大学 Boyan Jovanovic 教授和范德堡大学 Peter L. Rousseau 教授指出，“通用目的技术对生产率产生的影响，并不能立刻发生效应，会有时滞”。这种观点的核心思想在于，信息技术成长到对经济社会潜在的变革产生影响，要比人们通常认为的时限更加漫长：只有等到与信息技术相关的通用目的技术全面发展起来，信息技术才会给生产率的增长带来显著影响。

充分发挥信息技术潜能的延迟时长，主要与两个因素有关。一是信息技术要对社会总体产生影响，会耗费不少时间；二是想要完全实现信息技术的作用，需要后续的不断投资，而要准确识别和发现投资方向，则需要较长时间。

Erik Brynjolfsson 等学者认为，实施和重组的滞后是产生“生产率悖论”的最主要因素。该理论不仅对技术发展和生产率增长之间的矛盾关系做出有效解释，而且正好体现和契合了新技术的科学发展阶段：新技术的发展，并不会立刻促进生产率的提升。随后，Erik Brynjolfsson 等以 10 年为单位，统计了美国 1948—2010 年全要素生产率和劳动生产率指数，发现 10 年之内的生产率增速存在一定的相关性，但相邻的两个 10 年间的生产率平均增速却不存在相关性。

结合当前情况，换句话说，数字技术虽然在近 10 年内没有促进生产率的增长，但是这并不意味着下一个 10 年也不会促进增长。一个乐观的估计是，如果自动驾驶技术能让美国从事驾驶行业（出租车、卡车等司机）的人数从 2016 年的 350 万下降至 150 万，那么美国非农业生产者的总劳动生产率将会增长 1.7%，仅自动驾驶这一项技术，在未来 10 年内，就能为美国带来 0.17%的平均劳动生产增长率。我们也应该对数字技术将会带来的益处充满信心。

二、数字技术影响社会生产效率的作用机制

数字技术对于生产效率的提高作用仍然未有定论。Ajay Agrawal 和 Philippe Aghion 等学者的理论研究，分别从正反两方面探讨数字技术影响社会生产效率的作用机制。

Ajay Agrawal 等学者在“罗默-琼斯知识生产函数”（Romer-Jones Knowledge Production Function）的基础上提出，数字技术提高社会生产率，进而促进经济增长；以 Philippe Aghion 为代表的熊彼特增长学派认为，从长期来看，数字技术降低社会创新活力，对社会生产率和经济增长产生负面影响。这两项研究的结论并不冲突，而是基于不同的研究视角。

（一）正面影响机制

为了更好地理解 Ajay Agrawal 等人提出的基于组合的知识生产函数模型，本部分首先介绍罗默增长模型、知识生产函数以及罗默-琼斯知识生产函数等基础理论。表 5-2 概括了这些理论在公式、结论等方面的不同之处。

表 5-2 三种知识生产函数的对比

理论	重要公式	结论
罗默模型和知识生产函数	$\dot{A} = \delta L_A A$ $g_A = \frac{\dot{A}}{A} = \delta L_A$	知识存量的稳态增长率取决于研发人员的数量水平

续表

理论	重要公式	结论
罗默-琼斯知识生产函数	$\dot{A} = \delta L_A^\lambda A^\phi$ $g_A = \frac{\dot{A}}{A} = \frac{\lambda}{1-\phi}\frac{\dot{L}_A}{L_A}$	知识存量的稳态增长率取决于研发人员的增长率
基于组合的知识生产函数	$Z_i = \sum_{a=2}^{A^\phi}\binom{A^\phi}{a} \approx 2^{A^\phi}$ $\dot{A} = \beta L_A^\lambda\left(\frac{(Z_i)^\theta - 1}{\theta}\right)$ 当 $\theta = 0$ 时， $g_A = \frac{\dot{A}}{A} = \frac{\lambda}{1-\phi}\frac{\dot{L}_A}{L_A}$ 当 $0 < \theta \leq 1$，A 足够大时，g_A 随着 A 的增大而增大	研发人员通过将现有的存量知识组合起来而生产出“有用新知识”。在这过程中，数字技术帮助研发人员以更加高效的方式探索和识别潜在的知识组合，从而提高了新知识的发现率，进而提升全社会的生产效率，促进经济增长

1. 罗默模型和知识生产函数

目前，大多数理论研究认为，数字技术主要通过驱动知识生产影响经济增长。其中，内生增长理论（Endogenous Growth Theory）更是把知识看成影响经济增长的核心变量之一。由于假设条件和侧重点不同，经济学家们纷纷提出不同的内生增长模型，其中，代表性模型包括罗默模型、卢卡斯模型、格鲁斯曼-赫普曼模型等。

1986 年，美国经济学家、诺贝尔经济学奖得主保罗·罗默（Paul M. Romer）在前人的理论基础之上，提出自己的内生增长模型，它又被称为“罗默模型”或“知识溢出模型”。1990 年，罗默在原来模型的基础之上，引入人力资本，并将社会生产划分为研究部门、中间生产部门和最终生产部门。他认为，知识是追逐利润的厂商进行投资决策的产物，知识和技术研发是经济增长的源泉。

罗默模型可以大致概括为以下四个方程：

$$Y = K^{1-\alpha}(AL_y)^\alpha \tag{5-1}$$

$$\dot{K} = Y - C \tag{5-2}$$

$$\dot{A} = \delta L_A A \tag{5-3}$$

$$L = L_y + L_A \tag{5-4}$$

其中，Y 表示总产出；K 表示资本；$\dot{K}$ 表示新资本；A 表示知识或者技术；$\dot{A}$ 表示新知识或者新技术；C 表示消费；L_y 表示用于生产产出的劳动力；L_A 表示用于研发投入的劳动力；L 表示劳动力总和；α 和 δ 都表示大于 0 的参数，并且 $0 < \alpha < 1$。

式 5-1、式 5-2 和式 5-3，分别对应着最终生产部门、中间生产部门和研究部门的生产函数（式 5-2 没有考虑资本折旧）。目前，我们主要学习研究部门的生产函数，即式 5-3。该生产函数也被称为知识生产函数（Knowledge Production Function），其形式意味着新知识和新技术的产生依赖于研究人员通过现有知识存量进行的再创造，即知识溢出效应（Knowledge Spillover Effect）。根据式 5-3，稳定状态下知识存量的增长率 g_A 可以表示为：

$$g_A = \frac{\dot{A}}{A} = \delta L_A \tag{5-5}$$

由此，我们可知，罗默模型中的知识生产函数蕴含着“规模效应”（Scale Effects）：稳定状态下，知识存量增长率与研究人员数量成正比，换句话说，投入研发活动资源量的增加会导致技术进步速度的加快。

2. 罗默-琼斯知识生产函数

1995 年，斯坦福大学查尔斯·琼斯（Charles I. Jones）教授通过实证研究证明，罗默模型的知识生产函数中关于“规模效应”的预测与二战后美国研发人员投入及经济发展的实际情况不相符合。为此，同一年琼斯对罗默模型中的知识生产函数进行修正：

$$\dot{A} = \delta L_A^{\lambda} A^{\phi} \tag{5-6}$$

上式被称为罗默-琼斯知识生产函数（Romer-Jones Knowledge Production Function）。其中，λ 和 ϕ 都是常数，且 $0 < \phi < 1$，$0 \leqslant \lambda \leqslant 1$。

该函数假设每名研发人员拥有 A^{ϕ} 单位的知识量，则每名研发人员可以获得的知识份额占比为 $A^{\phi-1}$。这意味着，每名研发人员可以获得的知识份额随着知识总量的增加而下降。这与琼斯在研究中提到的“阻碍效应”（Fishing-Out Effect）含义相一致：随着知识总量的增长，人们将更难获取所有可用的知识。

与此同时，考虑到 L_A 名研发人员会进行一些前人已经完成过的重复性研究工作，或者研发人员之间的研究工作存在相互重叠的现象，那么进行创新活动的研发人员的“实际数量”将会有所减少。为了捕捉这一现象，用 L_A^{λ} 代表研发人员的“实际数量”，其中 $0 \leqslant \lambda \leqslant 1$。

在式 5-6 两端同除以 A，进行变形整理，得到：

$$g_A = \frac{\dot{A}}{A} = \delta \frac{L_A^{\lambda}}{A^{1-\phi}} \tag{5-7}$$

根据知识生产函数的相关定义和假设，在稳定状态下，知识存量 A 的增长率 g_A 应该是一个常数。因此，这就意味着 L_A^{λ} 和 $A^{1-\phi}$ 有着相同的变化率。对这两个变量分别取对数并求导，则有：

$$\lambda \frac{\dot{L}_A}{L_A} = (1 - \phi) \frac{\dot{A}}{A} \tag{5-8}$$

所以，稳定状态下知识存量的增长率 g_A 可以表示为：

$$g_A = \frac{\dot{A}}{A} = \frac{\lambda}{1-\phi} \frac{\dot{L}_A}{L_A} \quad (0 < \phi < 1,\ 0 \leqslant \lambda \leqslant 1) \tag{5-9}$$

式 5-9 解决了罗默模型中所隐含的“规模效应”问题。这就是说，从长期来看，知识存量的稳态增长率将取决于研发人员的增长率，而不是其存量水平。

修正后的罗默-琼斯知识生产函数说明了两个重要问题。第一，研发人员能够基于现有知识存量形成新知识，而新知识又会增加现有知识存量，这表示新知识和知识存量将会同时出现增长。但是，由于存量知识的回报率小于1（$0 < \phi < 1$），如果研发人员数量 L_A 保持不变，知识存量的稳态增长率将会下降（由式5-7可知）。因此，为保持知识存量的稳态增长率不变，需增加研发人员的数量。

第二，若新增“长期来看，研发人员的增长率等于劳动力的增长率”或者“稳定状态下，研发人员数量占劳动力总数的比重保持不变”的假设条件，则式5-9可以写为：

$$g_A = \frac{\dot{A}}{A} = \frac{\lambda}{1-\phi}n \quad \left(n = \frac{\dot{L}_A}{L_A} = \frac{\dot{L}}{L},\ 0 < \phi < 1,\ 0 \leqslant \lambda \leqslant 1\right) \tag{5-10}$$

此时，知识存量的稳态增长率只与劳动力的增长率 n 、参数 λ 和 ϕ 有关，这些参数通常被假定为外生变量。因此，根据罗默-琼斯知识生产函数理论，政府的研发投入政策只能改变知识存量水平，但并不能影响知识存量的长期增长率。正如琼斯所说的：“从美国的经验来看，没有什么能对增长有长期的影响，而根据这一事实，不变的结果也许正是数据本身所要表明的。”

3. 基于组合的知识生产函数

在罗默-琼斯知识生产函数中，研究人员利用现有知识库来发现新知识，而新知识又会成为现有知识库的一部分，如此循环往复，社会生产效率得以提高。在该模型的基础之上，加拿大多伦多大学 Ajay Agrawal 教授、皇后大学 John McHale 教授和美国佐治亚理工学院 Alexander Oettl 教授构建了一个“基于组合的知识生产函数”（Combinatorial-based Knowledge Production Function）模型。该模型假设，现有的存量知识决定了所有潜在的知识组合，而新知识往往是在潜在的知识组合中进行探索和识别得以发现的。在这一过程中，机器学习、人工智能等数字技术帮助研发人员以更加高效的方式探索和识别潜在的知识组合，从而提高了新知识的发现率，进而提升全社会的生产效率，促进经济增长。

在基于组合的知识生产函数中，Ajay Agrawal 等认为，创新是将现有知识结合起来产生新知识的结果，并做出如下假设：每名研发人员拥有 A^{ϕ}（$0 < \phi < 1$）单位的知识量，在其创新过程中，可以同时组合 a（$2 < a < A^{\phi}$）单位的现有知识（当 $a = 0$ 或1时，不是真正意义上的“组合”）。因此，每名研发人员所能产生的潜在知识组合数量 Z_i 为：

$$Z_i = \sum_{a=2}^{A^{\phi}} \binom{A^{\phi}}{a} = \sum_{a=0}^{A^{\phi}} \binom{A^{\phi}}{a} - C_{A^{\phi}}^{0} - C_{A^{\phi}}^{1} = 2^{A^{\phi}} - A^{\phi} - 1 \approx 2^{A^{\phi}} \tag{5-11}$$

上式①说明，潜在的知识组合数量随着每名研发人员对知识的获取而呈现指数增长。

① $\sum_{a=0}^{A^{\phi}} \binom{A^{\phi}}{a} = \sum_{a=0}^{A^{\phi}} C_{A^{\phi}}^{a} = 2^{A^{\phi}}$。

接下来，思考如何将潜在的知识组合映射到新知识的产生。Ajay Agrawal 等假设，很大一部分的潜在组合将不会产生能够带动技术进步或经济增长的“有用新知识”（Useful New Knowledge），并且即使有些组合能够产生有用的知识，但它们都已经被发现，即已经被包含在知识存量 A 当中。同时假设，潜在的知识组合和“有用新知识”之间的转化关系形如下面的常数弹性函数（Constant Elasticity Function）：

$$\dot{A}_i=\beta\left(\frac{Z_i^{\theta}-1}{\theta}\right)=\begin{cases}\beta\left(\dfrac{(2^{A^{\phi}})^{\theta}-1}{\theta}\right) & 0<\theta\leqslant 1\\ \beta\ln Z_i=\beta\ln(2^{A^{\phi}})=\beta\ln(2)\,A^{\phi} & \theta=0\end{cases} \tag{5-12}$$

其中，$\dot{A}_i$ 表示每名研发人员通过潜在的知识组合所生产的未被前人发现的“有用新知识”，参数 $\beta>0$，$0\leqslant\theta\leqslant 1$。当 $\theta=0$ 时，$\dot{A}_i$ 的简化过程运用了洛必达法则（L’Hospital Rule）。

根据式 5-12，我们可知，“有用新知识”$\dot{A}_i$ 的发现对于潜在组合 Z_i 的弹性为：

$$\frac{\partial\dot{A}_i}{\partial Z_i}\frac{Z_i}{\dot{A}_i}=\begin{cases}\dfrac{\beta Z_i^{\theta}}{\beta[(Z_i^{\theta}-1)/\theta]}=\left(\dfrac{Z_i^{\theta}}{Z_i^{\theta}-1}\right)\theta & 0<\theta\leqslant 1\\ \dfrac{\beta}{Z_i}\dfrac{Z_i}{\beta\ln Z_i}=\dfrac{1}{\ln Z_i} & \theta=0\end{cases} \tag{5-13}$$

由此可知，当 Z_i 趋于无穷大时，弹性系数趋于 θ。Ajay Agrawal 等把 θ 称为“阻碍系数”（Fishing-Out Parameter）或者“复杂度系数”（Complexity Parameter）。它表示，当存在大量的潜在知识组合时，寻找能够产生“有用新知识”的组合的难度。θ 越大，寻找难度越小。

在数字时代背景下，大数据、人工智能和机器学习等数字技术帮助研发人员更好地预测、探索、识别和发现能够产生“有用新知识”的潜在知识组合，即意味着数字技术提高了 θ 值，降低了“有用新知识”的寻找难度。

与罗默-琼斯知识生产函数一样的是，基于组合的知识生产函数用 L_A^{λ}（$0\leqslant\lambda\leqslant 1$）代表研发人员的“实际数量”，则新知识可以表示为：

$$\dot{A}=\beta L_A^{\lambda}\left(\frac{(2^{A^{\phi}})^{\theta}-1}{\theta}\right)=\begin{cases}\beta L_A^{\lambda}\left(\dfrac{(2^{A^{\phi}})^{\theta}-1}{\theta}\right) & 0<\theta\leqslant 1\\ \beta\ln(2)\,L_A^{\lambda}A^{\phi} & \theta=0\end{cases} \tag{5-14}$$

在等式两边同除以知识存量 A，则知识存量增长率为：

$$\frac{\dot{A}}{A}=\begin{cases}\dfrac{\beta L_A^{\lambda}}{A}\left(\dfrac{(2^{A^{\phi}})^{\theta}-1}{\theta}\right) & 0<\theta\leqslant 1\\ \beta\ln(2)\dfrac{L_A^{\lambda}}{A^{1-\phi}} & \theta=0\end{cases} \tag{5-15}$$

其中，当 $\theta=0$ 时，知识存量的稳态增长率与式 5-9 一致：

$$g_A = \frac{\dot{A}}{A} = \frac{\lambda}{1-\phi}\frac{\dot{L}_A}{L_A} \quad (0 < \phi < 1, \ 0 \leqslant \lambda \leqslant 1) \tag{5-16}$$

当 $0 < \theta \leqslant 1$ 时，知识存量增长率对知识存量 A 的偏导数为：

$$\frac{\partial(\dot{A}/A)}{\partial A} = \frac{\beta L_A^{\lambda}}{\theta A^2}[1 + (2^{A^{\phi}})^{\theta}(\phi\theta\ln(2)A^{\phi} - 1)] \tag{5-17}$$

该偏导数符号取决于项 $\phi\theta\ln(2)A^{\phi} - 1$ 的符号。当 A 足够大时，该项为正数，偏导数也为正数。这意味着，随着时间的推移，知识存量 A 不断增大，一旦其超过某个阈值，知识存量增长率将会开始无限上升。

另外，Ajay Agrawal 等人构建了一个拓展模型——由团队生产的基于组合的知识生产函数模型。假设每个研发团队有 m 个成员，每个成员的知识量 A^{ϕ}，且每个成员之间知识没有重叠，则每个团队的总知识量为 mA^{ϕ}。此时，创新是团队结合已有知识产生新知识的结果。对于拥有 m 个成员的团队 j，其潜在的知识组合总数为：

$$\begin{aligned} Z_j &= \sum_{a=2}^{mA^{\phi}} \binom{mA^{\phi}}{a} = \sum_{a=0}^{mA^{\phi}} \binom{mA^{\phi}}{a} - C_{mA^{\phi}}^{0} - C_{mA^{\phi}}^{1} \\ &= 2^{mA^{\phi}} - mA^{\phi} - 1 \approx 2^{mA^{\phi}} \end{aligned} \tag{5-18}$$

由于其分析过程和研究结论与基准模型高度一致，这里不再赘述。

综上，罗默-琼斯知识生产函数与基于组合的知识生产函数在知识存量增长率的影响路径方面存在明显的不同点，如图 5-4 所示。

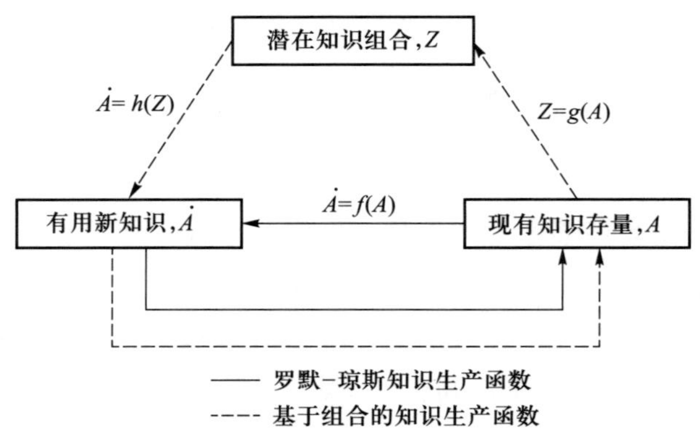

图 5-4 基于组合的知识生产函数

资料来源：Ajay Agrawal 等（2018）。

在罗默-琼斯知识生产函数中，有用新知识 $\dot{A}$ 是研发人员直接基于现有的知识存量 A 而生产的，同时有用新知识 $\dot{A}$ 又成为知识存量 A 的一部分；在基于组合的知识生产函数中，研发人员先是将存量知识进行组合，得到潜在知识组合的集合 Z，然后利用大数据、人工智能等数字技术对其进行预测和识别，从而得到有用新知识 $\dot{A}$。相比于前者，后者更加突出了数字技术对社会生产效率的重要影响。

（二）潜在的负面影响

数字技术对社会生产效率的提高作用并不是绝对的。从长期来看，数字经济的网络效应强化了企业“赢者通吃”的地位，从而导致了生产和资本的集中，进而可能形成垄断，而垄断将会抑制经济数字化转型中创新效应和福利效应的充分发挥。

从对创新效应的影响来看，数字经济背景下的垄断企业通过串谋、收购潜在竞争对手等方式，不但限制了竞争，而且抑制了其他企业的创新，最终造成该行业生产效率低下。

从对福利效应的影响来看，行业垄断使得个人数据信息日益向少数平台和企业集中，给消费者隐私带来隐患，如脸书、油管等平台屡屡被曝出用户数据泄露等丑闻。此外，许多垄断企业和平台通过捆绑销售、提高平台提成、拒绝应用程序上架、软件更新降速等方式直接或间接减少了消费者福利。

联合国发布的《数字经济报告（2021）》显示，2020 年后，美国凭借核心技术等优势拥有全球最多的超级互联网平台，在全球呈现出跨国平台垄断一家独大的状况。例如，谷歌拥有接近 90%的互联网搜索市场；脸书占据了全球 2/3 的社交媒体市场，是全球 90%以上经济体排名第一的社交媒体平台；亚马逊在全球在线零售活动中占有近 50%的份额。美国的跨国垄断平台不但具有超大的市场规模优势、资本实力、创新能力，而且背靠美国国家实力优势，在企业并购、标准协议与技术规范设定等方面具有显著优势地位，阻碍其他发展中国家创新企业平等、公平参与国际市场竞争。

由上述可知，数字技术不仅对社会生产效率有正面的影响，而且可能存在潜在的负面影响。为了探究其中的影响机制，接下来，我们将共同学习 Philippe Aghion 等学者所提出的“具有企业异质性的创新驱动增长模型”。

Philippe Aghion 等学者在前人研究的基础上归纳总结了过去 30 年美国经济增长的三大特征：一是长期缓慢的经济增长曾有过一个短暂的爆发期；二是行业集中度上升，行业的大部分市场份额由少数企业占有；三是低劳动收入占比的企业所占有的市场份额增大。为了将这些现象联系起来并给出合理解释，Aghion 等学者构建了具有企业异质性的创新驱动增长模型。

在该模型中，企业异质性主要包括两个来源：产品质量（Product Quality）和流程效率（Process Efficiency）。企业产品在质量上的差异自然无须赘述。流程效率包括企业的生产、运作和管理等方面的效率。随着数字技术广泛应用和发展，为了抢占更大市场份额并取得更多利润，流程效率更高的大型企业（劳动收入份额占比较低）不断在生产线上进行创新和扩张，这将给社会经济和生产效率带来短暂的激增。与此同时，那些流程效率相对较低的中小型企业在相同的市场中将不再有竞争力可言。

例如，沃尔玛和亚马逊之类流程效率较高的大型跨国零售企业已经建立起完善且成功的商业模式、物流配送系统和供应链管理模式，这显然是其他普通竞争对手企业难以复制和模仿的。因此，随着数字技术的发展，流程效率低的中小企业越来越难以在市场中立足，其市场份额逐渐下降，企业利润逐渐降低，进而企业研发和创新投入逐渐减少。长此以往，不同企业之间的发展差距越来越大，社会创新活力不断衰退，这将对社会生产效率和经济增长产生负面影响。

上述几项研究为我们研究数字技术对于社会生产效率的正反两方面影响提供了有益借鉴。目前，我们可以基本断定，数字技术能够在总体上显著提高社会生产效率，虽然也存在一定的负面作用。在未来，我们需要不断更新经济测量指标、研究方法和分析工具，并且需要通过更普遍的研究样本和更长的时间跨度来探究数字技术和社会生产效率的内在关系。

第三节 数字技术与创新

一、数字经济中的创新实现

纵观人类发展历程，创新始终贯穿于人类的发展进程中，每一次人类文明的变革背后都有创新的推动，创新无疑是经济发展和社会进步的根本动力。

人们对创新概念的理解最早主要是基于技术的角度，往往将创新和技术进步联系在一起。事实上，在经济学发展的早期，创新并没有真正纳入经济学的研究框架，经济学家更加偏向于从资本和劳动视角关注经济增长，而忽视了经济增长的内在动力，没有关注技术进步与经济增长间的相互作用。

20 世纪初，约瑟夫·熊彼特（1912）第一次真正地将创新引入经济学研究中，他的目标是解释创新在经济增长中的作用以及系统的周期性，提出创新是指把一种新的生产要素和生产条件的“新结合”引入生产体系中去，以实现对生产要素或生产条件的“新组合”，强调了经济发展之所以表现出动态性和不均衡性的根源是创新。表 5-3 所示为熊彼特提出的创新的五种情况。

表 5-3 熊彼特提出的创新的五种情况

创新类型	内容
产品创新	采用一种新的产品——消费者还不熟悉的产品，或一种产品的一种新的特性
技术创新	采用一种新的生产方法，也就是在有关的制造部门中尚未通过经验检定的方法，这种新的方法并不需要建立在科学上新的发现的基础之上，并且可以存在于商业上处理一种产品的新的方式之中
市场创新	开辟一个新的市场，也就是有关国家的某一制造部门以前不曾进入的市场，不管这个市场以前是否存在过
资源配置创新	掠取或控制原材料或半制成品的一种新的供应来源，也不问这种来源是已经存在的，还是第一次创造出来的
组织创新	造成一种垄断地位——或打破一种垄断地位

由于当时经济发展水平限制，熊彼特的理论在很长一段时间内曲高和寡。20 世纪 50—60 年代，随着信息革命的开始和深化，创新在经济发展中的重要推动作用被逐步印证，熊彼特的创新理论被重新予以重视并得到不断完善发展。

随着经济发展，技术发展复杂性和参与主体多样性的增强，创新理论不断与其他元素融合，从而包含了技术创新、制度创新、管理创新、观念创新、市场创新、产品创新等诸多内容。而创新本身也从技术变化的单元和单个企业的活动，发展为经济、科技、政治和社会行为的综合，融入整个社会体系的发展中。

如今距熊彼特提出创新理论已有百余年的时间，有众多学者对创新问题进行了大量研究，形成了许多有特色的理论，由于研究的出发点和侧重点存在着不同程度的差异，各专家学者的结论莫衷一是。

基于科技创新与经济结构两者之间的互动关系，有经济学家提出“技术-经济新范式”的概念，认为在通用技术获得关键性突破后，相互关联的技术族群会大规模涌现，以革命性的速度产业化、商业化，并大规模向各个产业渗透扩散，引发生产方式、组织模式、商业模式等一系列变化，并最终导致整个社会-制度结构的变迁。针对此，经济学家卡萝塔·佩蕾丝在《技术革命与金融资本》（2007）一书中指出，每一次大的技术革命都形成了与其相适应的技术-经济范式，而人类历史上共出现五次技术革命，相应伴随着五种技术-经济范式，分别是工业革命及其带来的早期机械化范式、蒸汽动力革命及其带来的蒸汽动力和铁路范式、电力革命及其带来的电气和重型工程范式、石油革命及其带来的福特制大规模生产范式、信息革命及其带来的数字经济范式。

在技术进步的背景下，生产方式及其所对应的附属技术和系统都会发生相应的变化，进而扩散到其他领域，引发经济增长方式与制度变迁，进而重塑社会形态。

我们现在正处于数字经济范式阶段，而以“大智移云物区”等数字技术为代表的通用目的技术的突破，将数字经济范式带入新的发展高度：网络效应和范围经济打破了规模不经济（理论上，企业可以将规模调整到长期平均成本最低点以实现规模经济，但是由于受到企业资产存量和内部交易成本等因素的限制，企业的平均生产成本呈现出先降后升的特点，这也意味着工业时代的企业规模无法无限扩大），小批量、个性化、灵活的弹性生产模式正在颠覆大规模、标准化生产模式，大大小小的企业越来越依赖现代信息网络，在技术、质量控制、培训、投资和生产规划等方面密切合作，产生了“大平台+小企业”这一新的组织形式，引发了创新和市场潜力的全面扩张，为经济发展带来了新的机遇。

发展数字经济被认为是解决环境与资源约束、经济产业结构转型升级等问题的有效途径。作为科技创新、制度创新等要素协同对传统经济形态“创造性破坏”的产物，数字经济发展的关键在于持续创新，创新引领和驱动着数字经济的发展。在创新驱动发展成为全球性主题与数字时代叠加的背景下，各国均把创新作为经济发展的重要战略，如中国正积极推动经济发展模式由要素驱动和投资驱动向创新驱动的转变。

从全球范围看，数字经济是创新活动的集聚地和主战场，新一代通用目的技术对社会经济的全方位渗透在不断拓展商业、产业、企业活动的边界，催生了多领域创新浪潮。创新浪潮的不断迭代也在孕育全新的商业模式和经济活动，产生了很多新模式、新业态，如平台经济、共享经济、算法经济、服务经济、协同经济等。

回顾历次经济社会的重大变革，不可否认技术创新对经济社会发展的影响，而身处数字经济中，同样不能忽视与技术创新密切相关的模式创新对经济社会发展的影响。以下将数字经济中的创新过程分为技术创新和模式创新两部分进行介绍。

（一）技术创新

技术创新是指生产技术的创新，包括开发新技术或者将已有的技术进行应用创新。

半导体、计算机、通信、软件、互联网、大数据、生物技术等产业作为数字经济领域的典型代表，无一例外都是依靠重大技术创新和突破取得的快速发展。而大数据、人工智能、移动互联网、云计算、物联网、区块链等领域的技术创新与竞争布局已经成为数字经济创新赛道的必争之地。

数字经济的技术创新有以下特征：

一是基础性研究与核心技术备受重视。随着数字经济时代的到来，通用目的技术成为整个社会数字化转型升级的重要驱动力，不仅仅是国家层面（中国、美国、欧盟、日本等在内的国家和地区），企业方面（一些跨国公司如谷歌、三星、华为等）也在加大科技自主创新力度，加大对基础前沿领域的投入和探索，力求在源头上实现根本性突破，抢抓新兴科技制高点，避免“卡脖子”现象。

二是多领域交叉、多方面突破。科学技术的诸多领域在交叉汇聚过程中，呈现出多源爆发、交汇叠加的“浪涌”现象。如人工智能应用于并促进着新药研制、病理病因分析、生命过程解析等发展，同时，脑科学、脑机接口与类脑智能等又促进着弱人工智能迈向通用人工智能。

三是应用的导向作用显著。面向实际应用、开发全新市场的场景式研发与创新正有力地促进着多领域技术组合，进而对科学研究形成逆向牵引。抖音于 2016 年 9 月上线，聚焦音乐短视频社交分享场景，仅用一年多时间就成为行业内现象级的短视频应用，海外版 TikTok 覆盖全球 150 多个国家和地区，全球下载量突破 20 亿次，月活跃用户超 5 亿。抖音的成功离不开背后人工智能技术的突破，如现象级功能尬舞机通过深度学习、人体关键点检测等技术把体感游戏搬到了手机上，降低了用户玩跳舞游戏的门槛，上线不到 20 小时即实现 App Store 登顶。Facebook 曾模仿 TikTok，推出相似的社交产品，但均以失败告终。这是中国互联网企业第一次通过原始创新实现全球领先的应用，其成功得益于人工智能技术与短视频社交场景的深度融合，表现出了中国互联网企业对未来场景的洞见力表征。

（二）模式创新

模式创新往往伴随着底层技术的发展，而优秀的模式反过来会推动技术、产品的创新。数字经济下的创新模式呈现多主体、多样性的特征，有从个人通信到个人计算，再到个人设计、个人制造的用户创新（User Innovation），也有从内部创新资源开发到外部资源整合，再到创新生态系统营造的开放创新（Open Innovation），还有从信息共享、沟通、交流到共同行动、共同创造，从协商到协作的协同创新（Co-innovation）。下面主要从以企业为创新主体的商业模式创新和以政府为创新主体的监管模式创新两方面展开阐述。

1. 商业模式创新

商业模式创新相对于技术创新更加抽象，可以认为商业模式创新是通过改变企业价值创造基本逻辑来提升顾客价值和企业竞争力的活动。

随着数字经济时代的来临，互联网等新一代信息技术逐渐改变了原有的商业竞争环境和经济规则，打破了时间、空间的限制，很大程度上信息壁垒被消除了，市场竞争环境、用户消费习惯、用户群体等方面发生了变化，数据成为企业的重要资产，大量的有别于传统企业的新型商业实践产生，电子商务、O2O（Online-to-Offline）、P2P（Peer-to-Peer）、直播、众包、众筹等新模式层出不穷，并在各细分领域延伸，总体呈现出规模经济、范围经济和长尾效应等诸多特征。

商业模式创新可以认为是把新的商业模式引入社会的生产体系，新引入的商业模式，既可能在构成要素方面不同于已有商业模式，也可能在要素间关系或者动力机制方面不同于已有商业模式（见图5-5）。

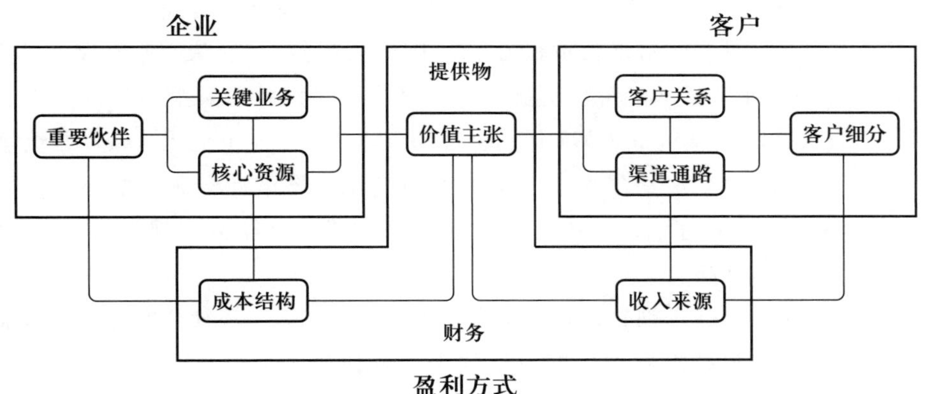

图5-5　商业模式要素框架

资料来源：整理自网络资源。

搜索引擎公司谷歌将客户细分为广告主、网民、内容创作者，分别对应的价值主张是在全球网络提供定向广告、提供免费搜索服务、将内容（流量）货币化，其收入来源是广告商客户竞标广告关键字，并用收入免费补贴网民和内容创作者以通过网络效应获取更多用户；谷歌的核心资源是搜索平台（作为技术巨头，其核心资源还包括专利和一般知识产权），支撑着建设和维护搜索基础设施、管理服务客户细分群体、推广产品等关键业务——这是典型的多边平台型商业模式创新。而全球领先的一站式移动出行平台滴滴出行，以公司平台技术、政府、顾客支持和熟练的驾驶员为核心资源，将客户细分为需要打车的人和有车愿意增加收入的人，通过网站、平台软件等渠道将客户连接起来，收取平台服务费用和流量广告费用。特斯拉、苹果、百度、腾讯等的商业模式创新点大多可以按照图 5-5 的框架进行说明。

无论是在电子商务领域的亚马逊、阿里巴巴旗下的淘宝和天猫，第三方支付领域的贝宝、支付宝，还是搜索引擎领域的谷歌、百度，网络社交领域的脸书、腾讯等，其核心资源都包括技术创新以及各种类型的平台。当然，各式各样的新兴商业模式中，平台型商业模式也被认为是当前数字经济时代最为经典也是最强有力的商业模式。

平台型商业模式不直接给用户提供产品和服务，而是依托大数据、云计算和物联网等技术搭建一个信息互动的数字平台，让用户之间互相提供服务，同时巧妙地从中盈利，达到多方利益共同体可以实现互利共赢的结果。由众多平台企业、参与者组成的平台经济在经济社会发展全局中的地位和作用日益凸显，平台经济的外部性、集群效应、竞争问题等是经济学研究的重要问题。

技术创新可以改善生产工艺，减少资源消耗、能源消耗和人工耗费，提高效率，甚至带来全新的产品。那么，数字经济下的商业模式创新，会为经济社会带来什么样的影响呢？

以腾讯（Tencent）旗下的微信为例，微信是一个集社交平台、公共平台、开放平台、电商平台、游戏平台等于一体的综合性平台。截至 2020 年 12 月，微信及 WeChat 的合计月活跃账户数已超过 12 亿，其无疑是成功的新商业模式实践者。同时，微信也在不断为中国社会发展与经济增长贡献力量。中国信息通信研究院产业与规划研究所发布的《创新生态共同体 助力经济新动能——2017 微信经济社会影响力研究》报告指出 2017 年微信直接带动信息消费 2 097 亿元，拉动流量消费 1 911 亿元，带动社会就业规模达 2 030 万人。2020 年，清华大学全球产业研究院、腾讯社会研究中心共同发布的《码上经济影响力报告》显示，2019 年，微信催生的“码上经济”规模超过 8.58 万亿元，带动码上经济就业机会 2 601 万个。

无论是何种类型的技术创新，只要应用得当，都会成为经济社会发展的积极驱动因素。镇坪县是国家连片扶贫开发区的典型代表，全县辖 7 个镇、58 个行政村、4 个社区，共有各类残疾人 4 904 人。该县针对重度肢体残疾人外出不便、就业不易的实际状况，将微信朋友圈中的“微帮”“微商”理念引入残疾人创业中，助力残疾人增收致富。“微信创业”是以“县名+微帮+序号”作为微信号昵称，搭建个人微信平台；通过微信查找等渠道，专门添加该县微信用户，并在微信群、朋友圈中免费推送如房屋出租、招聘求职等便民信息，获得微信好友的信任和肯定后，由微信好友进行推荐，获得当地更多企业及广告商关注，并赚取相应的推广费用。在“微信创业”的帮助下，该县残疾人收入水平明显提高，生活质量也得到显著改善。

2. 监管模式创新

传统经济学理论认为，市场机制在资源配置过程中存在市场失灵，为矫正垄断行为、克服信息不对称、减少负外部性与扩大公共物品供给，促使经济社会平稳发展，政府需要进行监管干预。

数字经济创新的发展给个人和企业提供诸多便利的同时，也给社会发展带来了挑战，以云计算、大数据和人工智能等为代表的新一代信息技术的加速渗透和融合孕育出的一大批以平台化运营为主要组织架构、以跨界融合为主要形态、以数据为关键生产要素、以免费补贴等为竞争策略的新模式、新业态对现行政府监管带来了用户隐私保护、数据安全、网络空间安全等诸多新的挑战，对传统监管模式产生冲击，迫切要求政府在社会事务管理、政府监管治理等方面进行同步甚至超前的规划和创新，构建包括技术、经济、行政等多种手段的综合性监管体系。

对于数字经济背景下的监管模式创新总结如下：

一是监管模式创新需适应新一轮科技革命和产业变革趋势，充分发挥新科技在市场监管中的作用。如运用大数据等推动监管创新，依托互联网、大数据技术，打造市场监管大数据平台，推动“互联网+监管”的智慧监管模式，充分利用数据等资源，提高市场监管智能化水平。针对平台模式因其算法权力、数据集中的特征易产生的平台垄断现象（包括算法歧视、强迫经营者二选一、大数据杀熟、侵犯和泄露消费者隐私等一系列行为），有学者提出利用区块链分布式记账、去中心化、不可篡改等特征，以区块链技术和思维方式推动监管模式创新，建立平台自我治理和法律外部监管二元互动的新模式，消除平台经济垄断根源。

二是创造性地建立相关法律法规。数字时代一切皆可数字化，随着以5G为代表的新一代信息技术加速融入经济社会民生，一个与传统现实世界映射共生的数字世界正逐渐形成，对建立在物理层面的法律体系带来极大的挑战。数字时代的各种法律在数字经济真正成熟乃至之后的很长一段时间内都会面临这种挑战。不仅需要新的法律法规作为保障新模式、新业态健康有序发展的底线，还应确保立法、执法、司法等相关环节不会扼制创新创造的活力。目前各经济体针对数字经济反垄断、反不正当竞争、个人信息、网络安全、知识产权保护等的法律法规进行了调整变革。

欧盟于2018年生效并实施的《关于自然人个人数据处理和数据自由流动的保护条例》（《通用数据保护条例》，简称GDPR），被认为是最严格的个人数据和隐私保护条例。GDPR生效以来，在法国SERGIC数据泄露事件、葡萄牙Barreiro医院过度访问患者档案、瑞典学校使用人脸识别技术缺乏合法性基础等案例中得到应用，监管机构、数据主体、数据控制者对数据保护的重视程度不断提升。

三是构建多元共治，跨行业、跨部门的监管体系。数字经济市场更加复杂多变，传统的监管模式在数字经济动态创新的背景下日益显现出缺陷。实行多元共治，跨行业、跨部门的监管体系，既可以通过资源共享与合作提高监管效率，还可以降低监管成本。如美团打造的供各级市场监管部门使用的云端软件智慧监管服务系统——政企通，依托该系统和美团直接触达平台上数百万商家及其大数据分析研判优势，可以为市场监管部门提供监管信息精准高效投放、风险监测排查、协同监管和行业数据分析等服务，大幅降低市场监管部门的资源投入，同时可为政府提供展示窗口，将投诉、处罚等信息公示于众，强化社会监督，促进社会共治。

二、数字经济发展如何促进其他部门创新

在新的经济范式下，新兴产业往往会超越传统产业逐渐成为产业体系中的主导产业，并通过产业关联、技术扩散等效应带动传统产业转型升级，从而使产业结构向更高水平升级。实践中，我们可以看到，数字经济几乎渗透到所有传统领域，每个行业都在互联网化、数字化、云化，展现出巨大的创新活力。

（一）第一产业：农业

数字经济被认为是农业现代化的助推器，数字经济下的农业向农业数字化方向演进——数字化信息、数据成为农业新的生产要素，人工智能、大数据等数字技术渗透参与到农产品生产和营销等环节中去。相较于传统农业中农民依靠过去积累的经验或手艺来进行农业决策和生产，农业数字化状况下，农民得到了更加科学的决策支持，农业的生产效率有所提高，农产品产销精准对接目标更利于实现。

一方面，农业生产创新性地与数字技术实现有效融合，在提高农业生产效率的同时，有助于达到合理利用农业资源、降低生产成本、改善生态环境、提高农作物产量和质量的目标。如美国 Blue River Technologies 将人工智能识别技术与智能机器人技术相结合生产的 Lettuce Bot 农业智能机器人可以在耕作过程中为沿途经过的植株拍摄照片，利用计算机图像识别和机器学习技术判断是否为杂草，或识别长势不好/间距不合适的作物，从而精准喷洒农药杀死杂草，或拔除长势不好或间距不合适的作物。据测算，Lettuce Bot 可以帮助农民减少 90%的农药化肥使用。而中国黑龙江省利用物联网技术开展水稻智能生产线改造试点，在水稻浸种催芽过程中对水温进行实时监测和精准调控，使出芽率提高 10%以上，亩产量增加 5%～10%。

另一方面，通过创新性地引入网络直播、VR 实景体验、平台电商等新模式，农产品宣传力度加大，农业销售渠道得到拓展，有利于实现农产品产销对接，促进农产品供需平衡、优化农业生产结构、提高农产品供给质量、增加农民收益。疫情期间，中国广东省农业农村厅依托一亩田微信数字化小程序搭建农业“保供稳价安心”平台，线上联动地方政府、产地和媒体共同直播，为农产品交易双方提供更多的生意机会；线下调配全国批发市场档口资源，确保“菜篮子”供给稳定，仅仅 50 余天，平台累计撮合农产品销售 400 万次，线下豆牛业务助农卖货 18 555 吨，切实解决了扶贫农畜牧产品滞销问题。

虽然数字经济下未来农业的新发展格局会成为更大的资源引力场，但是由于农业生产涉及的品类和品种繁多，生产过程漫长且复杂，不可控因素很多，加之农业资金、技术、人才等短板，农业领域的数字经济发展潜力仍未得到充分释放。

壹号食品是一家集育种研发、养殖生产、品牌零售于一体的大型食品企业，有生猪、生鲜鸡、鸡蛋等主打特色农产品。壹号食品借助中国的数字新基建，使用企业微信

等工具，建立并打通了从内部办公协同、ERP工作流、采购应付到种猪管理、商品猪管理、营销管理、数据分析的数字化管理系统。2012年，壹号土猪的加盟商档口已经有300多个，年销售额达2亿元，营销端每天要处理大量的对账工作，很容易因为错记、漏记，导致加盟商和品牌的数据不一致而发生纠纷。

现在，壹号土猪每个档口都可以直接在系统上填报需求量，并直接汇总到生产基地。基地每批次出栏的肉猪，都会在自动电子秤上称重，数据自动汇总入系统，最终到终端的档口后，系统每天自动计算账单，推送给加盟商确认，一切无误后，自动从加盟商账户划扣账款，不需要主动汇款。用手机打开企业微信的种猪管理系统，壹号食品的决策者们可以直接定位到每一头母猪当下的预产期，曾生过多少胎、多少头小猪，以及整体的指标趋势、母猪淘汰预警等。这套系统，可以指导决策者们根据市场动向调整产量，也可以指导一线饲养人员关注饲喂量、需重点照顾对象。

（二）第二产业：制造业

简单地说，制造业是把原材料加工制造生产成人们需要的产品的行业。数字经济时代来临之前，制造业以生产标准化为目标，将各种操作不断简单化、程序化，选取特定消费者的特定需求进行少品种、大批量的生产，并通过大规模生产提高标准化产品的劳动生产效率。而众所周知，制造业的研发、生产成本较高，一旦研发失败或者产品没有找准定位遭遇冷门，很可能遇到收不回成本的情况，因此制造业的行业整体利润水平不算高，其投资回报率一般也不会很高，对于人才、资金等的吸引力不是很强。

中国工程院等联合发布的《2021年中国制造强国发展指数报告》基于制造强国评价指标体系（制造强国发展指数由规模发展、质量效益、结构优化、持续发展共四个分项数值构成），结合世界银行、世界贸易组织等权威机构的最新统计数据，对美国、德国、日本、英国、法国、韩国、印度、巴西和中国进行了测算（见图5-6）。

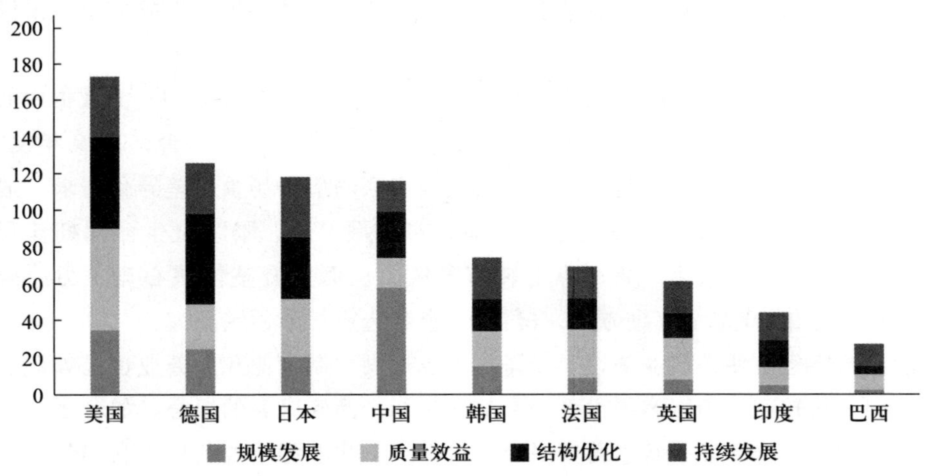

图5-6 2021年各国制造强国发展指数

资料来源：《2021年中国制造强国发展指数报告》。

质量效益、结构优化、持续发展这三项指标综合体现一国制造业的核心竞争力，是制造强国的主要标志，是发达国家与发展中国家的主要差距所在。通过图 5-6 可以看出，规模发展是中国制造强国进程发展的主要支撑力。从制造业核心竞争力来看，中国仍未迈入“制造强国第二阵营”，高质量转型发展之路任重道远。而数字经济为制造业转型升级提供了新机遇，工业互联网、智能制造、数字化转型在制造业结构优化、持续发展方面被寄予厚望。

首先，数字经济下信息技术的快速发展催生了制造业诸多先进的技术工具和管理手段，加上对海量数据资源的整合利用，制造部门可对生产过程进行精确控制，有利于降低生产成本、提升生产效率、提高资源配置效率并重塑生产方式。

西门子采用内存计算的先进计算模式引入 IBM 的 Watson 人工智能等技术构建的 MindSphere 平台利用传感器、移动通信、卫星传输等网络技术远程连接智能装备、智能产品，在云端汇聚海量设备、环境、历史数据，同时利用大数据、人工智能等技术及行业经验知识对设备运行状态与性能状况进行实时智能分析，进而以工业应用程序（App）的形式为生产与决策提供智能化服务，提高了生产资源的管理与运营效率。

其次，数字经济使得个性化、多品种与低成本、高效率不再矛盾，使得适应消费者对产品和工业设计个性化需求的大规模定制的生产模式有可能实现。一方面，数字技术打破了供应链上下游经营实体的时空限制，平台数字造型展示能让顾客看到设想的最终产品，还可通过互联网渠道、大数据分析平台实时收集并分析消费者的个性化需求与反馈，进行针对性的产品开发；另一方面，众包、众筹等新模式的产生，让市场上很多正在尝试将“定制权”交给用户的企业找到了如何让用户参与设计定制商品、如何通过预售提前锁定销量的新路径、新模式。

再次，以互联网为载体，通过采用物联网、大数据、云计算等数字技术，可以建立灵活有效、互惠互利的动态企业联盟，有效实现企业间的协同和各种资源的共享与集成，提高企业的市场快速反应和竞争能力，从而高速度、高质量、低成本地为市场提供所需的产品和服务。

腾讯 WeMake 是腾讯云面向工业行业，整合云产品、优图工业 AI、大数据中心、物联网中心、微瓴、企业微信、企点等多个内部产品的工业互联网平台，2019 年发布后，面对不同细分领域企业的行业特点，以及对工业互联网应用场景的差异化需求，通过输出跨平台、跨领域解决方案，覆盖企业“研、产、供、销、服”全生命周期流程，推动企业实现低成本、高效率、高可靠的转型升级，从而提升整体核心竞争力。截至目前，该平台已孵化 20 多个解决方案，覆盖 11 个制造业细分领域。

最后，数字经济使得产业的边界变得越来越模糊，制造业和服务业也是如此。制造业普遍向服务化转型，为顾客提供更加完整的包括产品和服务的组合。如玲珑轮胎与腾讯云、华制智能联合开发了智慧营销平台，打造线上线下相结合的玲珑新零售，以全方位“服务车”“服务消费者”为出发点，从单一的轮胎销售扩展到“轮胎与非轮胎结合”“轮胎、非轮胎商品与服务结合”，实现公司-经销商-门店的全面转型，由单一的轮胎销售转变为整车全方位服务。自 2020 年 3 月以来，该平台覆盖玲珑轮胎全国 300 家核心经销商，加盟门店达到 15 000 家，销量增速超过 50%。

（三）第三产业：服务业

服务业包括批发和零售贸易以及餐饮和酒店服务，运输、储存和通信服务，金融、保险、房地产和商业服务，以及社区、社会及个人服务等。

配第-克拉克定理（William Petty，1672；Colin G. Clark，1940）描述了随着经济发展和人均国民收入水平的提高，劳动力首先由第一产业向第二产业转移，然后再向第三产业（广义的服务业）转移的演进趋势。该定理不仅可以从一个国家经济发展的时间序列中得到印证，还可以从处于不同发展水平的国家在同一时点上的横断面比较中得到印证。

从全球生产总值来看，随着社会发展，在各国经济组成中，服务业占世界经济总量的比重已经达 70%，在部分发达经济体的比重更是接近 80%，服务业已经成为全球经济增长的重要领域。而一些国家的发展路径却表明，当其服务业比重达到 GDP 一半后，经济开始呈“喇叭口”增长——服务业在经济中的比重不断升高，呈现上行趋势；经济增长速度却呈现下降趋势，速度持续下行。这种速度下行难以避免，但是数字经济却被认为可以缓解这种趋势甚至创造新的增长点。

人们普遍认为，随着一些国家工业化的完成，服务业进入加速发展阶段，其增加值占 GDP 的比重不断提高。虽然服务业劳动生产率也有增长并处在较高水平（见图 5-7），但是服务业劳动生产率的增速仍较为缓慢（见图 5-8），也就成为这些国家经

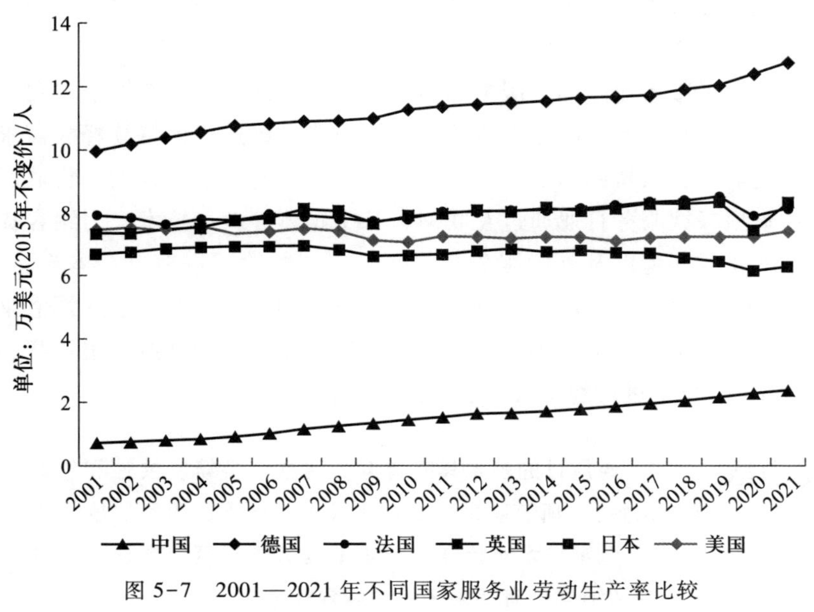

图 5-7　2001—2021 年不同国家服务业劳动生产率比较

资料来源：WDI 数据库。

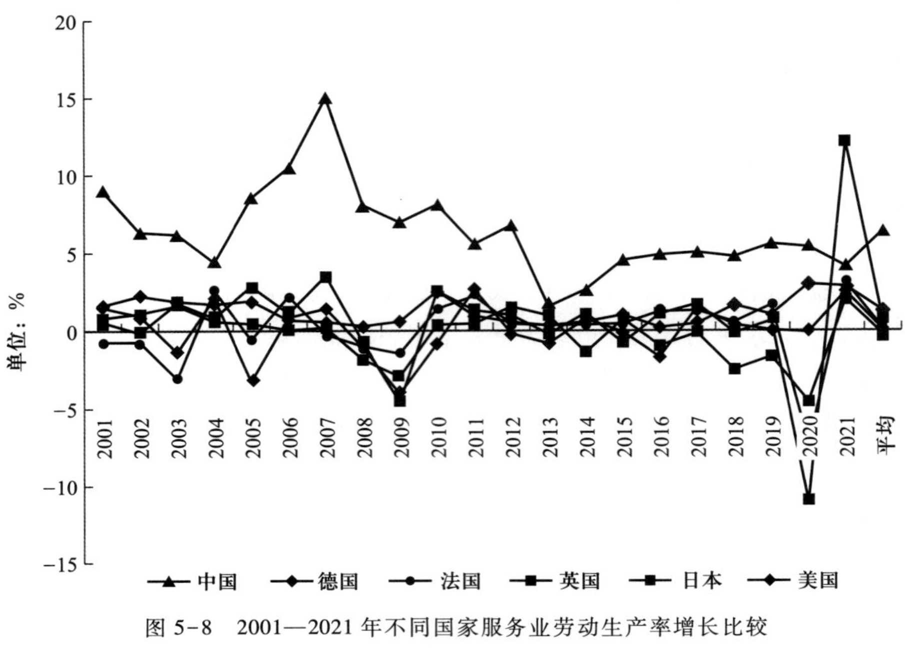

图 5-8 2001—2021 年不同国家服务业劳动生产率增长比较

资料来源：WDI 数据库。

济增速放缓的重要原因。而人工智能、区块链、大数据等数字技术的发展和服务业对其基于场景创新性的运用，可以极大提高服务业的劳动效率。在医学影像领域，以医学影像存档与通信系统（Physics and Astronomy Classification Scheme，PACS）数据为依托，通过“大数据+AI”技术方案构建辅助诊疗应用，对影像医学数据进行建模分析，为医生对病情、病灶的分析提供决策支撑，能够很好地解决该领域供给严重不平衡的问题，同时提高准确度与效率。

数字经济加快了服务业产品、服务和商业模式创新的速度，有助于消费者不断尝试新产品、新服务，提高消费者的服务体验，加速消费升级迭代，持续释放需求动力。如企业可利用智能语音客服帮助消费者实现订餐、排号、基本信息查询、售后服务、初级投诉等功能；新型餐饮服务行业通过互联网、社交媒体等新兴技术，为顾客提供个性化的食材、定制的就餐环境以及外卖服务，改变了传统餐饮固定地点、体验趋同的弊端，通过小程序/App 点餐并以此为基础形成在线社群已经成为麦当劳等快餐企业的新增长点；部分景区、博物馆、展览馆等场所支持互动娱乐设施、全息博物馆和智能导览等建设，利用 VR/AR 等技术进行线上展览、景点宣传推广等工作。

本章小结

1. 通用目的技术具有普遍适用性、持续发展性和创新补充性（技术外溢性），所有基础性的数字技术都属于通用目的技术的范畴。

2. 数字技术对社会生产效率具有正反两个方向的影响，其具体影响机制和结果仍有待未来的持续深化研究。

3. 数字经济的创新通过技术和模式两个方面来实现，并随后渗透到所有传统领域，推动了三次产业的创新。

思考题

1. 通用目的技术具有怎样的特点？数字技术为什么是一种通用目的技术？

2. 关于“生产率悖论”的形成原因的四种主流观点是什么？简要描述在基于组合的知识生产函数模型中，数字技术所发挥的作用。

3. 日常生活中有哪些与数字经济相关的创新（可以从数字技术、商业模式角度思考）？它们又会产生什么样的影响？

第六章

数字技术带来的新冲击

本章学习要点

1. 熟悉数字技术从出现到成熟的发展历程。
2. 了解对数字技术带来的各项冲击的经济学分析。
3. 识别数字技术带来的冲击对经济发展是有利的还是不利的。

数字技术与数字经济密不可分，对数字技术进行更加深入的分析有助于更好地理解数字经济。本书第三章和第四章深入探讨了数据生产要素对经济增长的影响机制，第六章将围绕数字技术对经济活动带来的新冲击展开分析。

现如今，数字技术对经济活动的渗透是多层次、多方面的，数字技术带来的新冲击，不仅仅体现在经济增长层面，而是涉及了经济活动的方方面面。

第一节　历史视角下的数字技术

18 世纪 60 年代开始，以瓦特改良蒸汽机为标志，人类社会的工业革命拉开帷幕，技术变革成为经济持续增长的重要动力。表 6-1 总结了过去三次工业革命的主要技术变革以及这些技术如何提升经济效率。技术变革带来经济增长的一个重要原因在于技术应用到经济活动中后，可以大幅度地提升经济活动的投入产出效率。

表 6-1　过去三次工业革命的主要技术变革和效率提升

分类	时间	主要技术变革	效率提升
第一次工业革命	18 世纪 60 年代—19 世纪 40 年代	蒸汽	单一生产与销售的协同
第二次工业革命	19 世纪 70 年代—20 世纪初	电力	经济各部门的分工与协同
第三次工业革命	20 世纪 40 年代—21 世纪初	信息技术、新能源技术等	全球各产业链的分工与协同

到了 21 世纪初，又有一批新的技术开始蓬勃发展，诸如大数据、人工智能、数字

孪生、量子通信等技术已经或正在潜移默化地冲击着经济的发展。有一种观点认为这些技术在一定程度上是过去信息技术的延伸。而另一种观点则认为这些技术已经形成了新的特点，人类的发展已经进入了第四次工业革命之中。不管哪一种观点，不可否认的是，当今社会的人们已经身处于人类历史上又一次的技术变革浪潮之中，如何去定义这些新技术、如何去看待这些新技术对经济社会的冲击是很有必要且必须去思考的问题。

在实践的过程中，数字技术逐渐成为了这类源自信息技术而又不局限于信息技术的一系列技术的统称。但是，当我们提到数字技术时，往往很难对其进行明确的边界界定，因为数字技术的范畴一直在随着数字技术本身的发展而不断拓展。抽象地讲，我们可以将数字技术定义为一系列与信息的计算、连接相关的技术，任何与信息技术（Information Technology，IT）、通信技术（Communication Technology，CT）和运营技术（Operation Technology，OT）相关的技术均可以被纳入数字技术的范畴之中。

回顾过去的经济学理论，早在20世纪初，熊彼特便在《经济发展理论》中创立了以“创新”为核心的经济发展理论，并以此为基础，开始论证技术变革对经济增长及社会发展的影响。在相关研究中，很多学者也意识到了技术变革引致的创新，有时候并不总是带来正面的冲击，而很可能是伴随着对传统市场的破坏。美国哈佛大学商学院克莱顿·克里斯滕森教授将创新的这种双面冲击称为“破坏式创新”。

技术变革的双面性在过去的工业革命中可以找到大量的案例：当我们看到蒸汽机、蒸汽汽车带来生产力的大幅度提升时，同样也不能忽略蒸汽动力驱动的机器对人工劳动带来的就业冲击；当我们看到发电机、内燃机的出现让机器的动力得到进一步发展的同时，也不能忽略这些新的机器在不断淘汰旧的机器，让大量传统行业走向消亡。在进入第三次工业革命后，有太多的巨头企业因为没有跟上技术的进步而在一夜之间丧失竞争力，比如数码相机崛起下的柯达、智能手机崛起下的诺基亚等。因此，数字技术对经济的冲击也需要从这种双面性的视角去看待。下面结合国家政策和技术层级，更全面地阐释数字技术。

一、国家政策文件中的数字技术

如果数字技术带来的变革和前面三次工业革命类似，那么之前大量有关工业革命的研究已经可以解答数字技术带来的影响，我们也就没有必要在本书中再专门探讨数字技术的新冲击。然而事实上，数字技术变革带来的影响要远大于之前的三次工业革命，其快速强劲的冲击往往可以在短短几年时间内影响到经济社会中的各行各业，并渗透到经济活动的几乎所有环节。面对数字技术这种快速强劲的冲击，我国基于不同类型的数字技术出台了很多政策文件。

表6-2大体总结了我国数字经济领域有关技术、创新的文件，可以发现数字技术贯穿于我国21世纪以来的政策文件中。21世纪初期的政策文件主要关注单独某一类数字技术的发展，诸如软件产业、互联网+、电子商务、大数据等词语。到了2017年数字经济被首次写入政府工作报告后，数字技术更多地开始以一种整体的形式出现。统计局在

2021 年专门发布《数字经济及其核心产业统计分类（2021）》，以在经济数据的统计上专门分离出数字经济。到 2022 年，国家对数字经济发展做出重大战略部署，发布了《“十四五”数字经济发展规划》，这是首部系统谋划我国数字经济发展的国家级专项规划。

表 6-2 进入 21 世纪以来中国关于数字技术的政策文件

文件时间	政策名称	数字技术相关的表述
2001 年 7 月	《关于促进我国国家空间信息基础设施建设和应用若干意见的通知》	空间信息基础设施
2002 年 9 月	《关于振兴软件产业行动纲要的通知》	软件产业
2005 年 3 月	《关于加快电子商务发展的若干意见》	电子商务
2006 年 4 月	《国务院关于同意建立全国文化信息资源共享工程部际联席会议制度的批复》	信息资源共享
2012 年 7 月	《“十二五”国家战略性新兴产业发展规划的通知》	云计算
2013 年 5 月	《关于加强和完善国家电子政务工程建设管理的意见》	电子政务、大数据
2014 年 3 月	2014 年《政府工作报告》	大数据首次写入政府工作报告
2015 年 7 月	《关于积极推进“互联网+”行动的指导意见》	互联网+
2016 年 5 月	《关于深化制造业与互联网融合发展的指导意见》	互联网
2016 年 11 月	《关于“十三五”国家战略性新兴产业发展规划的通知》	数字创意产业
2017 年 1 月	《工业和信息化部关于印发大数据产业发展规划（2016—2020 年）的通知》	大数据
2017 年 3 月	2017 年《政府工作报告》	数字经济首次写入政府工作报告
2019 年 3 月	2019 年《政府工作报告》	壮大数字经济
2020 年 3 月	《中小企业数字化赋能专项行动方案》	数字经济、产业数字化
2020 年 3 月	《关于构建更加完善的要素市场化配置体制机制的意见》	数据要素
2021 年 5 月	《数字经济及其核心产业统计分类（2021）》	数字经济
2022 年 1 月	《“十四五”数字经济发展规划》	数字经济发展规划

二、数字技术的两大层级

在分析数字技术的冲击前，有必要先对数字技术进行定义，系统地梳理数字技术的体系，而不能再以单独、零散的视角去对待数字技术。提及数字技术，人们往往会想到一系列与计算、连接等相关的技术，那么究竟如何更加有逻辑、有体系地理解这些技术呢？本书围绕不同数字技术在数据要素进入经济活动中所起到的作用，将所有的数字技术划分为了两个层级，如图 6-1 所示。

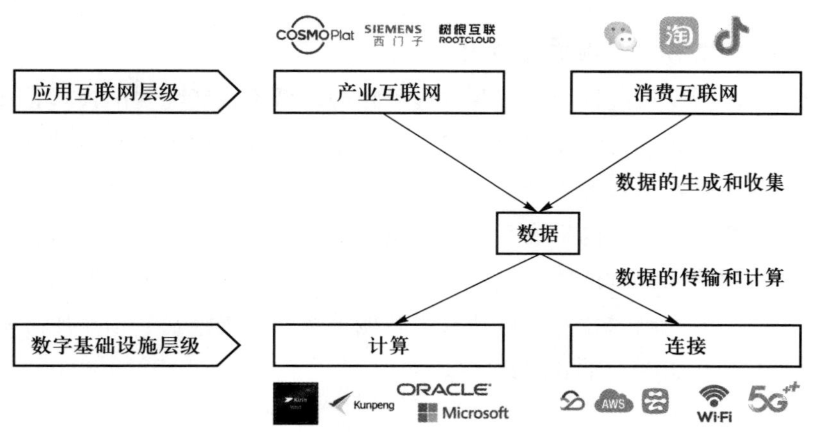

图 6-1 数字技术的两大层级

第一层级：应用互联网层级，包括消费互联网和产业互联网，主要涉及各类应用场景中数据的生成和收集。在消费活动中，大量消费互联网中的双边平台（Two-sided Platform）覆盖了日常消费的方方面面。比如，购买服装鞋帽可以在京东和淘宝等电商平台，订购外卖小吃可以在美团和饿了么等外卖平台，预订酒店旅馆可以在爱彼迎和携程等订票平台，打车出行则可以在滴滴出行平台。消费者不仅在这些双边平台上留下了个人属性的数据，而且留下了大量的点击数据（Click Stream Data）。收集这些数据，既需要借助于性能较高的硬件，比如智能手机、个人计算机等，也需要借助很多应用软件、应用 App。而在生产活动中，产业互联网或者工业互联网起到了类似的作用。工业互联网既能连接不同企业，进行生产信息的分享，也能连接到不同的机器上，促进生产的数字化。在这个过程中，更多的是借助数字化的生产机器及相关的工业软件所收集到的生产数据。

第二层级：数字基础设施层级，包括计算和连接两大类，主要涉及将从应用场景中获取到的数据进行更好地存储、传送和计算。在从消费互联网和产业互联网中收集到大量数据后，芯片技术、数据库技术的发展乃至相关数据处理算法的发展均可以帮助更好地实现对数据的处理和计算。而云、网络技术的发展，也让整个计算变得更加多元化，对数据的处理可以采用云计算、边缘计算、隐私计算等一系列模式。可以说正是数字基础设施层级相关技术的发展，才让整个数字经济应用互联网层级在各个场景的应用成为可能。

三、代表性数字技术简述

基于对数字技术的两大层级划分，我们对这两大层级中所出现的一些具有代表性的数字技术进行进一步的阐释，以加深对数字技术的理解。当然因为篇幅关系，本书并不会对所有的数字技术进行阐述，感兴趣的读者可以通过专门介绍数字技术的书籍进行进一步的学习。

（一）应用互联网层级：人物画像技术

在消费互联网的发展过程中，有些双边平台会以低价或者免费的模式让用户接入其中，而其实现商业模式可持续发展的关键便是基于用户数据的人物画像技术。无论是用户本身的数据，还是在平台上所产生的行为数据，都是人物画像的基础。借助于收集到的海量数据，消费互联网上的平台可以通过相关的算法，基于年龄、性别、消费能力、消费偏好等一系列的因素对消费者进行打分，从而让平台在合适的时间将合适的内容推送给合适的用户。人物画像技术背后涉及了智能推送、广告推送、信用服务等一系列的商业模式，是消费互联网上重要的数字技术。

（二）应用互联网层级：办公软件技术

在产业互联网中，对劳动这一生产要素的数字化渗透在办公计算机逐渐普及的年代便已经开始。以微软的 Office、金山的 WPS Office 等为代表的电子办公技术和以邮箱、即时通信工具等为代表的文件传输技术直接提高了现代化办公的效率。而在云服务不断普及的今天，更是有很多诸如坚果云、Dropbox 等主打多人在线协同办公的产品以及钉钉、企业微信等主打企业办公平台的软件不断推出。2020 年开始的新冠疫情期间，Zoom、腾讯会议等在线会议软件迅速崛起。随着数字化水平不断提升，各类办公场景中的办公软件技术也在不断发展。一方面可以帮助员工更便捷地进行信息处理和文件分享，另一方面为更多生产活动的数字化奠定基础。

（三）数字基础设施层级：芯片技术

芯片半导体被誉为数字设备的心脏和大脑，无论是消费活动中的智能手机、个人计算机、智能家电，还是生产活动中的服务器、物联网设备、工业互联网设备，均离不开各类芯片。一部人们熟知的智能手机，就需要接近 20 片芯片的驱动。从芯片的设计、制造、封装测试，每一个环节的技术都会影响到最终的芯片应用。根据中国海关统计数据，中国历年的芯片和原油进口金额数据，可以发现 2015—2022 年，中国芯片进口金额始终高于原油进口金额，如图 6-2 所示。这一方面体现出了我国数字经济高速发展对芯片的大量需求，另一方面凸显了我国在芯片技术层面对国外芯片的高度依赖。目前，以华为为代表的中国企业正在努力实现芯片技术的突围，华为设计的鲲鹏计算服务器芯片、麒麟手机芯片、昇腾人工智能芯片已经跻身全球性能的前列，但是芯片的制造仍然受到约束。作为数字基础设施层级中的重要一环，芯片技术的自主研发和制造在数字经济时代具有重要的基础性地位。

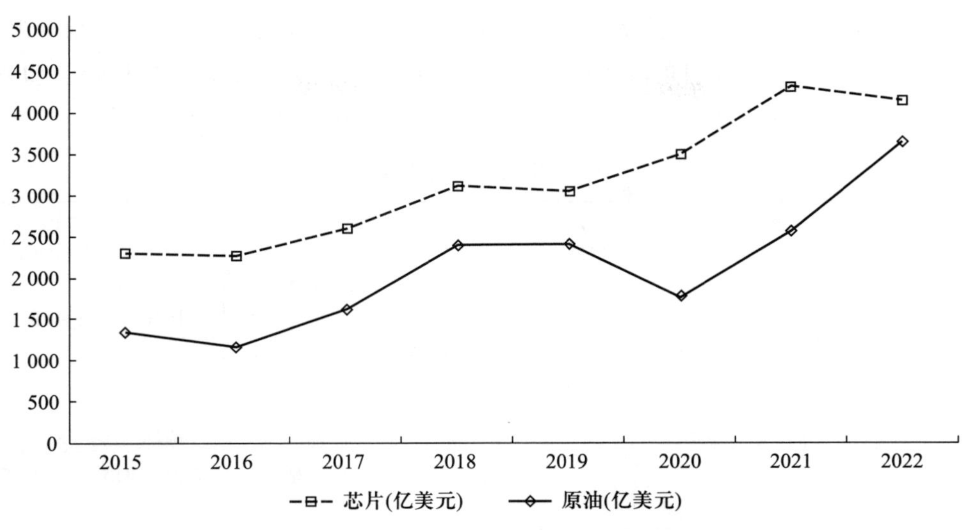

图 6-2　历年中国芯片和原油进口数据

资料来源：中华人民共和国海关总署。

（四）数字基础设施层级：5G

第五代移动通信技术（5G）是具有高速率、低时延和大连接等特点的新一代宽带移动通信技术，是实现人、机、物互联的网络基础设施。以下是几代通信技术在速率上的简单对比。

2G：150 Kbps，折合下载速度 15～20 K/s。

3G：1～6 Mbps，折合下载速度 120 K/s～600 K/s。

4G：10～100 Mbps，折合下载速度 1.5 M/s～10 M/s。

5G：20 Gbps，折合下载速度 2.5 G/s。

可以发现，每一代通信技术的突破，都会带来通信速率的成倍提升。而从 4G 过渡到 5G 的发展，通信速率大约增长了 256 倍。除了速率上的优势，5G 还有低时延的特征。在工业互联网、无人驾驶等领域，很多精细化的场景中要求网络不能出现过长的时延，否则会导致严重的事故；5G 的低时延可以保证这些领域的连接需求。

最后，5G 也为大规模的机器连接提供了技术支撑。传统的无线网络 Wi-Fi 尽管也可以实现高速的连接，但是一旦接入的机器过多，整个网络运行就会变得卡顿。而 5G 则对连接的机器数没有过多的限制，从而有助于其在产业互联网领域的大范围应用。

第二节　数字技术的四个阶段

上一节系统地解构了数字技术，并通过对代表性数字技术的解读帮助读者更具体地去理解数字技术。这一节将对数字技术的发展历程进行简单回顾。基于对第三次工业革命以及21世纪初以来的数字技术发展的梳理，数字技术的发展历程大致可以划分为四个阶段。如表6-3所示，分别是信息技术时代（1946—1989年）、PC互联网时代（1990—2005年）、移动互联网时代（2005—2015年）、智能互联网时代（2016年至今）。

表6-3 数字技术发展的四个阶段

阶段	名称	技术功能	技术代表	企业代表
1946—1989年	信息技术时代	技术积累	操作系统、数据库、数据存储、计算芯片、局域网等	IBM、甲骨文等
1990—2005年	PC互联网时代	信息中介	互联网、搜索引擎、光纤通信、文件共享等	MSN、雅虎、谷歌、新浪、网易、搜狐等
2005—2015年	移动互联网时代	消费互联网市场	移动支付、3G/4G、GPS定位、用户画像、即时通信等	脸书、亚马逊、谷歌、苹果、百度、腾讯、阿里等
2016年至今	智能互联网时代	产业互联网市场	人工智能、机器学习、区块链、工业互联网、AI芯片、云计算、5G、ESP等	脸书、亚马逊、谷歌、苹果、华为、海尔、腾讯、阿里等

接下来，本节将对数字技术发展的每个阶段展开介绍，帮助读者更好地了解每个时代所涉及的数字技术以及这些数字技术所带来的影响。

一、信息技术时代

信息技术时代与第三次工业革命的时间重叠。在这个阶段，大量的数字技术实现了原始的积累，但是由于硬件和软件等客观条件的约束，数字技术并没有起到如今经济社会中的重要作用。第三次工业革命又被称为第三次科技革命，其中的新科技囊括了信息技术、新能源技术、新材料技术、生物技术和空间技术等。如果将其中的信息技术单独拿出来，我们可以发现现如今的很多数字技术基本上都可以在第三次科技革命中追本溯源，找到技术源头所在。

1946年2月14日，世界上第一台计算机“爱尼阿克”（ENIAC）在美国宾夕法尼亚大学诞生。1981年8月12日，IBM在纽约曼哈顿华尔道夫饭店的会议厅展示第一款小型计算机IBMPC（IBM Personal Computer，IBM个人计算机）。在这两个时间节点之间的大量技术变革为后续的PC互联网时代奠定了基础。1950年，被视为“计算机科学之父”的图灵便已经发表了一篇题为《机器能思考吗?》的著名论文，在该论文中提出了机器思维的概念，并提出图灵测试。而1957年，罗森布拉特发明的感知机，是机器学习人工神经网络理论中神经元的最早模型。在 20 世纪 80 年代，又有大量的神经网络算法、决策树算法、Boosting 算法等被陆续提出。

在信息技术时代，大量的数字技术主要还是停留在理论或者实验室层面，主要原因在于相关的数字基础设施及硬、软件技术并没有成熟。随着硬、软件技术水平的提升，这些数字技术在互联网时代到来后迸发出了惊人的生产力。

二、PC 互联网时代

20 世纪末至 21 世纪初，随着个人计算机的成本逐渐下降、便携性不断提升，越来越多的机构、家庭甚至个人可以支撑起个人计算机的消费。在这样的背景下，PC 互联网时代到来，个人计算机成为这个时代最耀眼的明星。在这一时代，当打开个人计算机连接到互联网后，以 MSN、雅虎、谷歌、新浪、网易、搜狐等为代表的门户网站成为最受用户欢迎的网站。

门户网站汇聚了大量的网址链接，可以帮助用户更好地找到其所需要浏览的信息。用户一开始通过门户网站的被动推荐，寻找自己感兴趣的内容。而很快，用户便不满足于这样的模式，开始追求主动搜寻内容的能力。这个时候，搜索引擎技术变得日益重要。

雅虎曾经使用谷歌提供的搜索引擎服务，而百度在一开始也是集成在门户网站上为其提供搜索引擎服务。随后，这些搜索引擎独立成单独的搜索引擎网页，成为了 PC 互联网时代最大的流量入口。搜索引擎技术可以通过算法帮助用户以最便捷的方式找到其所要搜寻的内容，与此同时基于用户浏览网页所形成的 Cookie 等特定数据的分析也可以帮助搜索引擎企业更好地拓展其广告业务。在 PC 互联网时代，用户的规模达到了千万级，网络效应开始逐渐发挥出作用。

三、移动互联网时代

移动互联网时代的到来，得益于芯片技术和通信技术的进一步发展。首先，不同于个人计算机上注重运算能力的芯片技术，在智能手机上的芯片需要更多地兼顾计算和功耗问题。在功能机时代，以联发科（MediaTek）为代表的企业所形成的集成芯片解决方案在功耗上表现较好，但是在计算上却存在很大的提升空间。在这种背景下，以 ARM 架构为核心的智能手机芯片的推出开始逐渐解决了计算和功耗的平衡问题。我们现在用到的苹果手机的 A 系列芯片、高通的芯片乃至华为设计的鲲鹏系列芯片，均是基于 ARM 架构。解决了芯片问题，通信技术的快速发展也在这个过程中助推了移动互联网的发展。从 2G 到 3G，再紧接着推出 4G，智能手机的下载速度可以达到 1 M/s 以上，让大量的应用场景得以实现。

在计算能力和网络能力得以解决后，我们看到了一个小小的手机不仅可以运行大型的手机游戏，而且可以方便地以流媒体的形式欣赏音乐乃至视频。网络的便利也让移动支付、即时通信变得更加便利。到了这个时代，用户才切实地感受到了数字技术带来的巨大变化，因为数字技术已经嵌入了消费领域的方方面面。而以美国的 FAAG（Facebook、Amazon、Apple、Google）、中国的 BAT（Baidu、Alibaba、Tencent）为代表的企业，借助移动互联网的发展也迅速提升了市值，成为这个时代最耀眼的企业群体。我们看到，在移动互联网时代，用户规模攀升到了亿级，大量关于网络效应的研究也主要出现在这个时代。

四、智能互联网时代

移动互联网时代打通了消费活动中的连接，而在随之而来的智能互联网时代中，数字技术也开始向生产活动进行延伸。

不同于消费互联网中的互联互通，产业互联网中的互联互通需要用到大量的人工智能和机器学习。在当前已经实现的智能家居场景下，同一品牌下的电视、冰箱、电灯等已经可以做到互相连接，让整个生活环境得到了本质上的提升。除了智能家居，海尔的卡奥斯（COSMOPlat）工业互联网平台也赋能了很多的生产行业，孵化了诸如衣联网、食联网、日日顺、海乐苗等企业，在服装生产、食品加工、物流快递和疫苗管理等行业取得了互联互通的成果。

然而，更多的有关生产活动中同一企业内部机器的互联互通、同一供应链下上下游企业的互联互通目前仍然有很大的阻碍。很多情况下，不同品牌的机器无法连接，而同一品牌的不同机器中的互通也有问题。在智能互联网时代，随着 5G、云计算、工业互联网等技术进一步发展，有理由对未来生产领域的互联互通充满期待。

第三节 数字技术对经济的冲击

根据本章前两节的介绍可以明确的一点是，数字技术的发展往往伴随着破坏式创新，其所带来的也不一定都是有利冲击。数字技术一方面可能带来生产力的提升、创新产品的诞生，但是另一方面可能对旧产品市场造成不可避免的冲击。同时，有些数字技术在经济活动中有可能被用于破坏市场规则，在监管不到位的情况下可能造成极大的危害。此类数字技术犹如潘多拉魔盒，反而会对经济发展造成极大的不利冲击。

因此，分析数字技术对经济的冲击需要同时考虑其带来的有利冲击和不利冲击，用一种更加全面的视角去看待数字技术。不同于本章前两节主要结合案例进行论述，本节将主要基于经济学研究的范式，更加严谨地去探讨数字技术带来的冲击。在具体的分析过程中，本节会选取经典的学术研究成果，基于经济学模型和计量经济分析，聚焦于几种数字技术，进行更加深入的分析。具体而言，本节将会以 PC 互联网时代的文件分享技术、移动互联网时代的通信网络技术和智能互联网时代的人工智能技术为代表，带领大家更好地去理解数字技术冲击的两面性。

一、PC 互联网时代：文件共享技术对知识产权保护的冲击

（一）文件共享技术的发展背景

在早期数字技术不太成熟的年代，人们对文件的共享或者传输依赖各类传统的物理介质。书籍、音乐磁带、电影光盘等就可以看作对文字、音频、视频等文件的储存介质。在这个年代，人们已经意识到了知识产权保护的重要性，但是盗版介质的制作和贩卖是世界范围内的难题。不过总体而言，在相关法律法规的约束下，这类盗版行为在一定程度上可以得到较好的控制。

在进入 PC 互联网时代后，大量基于个人计算机数字技术的发展极大丰富了文件共享技术的应用场景。特别是在办公领域，诸如相关办公文件的发送、传输和接收极大地提升了相关从业人员的办公效率。一般而言，常见的以 Word、PowerPoint、Excel 等形式存在的文件，其背后的知识产权由涉及文件的创建、编辑、修改的用户享有，而这些文件一般也最终被员工运用于工作场景之中，较少涉及具体的知识产权侵权问题。

PC 互联网时代，关于文件传输的效率成为互联网巨头市场竞争的一大重要领域。当年 MSN 和 QQ 在中国市场的竞争中，QQ 胜出的一个很重要的原因便是其能够在好友之间分享大容量的文档。电商平台上的卖家可以便捷且迅速地将反映商品信息的文件甚至视频分享给买家，是电商平台消除信息不对称、快速崛起的一大因素。大量的文件传输需求引致了大量的服务器需求，包括亚马逊、淘宝在内的电商平台都在后期转型并成为云服务市场的行业巨擘。

脱离了办公场景后，文件共享技术可以借助网络效应让受观众欢迎的各类电子产品以指数级别的形式进行传播，从而给互联网带来大量的流量。目前的互联网巨头所推出的各类平台都或多或少用到了文件共享技术。可以说，文件共享技术是大部分互联网商业模式的基础，由此催生的各类互联网平台为后续数字经济的蓬勃发展奠定了基础。

然而，文件共享技术也是一把双刃剑，它同样可以带来盗版成本的降低。在这个过程中，涉及书籍、音乐、电影等娱乐功能的电子文件也开始不受约束地快速传播。这些电子文件的传播、共享在大多数场景下并没有得到知识产权所有者的许可，对知识产权所有者造成了巨额的损失。以往需要购买 CD 或者磁带才能听歌，现在只需在网上下载 MP3 歌曲导入到播放设备即可；以往需要前往电影院或者购买光盘才能观看电影，现在只需在网上下载转制后的高清电影即可。在中国互联网发展的历程中，诸如快播、迅雷、百度云盘等平台均因为非法的文件共享而被要求整顿，有些甚至直接消失在了互联网的历史之中。

案例 6-1：快播因涉嫌盗版遭重罚

快播（又叫 Qvod 或 Q 播）是一款基于准视频点播内核的、多功能、个性化的播放软件。与传统播放软件不同的是，快播集成了不一样的播放引擎，应用 P2P 技术并支持 MKV、RMVB、MPEG、AVI、WMV 等主流音视频格式。这种 P2P 技术让很多视频资源可以直接通过点对点的形式进行大量的盗版传播，因此大受国内用户的欢迎。

2014 年，针对快播公司未经权利人许可，通过快播播放器向公众传播《北京爱情故事》等 24 部、近 1 000 集影视剧作品的行为，深圳市场监管局作出《行政处罚决定书》，对其未经许可侵犯他人合法权益，扰乱网络视频版权秩序，损害公共利益的行为处以 2.6 亿元罚款。

同时，也有商家从这些盗版文件的传播之中找到了自己的营销之道。由于盗版文件的传播可以带来大量的流量，从而为传播内容起到非常好的宣传作用，甚至比广告效果更好，微软对中国市场的盗版行为约束相对较为宽松，从而成功地在中国市场普及了自己的 Windows 操作系统。然后，微软又从企业用户中收取大量的授权费用，是一个营销成功的典型案例。

案例 6-2：微软对盗版问题的“默许”

在早期微软刚进入中国市场的时候，便存在其软件定价过高的情况。1999 年北京的年平均工资为 13 778 元，而正版的 Windows 98 和 Office 97 的价格合计为 8 598 元。这也就意味着，北京职工平均一年的工资才刚够买上一台搭载 Windows 操作系统的普通个人计算机。同样在 1999 年，国家部委曾召开开源软件 Linux 研讨会，有意力推基于 Linux 的国产操作系统。

根据中国工程院院士倪光南在接受采访时发表的看法，微软为了最大限度地占有中国市场，遏制中国人开发自己的操作系统，有意模糊了盗版和免费使用的界限，“默许”中国大量用户“免费”使用未经其官方正式授权的 Windows 系统。这种对盗版的“默许”确实在市场占有的过程中起到了很好的作用。在 2008 年曾经发生 Windows XP 的黑屏事件，国内使用盗版 Windows XP 系统的用户均受到影响，桌面变为纯黑色。

（二）文件共享技术背后的经济学理论

那么，文件共享到底对经济产生了什么样的冲击呢？或者文件共享的背后有什么样的经济学原理呢？Liebowitz 于 2006 年在《法律与经济学杂志》（*Journal of Law and Economics*）上发表论文，专门针对这一问题展开了详细的论述。具体来说，Liebowitz 从以下四个经济学视角解读了文件共享技术。

第一种，替代效应。未经授权就对某些原本应该收取知识产权保护费的产品进行下载可以被认为是对正版产品购买的一种替代。因此，这种下载盗版的行为被认为会对正版市场的销售产生一种负面影响，特别是当可以下载到与正版资源质量等同或者接近的盗版资源时。如果下载盗版可以获得几乎和正版资源一样的效用，且不存在进一步的惩罚机制，那么大部分消费者会选择使用盗版资源。这种替代效应会减少市场上的有效需求，损害到产品供给方的利益。

第二种，样本效应。用户可以通过免费下载一些正版样本资源进行体验，这类体验可以帮助用户更好地评估资源，从而引导用户进行正版消费。由于对于很多在线资源用户需要进行体验后才能得知是否符合自身的偏好，如果直接购买后用户发现不喜欢，就会影响用户效用。因此，很多用户会通过寻找并下载盗版资源来进行体验，如果确实符合自身偏好，再通过正版渠道进行购买。但是，这个效应成立的前提是，用户在下载样本后，确实愿意通过正版渠道购买自己喜欢的正版资源，这样供给方才能获益。

第三种，网络效应。由于网络平台的网络效应需要基于大量的用户才能实现，因此某些资源可能因为盗版的存在而获得大量的传播，从而引致大量的网络效应，最终让供给方受益。但是，网络效应让供给方受益的前提是，盗版资源的传播会最终导致正版资源销售的增加。比如以歌曲为例，用户是否会因为周围用户都在听某些歌曲而去购买这些歌曲？如果最终的结果是用户因为周围用户都在使用盗版资源而去使用盗版资源，那么网络效应带来的正向影响可能就很弱或者不存在。

第四种，间接占有性。由于盗版复制会产生额外价值，对原始正版资源的需求也会因为这种价值而增加。比如，每一个购买了正版 CD 的用户都制作一盒磁带用于在其他设备上播放，那么对原始 CD 的需求就会因为能够制作一盒磁带的额外价值而增加。在此情景下，供给方甚至可以通过提高 CD 的价格来把用户制作磁带这一盗版行为的损失予以覆盖。这个过程中，用户并没有直接为其制作磁带的盗版拷贝行为付款，而是间接地进行付款。

（三）音乐共享技术对美国唱片市场的冲击

接下来，考虑到数据的可获得性，Liebowitz 采用了当时美国的唱片数据对文件共享技术的各类效应进行了检验。美国市场的歌曲销售数据主要可以从两个途径获取：第一，美国唱片行业协会（Recording Industry Association of America，RIAA）；第二，美国的唱片公司，比如 SoundScan。美国唱片行业协会往往会汇报所有唱片的销售数据，而 SoundScan 则更多地报告零售网点的销售数据。

1. Napster 软件的冲击

我们以 Napster 软件为例，更好地研究歌曲共享对唱片销售的影响。1999 年 1 月，Napster 软件开始在美国流行。Napster 软件本身不提供任何 MP3 的下载，但是它可以借助 P2P 技术，让用户在网络中下载自己想要的 MP3 文件。Napster 软件能够让用户的个人计算机成为一台服务器，为其他用户提供自己所拥有的 MP3 资源。

基于美国唱片行业协会的数据，Liebowitz（2006）尝试比较了美国市场从 1973 年到 2004 年期间的真实销售数据以及基于 GDP 所预测的销售数据。可以发现，在 Napster 软件开始流行后，美国市场的人均唱片销售量出现了一个非常明显的下滑趋势。当然，这种下滑只能说明 Napster 这一专注于歌曲盗版共享的软件可能是 2000 年后美国唱片市场销售下滑的一个原因。

2. 美国唱片行业协会的诉讼

根据美国唱片行业协会的数据，2004 年上半年，美国市场的唱片销售终于在 1999 年后迎来了首次的增长。2004 年上半年，唱片销售数据同比增长 5.1%，销售额同比增长 3.9%（扣除通货膨胀后为 1.5%）。那么这次增长是否仍然和文件共享技术有着密不可分的关系呢？通过相关数据的收集，可以发现在 2003 年上半年到 2004 年上半年之间，文件共享确实出现了一个明显的下滑趋势。而这种下滑被认为可能与美国唱片行业协会对这些文件共享软件的起诉相关。

2003 年 6 月 25 日，美国唱片行业协会开始对使用 P2P 技术的文件共享软件诉诸法律，而这也可以被认为是一类外生的政策冲击。为了更好地探究这些法律诉讼对文件共享的影响，需要保证使用的数据满足以下几个条件：第一，数据必须是美国市场的，因为美国唱片行业协会的法律诉讼只能影响到美国的用户；第二，数据需要囊括法律诉讼的前与后；第三，因为法律诉讼只是针对音乐文件共享，因此需要使用音乐文件的共享数据，而非全部的 P2P 文件共享数据。

3. 其他因素分析

显然，除了文件共享技术，还有其他因素会影响到唱片的销售数据。尽管上述的分析都是基于相对外生的冲击，但是并不是说其他因素就不在唱片销售数据的变化过程中起作用。事实上，诸如唱片的价格、歌曲的质量、消费者的收入水平、市场的替代品、市场的开放度、用户的听歌设备更新等均会影响到唱片的销售。

此外，还有一种观点认为，那段时间 DVD 销售的增长是导致 CD 销售下降的主要原因，用户可能将原先用来听歌的时间用来观看 DVD。为此，在分析了销售和租赁 DVD 的数据后，发现这段时间 DVD 销售的增长主要是以 DVD 租赁的下滑为代价，而非 CD 销售的下滑。也就是说，DVD 销售的增长主要是因为 DVD 租赁受欢迎程度下降。因此，这种观点不成立。

4. 结论探讨

本部分介绍的 Liebowitz（2006）这项研究同时考虑了文件共享技术对唱片市场可能带来的正面以及负面冲击，并通过相关的统计及计量分析得出了文件共享技术总体上不利于唱片市场的结论。这部分的介绍，一方面让人们了解有时候新的数字技术带来的可能更多的是破坏规则的不利影响，另一方面启示人们需要从两面性的角度去看待新兴的数字技术。不过，该研究在数据分析方面仍然存在一定的提升空间，可能是受限于所获得的数据质量，也可能是受限于研究所处的年代因素。

二、移动互联网时代：移动支付技术对金融市场的冲击

（一）移动支付技术

移动支付是指通过移动通信设备比如智能手机、无线网络、个人计算机等进行资金转移的模式。从本质上来讲，移动支付是通信业务与金融服务的相互延伸和融合。移动支付实现了货币价值的无线交换，通过远程或近程接触，确认授权等流程最终实现支付的全过程。全球移动通信系统协会（GSMA）透露，2022 年全球每日移动支付交易额达到 35 亿美元，供应商全年处理的交易规模达到 1.3 万亿美元。从移动支付总规模看，美国、中国几乎分食整个市场，总体占超过 70%的市场份额。其余发达国家如英、加、澳、法、德、日、韩，合计占全球移动支付市场 19.9%的份额。

中国是移动支付技术应用最为广泛的几个国家之一，包括支付宝、微信支付等一系列的移动支付技术极大拓展了移动支付可以使用的场景。移动支付技术的应用一方面确实补充了传统的以银行为核心的金融体系，但是在另一方面对当前金融市场的监管提出了新的挑战。从支付宝的发展历程可以看出，支付宝作为一个移动支付平台，已经从最初的一个支付工具发展成打通整个数字经济各大消费市场的生态型工具。

根据中国银联 2023 年 2 月 17 日发布的《2022 移动支付安全大调查研究报告》，受访者月均消费总支出中由移动支付完成的金额占比达 86.1%。77.5%的手机用户每天都会使用移动支付。受访者对指纹/面部识别等生物识别技术的使用率已达到 68.1%，与银行卡/支付密码使用率 72.9%的差距进一步缩小。可见，移动支付已经成为整个支付体系中的重要一环。这种支付方式、支付习惯的改变，必然会对整个金融市场造成冲击，特别是其背后的无序扩张很有可能对金融市场的监管造成负面的影响。同样以支付宝所属的蚂蚁金服公司为例，由于其业务监管方面存在一定的问题，蚂蚁金服上市被我国政府叫停。

案例 6-3： 蚂蚁金服上市被叫停

2020 年 10 月，阿里巴巴集团创始人马云在上海外滩峰会上表示，已确定了蚂蚁金服的上市定价。根据当时的定价，这将是全人类有史以来最大的上市，且是在纽约以外。

然而就在蚂蚁金服的上市前夕，银保监会和央行发布《网络小额贷款业务管理暂行办法（征求意见稿）》。其中，网贷必须与个人收入挂钩、单笔联合贷款中的小贷公司出资比例不得低于 30%等规定，均剑指蚂蚁集团两款核心贷款产品——“花呗”与“借呗”。

由于蚂蚁金服的商业模式存在一定的金融风险，2020 年 11 月 3 日晚，上交所发布《关于暂缓蚂蚁科技集团股份有限公司科创板上市的决定》，蚂蚁金服上市被叫停。

事实上，我们看到了移动支付给消费者带来的一系列便利，也在这个时代见证了蚂蚁金服在科创板上市被叫停的过程。造成这一系列事件背后的原因在于，我们并没有系统地对移动支付可能对整个金融市场造成的冲击进行过分析。这里面既夹杂着好的一面，同时也附带着各种风险。这是数字技术带来双面冲击的又一个典型案例。

（二）货币形态、电子货币与移动支付

纵观历史上货币形态的演化历程，货币经历了商品货币、贵金属货币、代用纸币和信用货币时代。而当今所处的时代就是信用货币时代，在实际的支付场景中包括纸币和一部分电子货币。电子货币是指以金融电子化网络为基础，以商用电子化工具和各类交易卡为媒介，以电子计算机技术和通信技术为手段，以电子数据（二进制数据）形式存储在银行的计算机系统中，并通过计算机网络系统以电子信息传递形式实现流通和支付功能的货币。广义而言，电子货币可以包括很多种形式，信用卡和移动支付都可以被归类为电子货币。

而如果我们把电子货币聚焦到移动支付，可以发现移动支付背后的数字技术发展才是帮助移动支付迅速在消费者群体中实现广泛普及的重要原因。移动支付是指通过移动通信设备、利用无线通信技术来转移货币价值以清偿债权债务关系。移动支付存在的基础是移动终端的普及和移动互联网的发展，可移动性是其最大的特色。随着移动终端普及率的提高，移动支付在未来完全有可能替代现金和银行卡，被人们在商品劳务交易和债权债务清偿中普遍接受，成为电子货币形态的一种主要表现形式。移动支付的特点如下：第一，以移动通信设备为载体，主要表现为手机；第二，运用无线通信技术；第三，电子货币是移动支付存在的基础，电子货币与移动支付是一对孪生兄弟；第四，移动支付是货币形态的表现形式而非货币本质的改变。因此，通信设备、网络技术等数字基础设施的完善成为移动支付普及的先决条件。

（三）移动支付带来的正面冲击

Agarwal 等在 2020 年对移动支付技术带来的冲击进行了一项实证研究。他们认为，移动支付技术带来的好处很可能更多地归属于小企业，因为小企业事先对处理现金的成本和需求条件更加敏感。由于小企业是经济的重要组成部分，并且长期以来被认为是经济增长的关键引擎，移动支付技术可以通过促进小企业的增长而产生可观的总体影响。

具体而言，该研究主要基于新加坡的两个数据库来实证探究移动支付技术带来的冲击。首先是企业创建数据，来自行政商业登记数据，其中包含了在新加坡创建的企业数量。该研究使用从星展银行（Development Bank of Singapore，DBS）获得的大型消费者金融交易数据集来研究当面临技术冲击时，企业新增、银行运营和消费者需求之间是如何互动的。星展银行是新加坡最大的银行，为大约 500 万零售客户提供服务，占整个国家人口的 82%。在这个基础上，研究获得了一个随机的、有代表性的规模达 25 万个的样本。数据集包括样本的银行账户、信用卡和借记卡匿名交易层面的信息，以及这些样

本在银行 ATM 交易层面的信息。

为了评估移动支付技术对企业业务产生的影响，研究的识别策略依赖于客户类型的跨行业变化，因为移动支付技术直接影响到拥有零售客户的行业。具体来说，研究的外生冲击为二维码（QR-code）支付的引入，并将业务为企业-消费者类型的行业作为处理组，将企业-企业类型的行业作为控制组，采用双重差分法（DID）进行实证分析。回归结果如表 6-4 所示。

表 6-4　回归结果

	(1)	(2)	(3)	(4)	(5)
	Dependent Var. = Log（1+#of new businesses）				
	Full sample		Non-company		Company
Treated * Pre		0. 024 (0. 030)		-0. 033 (0. 030)	
Treated * Post	0. 089 * * * (0. 034)	0. 111 * * (0. 043)	0. 123 * * * (0. 038)	0. 094 * (0. 048)	-0. 065 (0. 058)
Fixed effects	Industry，year-month，Industry-division×year				
Observations	9 226	9 226	9 226	9 226	9 226
Adj R^2	0. 898	0. 898	0. 861	0. 862	0. 836

表 6-4 的第 1 栏显示了移动支付技术对企业新增的平均处理效果的结果。从 Treated * Post 的交互项系数中可以识别出统计学上和经济上的显著处理效果：在移动支付技术引入后，相对于引入前，属于企业-消费者（B2C）类型行业的企业每月新增比属于企业-企业（B2B）类型行业的企业新增多 8.9%。第 2 栏显示了平行趋势假设的检验。具体来说，该研究额外假设了在技术冲击发生后的九个月，Pre 为 1，进而加入了 Treated * Pre 这一控制变量。最后发现该变量不显著，而 Treated * Post 仍然显著。因此，只有企业-消费者（B2C）类型行业的企业才能享受到移动支付技术的直接好处。

基于上述结论，该研究继续用法律实体类型来衡量企业的规模：把独资企业或合伙企业定义为小型企业（表 6-4 中为 Non-company），把公司定义为大型企业（表 6-4 中为 Company）。第 3 和第 4 栏仅使用小型企业的样本，发现结果与第 1 和第 2 栏相比是稳健的。但是，在第 5 栏使用大型企业的样本后，发现结果不再显著。因此，可以认为移动支付技术带来的冲击主要还是集中在企业-消费者（B2C）类型行业的小型企业上。

（四）移动支付带来的负面冲击

移动支付业务的发展本身要基于网络效应、规模效应、范围效应和长尾效应等机制。风险一旦爆发，这些效应可能反过来放大风险的传染性和严重性。跨业务、跨市场、跨区域传染过程更加复杂，传播速度更快，影响范围更大，涉及主体更多，风险控制与处置将更加困难。面对移动支付有可能带来的负面冲击，我们认为，针对金融市场的风险主要体现在两大方面。

第一，移动支付技术产品设计缺陷所引致的风险。移动支付技术产品是商业银行、非银行支付机构、清算机构开展支付服务所采用的软硬件等信息技术产品，由于对技术有着非常高的要求，再加上移动支付产业链较长、市场交叉性强、技术更新较快、产品标准规范复杂，因此产品质量缺陷引发的风险极易向支付领域传导进而影响支付产业健康发展。这个复杂而又可能存在漏洞的体系，很可能给一些金融诈骗行为提供可乘之机。在过去的实践中，冒充亲朋好友诈骗、利用 QQ 和微信等社交账号诈骗、以钓鱼链接骗取银行卡信息、伪基站短信诈骗、骗取验证码支付信息等行为较为普遍。

第二，相关部门监管不到位或监管落后所引发的风险。监管不当、监管空白、监管重叠是基于行政监管产生的风险，属于广义上的移动支付风险。金融市场的日新月异和宏观调控的间接性使得这类风险无法彻底解决，只能控制。金融监管部门存在的多头管理、风险处置责任不明晰、定位不准确、监管职能交叉、监管目标不明确等问题导致监管盲区或者监管重叠，一方面使得移动支付的创新发展受到多重限制，另一方面导致无法有效防范并化解支付风险。除此之外，金融监管机构能力有限、监管方法和手段落后、移动支付标准落后、行业规范制定滞后、应对突发事件经验不足等均会导致金融监管质量和效率的降低。监管机构不作为、协调机制不完善、联动执法被动等也会放大移动支付业务的风险。

尽管移动支付确实给消费者带来了很多的便捷，也为某些与消费者业务密切相关的企业提供了新的业务场景，但是当移动支付发展到一定的规模且能够影响到整个金融市场的时候，我们必须要对其所可能引发的风险采取更为科学的监管。数字技术的发展不仅需要当前的经济活动能更好地去应对它所可能带来的变革，而且需要监管部门与时俱进，更好地利用相关的数字技术去监管这些新的冲击。

三、智能互联网时代：机器人对就业市场的冲击

（一）人工智能技术和机器人

人工智能（AI）技术在 1956 年第一次被提出，发展至今已经经历了三次浪潮。根据张钹院士等（2020）研究，人工智能的发展目标是建立可解释和稳健的 AI 理论与方法，发展安全、可信、可靠和可扩展的 AI 技术。可以说，人工智能是目前正在开发和部署的最有前途的技术之一。

然而，从人工智能被提出伊始，就伴随着人们对这一技术的担忧。在很多科幻小说和电影中，基于人工智能算法迭代而开发的机器人最终走向人类的对立面，对人类的生存造成威胁。这样的剧情自然有夸张的成分，但是从现实的意义来看，人工智能的发展在提升生产力的同时，也确实在对某些场景下的劳动产生快速的替代。因此，有关具有人工智能的机器人和劳动力之间的争论成为很多学术研究的关注点。

人工智能是指对智能（机器）代理的研究和开发，即通过识别和应对其环境而智能行动的机器、软件或算法。国际机器人联合会（IFR）数据显示，2021 年全球工厂新安装了 517 385 台工业机器人，同比增长 31%，创下历史新高。同时，全球运行中的机器人存量约为 350 万台，亦创下了新的纪录。从应用的角度来看，已经有大量基于算法编程的机器人投入了各行各业的生产之中。2023 年 1 月工信部等十七部门联合印发《“机器人+”应用行动实施方案》，其中明确提出，到 2025 年，制造业机器人密度较 2020 年实现翻番，服务机器人、特种机器人行业应用深度和广度显著提升，机器人促进经济社会高质量发展的能力明显增强。

例如，在京东、日日顺等物流企业，自动引导机器车（Automated Guided Vehicle，AGV）已经开始投入快递分拣的正式运营之中，可以保证快递分拣工作 24 小时不停地在熄灯工厂中持续进行。在这个过程中，固然 24 小时的持续分拣工作提高了整个工厂的生产效率，但是难免会有一些人工劳动者面临失业的威胁。从发展的角度来看，不仅仅是上述提到的较为初级的体力劳动，目前经过大数据喂养的特定人工智能机器人甚至已经可以在某些专业领域超越人类的脑力劳动。从已经发生的案例来看，人们对人工智能的担忧不无道理，人工智能已经开始对当前的劳动力市场产生持续的冲击，从经济学的视角更好地去看待、理解人工智能的影响是非常有必要的。

基于此，很多研究问题正在不断被提出：具备人工智能的机器人到底是否会最终替代劳动力？我们是否正在投资、研发正确的人工智能，即具有在提高生产力和创造经济繁荣方面有最大潜力的那种类型？接下来，本节将会重点介绍人工智能机器人对劳动力市场的冲击。本节的理论模型主要参考了 Acemoglu 和 Restrepo 于 2020 年发表在《政治经济学杂志》（*Journal of Political Economy*）上的论文和李磊等学者发表在《管理世界》上的论文。

（二）机器人与就业市场

机器人的快速应用，引起了人们对新技术将使劳动力变得多余的担忧。最近美国国民收入中的劳动份额和就业人口比例的下降通常被作为这一担忧的证据，表明随着数字技术、机器人和人工智能对经济的渗透，劳动者将发现越来越难与机器竞争，他们的报酬将经历相对甚至绝对的下降。但是针对这一问题的分析仍然缺乏一个全面的分析框架。

分析机器人或者劳动力的自动化如何冲击劳动力市场的框架在技术变革的研究中非常重要。凯恩斯在 1930 年曾预见到 20 世纪的人均收入会因新技术的引入而稳步增长，同时也认为随着机器取代人类劳动，将造成广泛的技术性失业。里昂惕夫在 1952 年也曾提出了类似的预测，认为越来越多的工人将被机器取代。那么，现有的数据到底有没有反映出这种取代呢？人力劳动的份额有没有随着机器人快速应用而降低呢？一些研究确实发现了机器人的使用会引致失业。

(三) 经济学模型分析

Acemoglu 和 Restrepo 在 2020 年构建了一个关于机器人、就业和工资的模型，用以分析机器人对就业市场的冲击。接下来，本部分将对这个模型进行简单的介绍，并探讨模型中所提出的几个命题。

首先，假定经济中包含了 $|C|$ 个通勤区，每一个通勤区 $c \in C$ 均有基于对 $|I|$ 个行业产出的总消费的一个偏好：

$$Y_c = \left(\sum_{i \in I} \alpha_i Y_{ci}^{\frac{\sigma-1}{\sigma}} \right)^{\frac{\sigma}{\sigma-1}} \tag{6-1}$$

其中，$\sigma > 0$，表明不同行业生产的商品之间的替代弹性。α_i 是份额参数，表示行业 i 在总体消费中的重要性，且有 $\sum_{i \in I} \alpha_i = 1$。在一个自给自足的均衡中，每个通勤区只能消费其自身生产的各类商品。我们假定在通勤区 c 中，行业 i 的产出为 X_{ci}。因此，对于所有的 $i \in I$ 和 $c \in C$，我们有：

$$Y_{ci} = X_{ci} \tag{6-2}$$

进一步，我们假定所有的消费价格被归一化为 1，因此每个通勤区的消费总量就是生产的商品量。然后，我们假定通勤区 c 中，行业 i 生产的商品价格为 $P_{X_{ci}}$。每一个行业在生产过程中都需完成一系列的任务 $s \in [0, S]$。我们用 $x_{ci}(s)$ 来表示生产 X_{ci} 所需要用到的任务数量。这些任务需要以固定的比例进行组合，以满足：

$$X_{ci} = A_{ci} \min_{s \in [0, S]} \{x_{ci}(s)\} \tag{6-3}$$

其中，A_{ci} 为行业 i 的生产力。在 A_{ci} 和 α_i 上面的差异会转化为不同通勤区所需劳动力的产业构成。

接下来，在模型中引入机器人。我们将行业中的机器人模型化，认为机器人可以执行某些在以前是由人工执行的任务。在行业 i 中，$[0, M_i]$ 的任务是可以在技术上由机器人自动完成的，且这些任务在每个通勤区均可以由机器人实现。我们把机器人在每一个任务中的生产力化为 1，然后进一步通过假定人工劳动在每一个任务中的生产力是一个固定的数值 $\gamma(\gamma > 0)$ 来简化模型。于是，对通勤区 c 行业 i 中的某个任务 s 的生产函数可以以如下形式表示：

$$x_{ci}(s) = \begin{cases} r_{ci}(s) + \gamma l_{ci}(s) & \text{if } s \leq M_i \\ \gamma l_{ci}(s) & \text{if } s > M_i \end{cases} \tag{6-4}$$

其中，$l_{ci}(s)$ 表示通勤区 c 行业 i 中的某个任务 s 使用的人工劳动，$r_{ci}(s)$ 表示通勤区 c 行业 i 中的某个任务 s 使用的机器人数量。最后，我们得到每个通勤区机器人和劳动的供求函数：

$$W_c = \omega_c Y_c L_c^{\varepsilon},\ \varepsilon \geq 0;\ Q_c = \varrho_c \left(\frac{R_c}{Y_c} \right)^{\eta},\ \eta \geq 0 \tag{6-5}$$

其中，R_c 表示机器人的总数量，L_c 表示人工劳动的总数量，Q_c 表示机器人的价格，W_c

表示劳动的工资率。在这样的一个框架下，均衡可以被定义为一系列的价格组合 $\{W_c, Q_c\}_{c\in C}$ 和一系列的机器人和人工劳动的数量 $\{R_c, L_c\}_{c\in C}$ 满足在所有的通勤区里实现了企业利润最大化、市场出清等条件。最后，我们定义 $\pi_c = 1 - \frac{Q_c\gamma}{W_c}$。那么，我们首先来看第一个命题。

命题 6-1

通勤区 c 对劳动的需求 L_c^d 满足如下条件：

$$\mathrm{dln}\ L_c^{\mathrm{d}} = -\sum_{i\in I} l_{ci}\frac{\mathrm{d}\,M_i}{1-M_i} - \sigma\sum_{i\in I} l_{ci}\mathrm{dln}\ P_{X_{ci}} + \mathrm{dln}\ Y_c \qquad (6\text{-}6)$$

其中，l_{ci} 表示通勤区 c 行业 i 中的人工劳动份额。

命题 6-1 说明了影响劳动需求的三个因素。

第一个是替代效应：在价格和产出不变的情况下，机器人替代了劳动者，从而减少了对劳动力的需求。因为有了机器人的参与，生产一定数量商品所需的劳动者减少。

第二个是价格-生产力效应：由于机器人和自动化降低了一个行业的生产成本，这个行业就会扩张，从而增加对劳动力的需求。正如预期，当不同行业之间的替代弹性越大，这种扩张也会越大。

第三个是规模-生产力效应：成本降低导致了总产出增加，也提高了对所有行业劳动力的需求。

由此可见，机器人进入生产后，对劳动需求的影响确实存在正面和负面的冲击。作者进一步求解了机器人对就业和工资水平的影响，并提出了命题 6-2。

命题 6-2

机器人对就业和工资水平的影响如下：

$$\mathrm{dln}\ L_c = -\frac{1+\eta}{1+\varepsilon}\sum_{i\in I} l_{ci}\frac{\mathrm{d}\,M_i}{1-M_i} + \frac{1+\eta}{1+\varepsilon}\pi_c\sum_{i\in I} l_{ci}\frac{s_{icL}}{s_{cL}}\frac{\mathrm{d}\,M_i}{1-M_i} \qquad (6\text{-}7)$$

$$\mathrm{dln}\ W_c = -\eta\sum_{i\in I} l_{ci}\frac{\mathrm{d}\,M_i}{1-M_i} + (1+\eta)\,\pi_c\sum_{i\in I} l_{ci}\frac{s_{icL}}{s_{cL}}\frac{\mathrm{d}\,M_i}{1-M_i} \qquad (6\text{-}8)$$

在式 6-7 和式 6-8 中，第一项是一般均衡中的替代效应（Displacement Effect），而第二项则是生产力效应（结合了价格-生产力效应和规模-生产力效应），是由一个与机器人技术水平相关的式子表示。显然，与命题 6-1 类似，机器人对就业和工资水平的影响有可能因为替代效应为负，也有可能因为生产力效应为正。

简单而言，当机器人在某个行业所带来的对劳动者的替代效应更强一些时，机器人对就业市场的冲击为负；当机器人带来的某个行业乃至所有行业的生产效率提升更强一些时，机器人对就业市场的冲击为正。在某些行业，尽管有些劳动者被替代，但是如果该行业成倍扩张，那么对那些无法被替代的劳动岗位的需求就会增加，对配合该行业生产的其他行业中的劳动需求也会增加。这便是我们需要辩证地去看待机器人对就业市场影响的原因所在。

（四）美国就业市场：机器人的冲击

接下来，Acemoglu 和 Restrepo 进一步对美国就业市场进行了实证分析的检验。数据包括了按照行业、国家和年份统计的机器人数据，这些数据来自 IFR。IFR 的数据涵盖了从 1993 年到 2014 年的 50 个国家，对应约 90%的工业机器人市场。然而，按行业划分的工业机器人存量仅适用于部分国家，即 20 世纪 90 年代的丹麦、芬兰、法国、德国、意大利、挪威、西班牙、瑞典和英国等国。这些国家占世界工业机器人市场的 41%。尽管 IFR 报告了 1993 年以来美国工业机器人的总存量数据，但直到 2004 年才提供行业分类数据。除制造业之外，共有六大行业使用机器人的数据：农业、林业和渔业；采矿业；公用事业；建筑业；教育、研究和开发；其他非制造业（如服务和娱乐业）。

在回归分析中，论文重点关注 Tolbert 和 Sizer 在 1996 年所定义的 722 个通勤区。这些区域涵盖了除阿拉斯加和夏威夷以外的整个美国大陆领土。对于每个通勤区，使用 1970 年和 1990 年人口普查的公共数据，以获得各行业的就业份额。回归结果显示，机器人的使用对就业造成了负面的冲击。因此，一个较为初步的结论便是，尽管机器人对就业市场会有正面和负面的冲击，但是从美国就业市场的数据来看，冲击主要还是负面的。

（五）总结

首先，在探究机器人对就业市场冲击的过程中，我们已经意识到了这种冲击可能同时存在正面和负面的影响。基于这样的一个逻辑，最新的研究确实也从经济学理论的基础上论证了这种正面和负面冲击同时存在的可能性。之后，我们又介绍了不同国家的数据实证分析结果，发现美国就业市场中机器人的冲击主要是负面的。李磊等（2021）的实证研究则表明，中国的就业市场中机器人的冲击反而是正面的。这就告诉我们，不仅需要辩证地去看待数字技术带来的冲击，而且需要分国家、分地区、分发展阶段去看待数字技术的冲击。这样才能更加精细、系统地去了解数字技术对生产领域带来的一系列影响。

第四节 如何看待数字技术的新冲击

在本章的第一节，我们已经了解到数字技术几乎涉及了经济活动的方方面面。因此，我们不仅需要从宏观视角统一地去看待数字经济对整个经济发展的影响，也需要真正地去探究各类数字技术在经济活动的各个领域所带来的新冲击。第二节，我们梳理了数字技术的发展历程，一方面了解了数字技术在第三次工业革命时期便已经开始了最为基础的技术积累，另一方面确实看到了 21 世纪以后数字技术已经全方面地渗透到各类经济活动之中。这些数字技术的冲击背后的经济学逻辑是不一致的，这就意味着经济学研究中的很多理论也会随着数字技术的发展而展现出新的特征。在第三节，我们分别挑选了 PC 互联网时代的文件共享技术对知识产权保护的冲击、移动互联网时代移动支付技术对金融市场的冲击、智能互联网时代机器人对就业市场的冲击进行更加深入的探讨，发现了数字技术带来的冲击往往都是好坏相依的，这就要求我们从更加辩证的视角去看待数字技术的新冲击。最后，我们需要从以下几个视角去看待数字技术的新冲击。

第一，作为经济活动的市场主体，无论是企业还是消费者，均应该更加积极地去拥抱数字技术所带来的变革，哪怕这种变革会带来一系列的阵痛。三次工业革命的过程中，技术变革均会带来负面冲击，很多企业甚至行业因为这种负面冲击消失在了经济历史发展的长河之中。但是，那些存活下来的企业往往借助新的技术迎来了更加蓬勃的发展。数字技术的变革充满了不确定性，只有积极地去面对、积极地去融入，才能最终消化掉数字技术带来的负面冲击，并更好地利用数字技术带来的正面冲击。

第二，作为经济活动的重要参与者，政府也应当进行更加深远的考虑，做好数字技术冲击下的各类监管工作、政策工作。数字技术冲击下，不仅市场会发生重大变化，社会福利的分配也会发生重大变化。在市场层面，要制定更为完善的监管制度，防止某些投机的市场主体借助数字技术的一些漏洞，破坏市场的发展；在福利层面，要积极做好再分配工作，保障因数字技术受到负面冲击的群体可以经过一段时间的适应在数字经济大潮中站稳脚跟。

本章小结

1. 所有的数字技术可以被分为两个层级：应用互联网层级和数字基础设施层级。应用互联网层级包括消费互联网和产业互联网，主要涉及各类应用场景中数据的生成和收集。数字基础设施层级包括计算和连接两大类，主要涉及对从应用场景中获取到的数据进行更好地存储、传送和计算。

2. 数字技术的发展历程大致可以划分为四个阶段，分别是信息技术时代、PC 互联网时代、移动互联网时代、智能互联网时代。

3. 数字技术一方面可能带来生产力的提升、创新产品的诞生，但是另一方面可能对旧产品市场造成不可避免的冲击。同时，有些数字技术在经济活动中有可能被用于破坏市场规则，在监管不到位的情况下可能造成极大的危害。这类数字技术犹如潘多拉魔盒，反而会对经济发展造成极大的不利冲击。

思考题

1. 全球数字技术经历了什么样的发展历程？这一发展历程对我们有何启示？

2. 到目前为止，数字技术形成了什么样的发展格局？这一发展格局又如何影响数字经济发展？

3. 数字技术会带来哪些冲击？数字技术带来的冲击是否都是正面的？

第七章

数字经济与经济周期

本章学习要点

1. 了解各类技术在经济周期中扮演的角色。
2. 明确数字经济与当前经济周期之间的关系，以及未来可能发生的变化。

数字经济的发展对于整个经济周期的影响同样是非常值得思考的问题。目前，还没有系统性的研究帮助我们更好地理解数字经济对经济周期的影响，这也因此成了一个非常开放性的话题。

本章将以开放探讨的方式，围绕数字经济与经济周期的关系，对各种可能的经济学解释进行分析。一方面，本章会尽可能从理论的视角出发，讨论数字经济影响经济周期的经济学原理；另一方面，本章会尽可能围绕现有数据进行开放式分析。

第一节　技术发展与经济周期

经济周期（Business Cycle），又称商业周期、景气循环，是指经济活动沿着经济发展的总体趋势所经历的有规律的扩张和收缩。宏观经济学的一个简单实践和常识便是经济增长不可能是增速稳定的平稳增长，其在不同的增长时期往往会由于各种复杂因素的影响而表现出波动。当我们把目光放得长远，从整个人类经济社会发展的历史长河中分析人类所经历的经济增长和发展历程，会发现这一历程充满了跌宕起伏，且有着很多深深吸引着经济学研究者和经济学爱好者的经济史故事。

无论是 20 世纪 30 年代初美国经济大萧条，还是 21 世纪初的互联网泡沫，无论是 20 世纪 80 年代拉丁美洲地区普遍爆发的债务危机和经济危机，还是始于 2008 年前后的席卷全球的金融危机，经济衰退总是容易给人留下深刻的印象，并让全球各国及地区在衰退中不断汲取历史的经验教训，以防大衰退再次发生。但是，经济社会的发展似乎总是有一双无形的手在暗中推波助澜，我们为自己处于经济繁荣时期而欢呼，也为自己又一次跌入经济衰退时期而忧郁。

在众多影响经济周期的因素中，技术因素一直是经济学研究者所关注的重点。技术的发展为全人类带来了至少三次规模性的工业革命，直接推动了经济的快速发展。与此同时，技术革新的放缓甚至是停滞，也同样会让经济的发展失去动力，从而让人类不得不面对经济增速放缓乃至下降的阵痛期。

近年来，全球经济发展受到了中美贸易摩擦和新冠疫情等多次冲击，之前展现出的复苏与发展势头也因此遭到当头棒喝。在这样的背景下，我们再一次发现基于大量新型数字技术的数字经济成为了经济增长的新动力，这便是技术发展的魅力所在。在本节，我们将会对经济周期进行简单的回顾，并探究技术对经济周期的冲击。

一、经济周期理论简述

从经济学研究的角度来看，对经济周期的度量主要是基于国民总产出、总收入和总就业的波动。在不同的经济周期下，国民收入或总体经济活动产生扩张与紧缩的交替或周期性波动变化。如图 7-1所示，传统的经济周期可以分为繁荣阶段、衰退阶段、萧条阶段和复苏阶段四大阶段。在上升（扩张）阶段，经济周期会达到顶峰，在下降（收缩）阶段，经济周期则会跌入谷底。

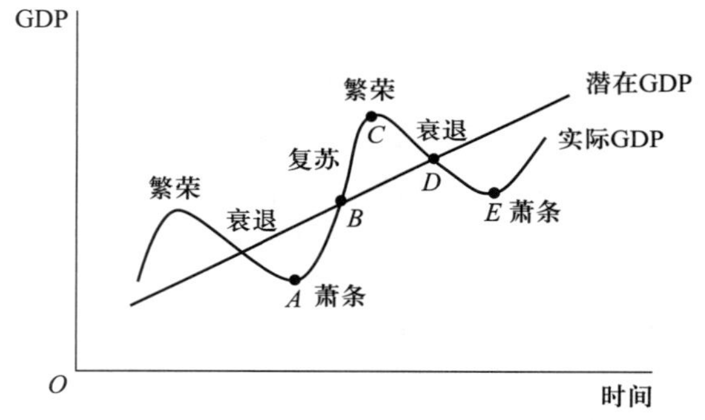

图 7-1 经济周期的四个阶段

在经济学的发展过程中形成了很多用于解释上述经济周期波动的理论，而不同的经济周期理论则将经济波动的原因归咎于不同的因素，因此有必要在此进行一个简单的介绍。

（一）凯恩斯主义经济周期理论

凯恩斯主义经济周期理论主要源于消费的边际倾向递减、资本的边际效率递减和流动性偏好规律三大规律，这三大规律均会导致经济运行过程中呈现“繁荣、衰退、萧条、复苏”的周期特征。比如，当经济处于繁荣阶段时，由于市场对未来预期较为乐观而大幅增加投资，造成资本的边际产出趋于下降、利润逐渐走低，进而引发了经济的生产过剩，并最终走向经济的衰退和危机。而当经济危机爆发时，市场信心不足、投资开始萎缩、失业上升、存货积压明显，此时往往需要政府部门通过逆周期需求管理政策来平滑经济的波动。

（二）弗里德曼经济周期理论

弗里德曼在《美国货币史》中批评凯恩斯主义者忽略货币供应、金融政策对经济周期的影响，其认为货币和信贷的扩张与收缩是影响总需求的最基本因素，并且是经济周期的决定力量。

（三）哈耶克经济周期理论

哈耶克在《货币理论与贸易周期》与《价格与生产》两本书中提出货币因素是导致生产结构失调的决定性原因，即其认为经济周期源于货币信用的膨胀对均衡结构的破坏，其中心思想是货币信用的扩张与收缩导致了经济的波动。也即信贷扩张很容易导致资本的错配和错误的投资增加，一旦信贷开始收缩，经济危机的隐患也就随之而来。

（四）熊彼特经济周期理论

1934 年熊彼特在《经济周期：资本主义过程的理论、历史和统计分析》一书中提出银行信贷、创新、技术变革等外部因素是经济周期的重要根源，即经济周期由供给冲击引起，需求冲击不重要。

（五）新古典学派的真实经济周期理论

20 世纪 80 年代，爱德华·普雷斯科特（Edward Prescott）、基德兰德（F. E. Kydland）等学者基于拉姆齐模型（Ramsey Model）提出了真实经济周期理论（Real Business Cycle Theory）。该理论属于新古典学派。真实经济周期理论否定把经济分为长期与短期的说法，认为市场机制本身是完善的，在长期和短期中都可以自发地使经济实现充分就业的均衡；经济周期源于经营体系之外的一些真实因素，如技术进步的冲击，而不是市场机制的不完善；真实经济周期理论认为经济周期本身就是经济趋势或者实现充分就业时国内生产总值的变动，并不存在与长期趋势不同的短期经济背离。

二、经济周期实践分类

历史上也曾有很多经济学家基于历史数据提出了不同长度和类型的经济周期，如表 7-1 所示。可以发现，这些经济周期的长度和其背后的指标密切相关，而这些指标也就成为了分析经济周期所处阶段的重要因素。

表 7-1　经济周期实践分类

经济周期	持续时间	指标
基钦周期	短周期（3～4 年）	库存周期
朱格拉周期	短中周期（8～10 年）	投资周期

续表

经济周期	持续时间	指标
库兹涅茨周期	中长周期（15~25 年）	地产或建筑周期
康德拉季耶夫周期	超长周期（50~60 年）	技术或资源周期

三、技术对经济周期的冲击

在后续的研究中，相较于凯恩斯主义，新古典学派多年来一直在经济学中占据上风。佐证之一便是，普雷斯科特和基德兰德所提出的真实经济周期理论帮助他们获得了 2004 年度的诺贝尔经济学奖，得到了经济学界的广泛认可。新古典学派对技术冲击的认可与经济周期实践分类之中的康德拉季耶夫周期有一定的相似之处。因此，从技术发展或者技术冲击的角度分析经济周期的波动可以为我们分析当前数字经济背景下，数字技术对经济周期的影响奠定基础。

美国经济史学家罗斯托在《经济增长理论史》中提出，每一次工业革命的“技术红利”为 55 年，即当一项重大的新技术引入 55 年后，经济增长率会逐渐递减直至恢复到之前的低水平。过去，每一次工业革命间隔的时间大约是 100 年，若重大技术红利维持时间为 55 年，每一次重大技术革命之后，先经历 55 年的中高增长，然后面临 45 年左右的低增长状态，直到下一次重大创新的到来。所以，技术创新浪潮决定了经济增长的波浪形态。人类经济既在技术浪潮之上递增，又在技术浪潮之下递减。

技术革命推动经济增长的经济学原理是：改变边际收益递减规律的假设条件，技术革新将边际递减曲线右移，将经济增长推到一个全新的高度（进而继续递减），实现规模经济递增。基于历史上技术的革新，我们可以把近代经济增长划分为以下几个周期。

第一个周期：从 1787 年到 1842 年（55 年），以蒸汽机的使用、纺纱机的发明及使用和纺织工业为标志。

第二个周期：从 1842 年到 1896 年（54 年），以钢铁技术及铁路运输工业为标志。

第三个周期：从 1896 年到 1946 年（50 年），以电力、内燃机、石化技术的应用以及汽车工业为标志。

第四个周期：从 1946 年到 2008 年（62 年），以航空航天、核能、电子、计算机技术的应用及信息产业为标志。这个周期比较长，严格上算是两个周期叠加。第二次世界大战后，军用技术民用化，航空航天、核能等技术应用，推动了战后经济持续景气。但这轮增长在 20 世纪 60 年代末逐渐乏力，而到了 70 年代欧美世界更是爆发了 10 年左右的滞胀危机。进入 80 年代后，经济逐渐复苏，电子、计算机技术等开始发力，90 年代互联网接力，世界经济延续了增长势头，直到 2008 年被国际金融危机终结。

除了技术变革带来的冲击，技术扩散同样和经济增长的波动密切相关。图 7-2 展示了 1940—2020 年基础性创新扩散与美国经济增长的关系。可以发现，技术扩散曲线与经济增长曲线高度契合。此外，另外一个有意思的发现便是，集成电路、通信技术、互联网等数字技术已经给美国带来过一次增速的提升，但是人工智能、量子计算等新型数字技术迟迟没有进一步发展，在一定程度上导致了美国经济增速没有实现更大的提升。由此可见，在数字经济时代，旧的数字技术已经融入技术与经济周期的整体之中，但是新的数字技术迟迟没有迎来爆发很有可能便是造成当前世界经济增速迟缓的一大重要因素。

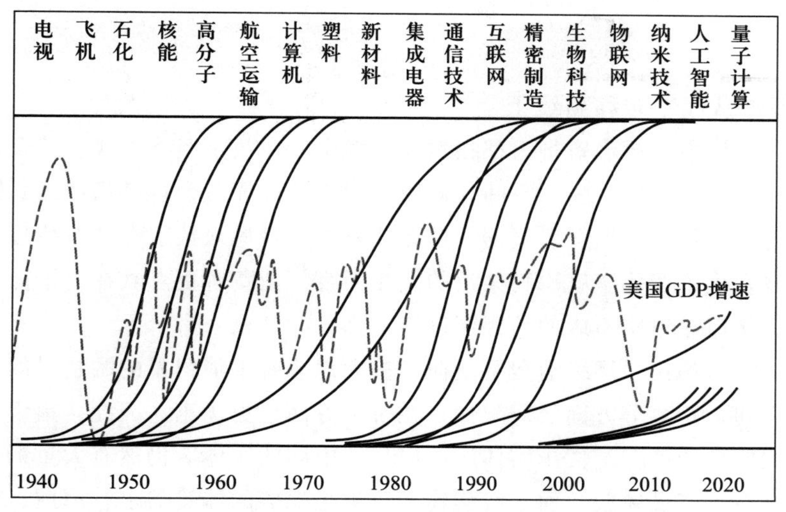

图 7-2　1940—2020 年基础性创新扩散与美国经济增长的关系

第二节　数字经济影响经济周期的方式

在第一节的介绍中，我们已经看到了数字技术作为当今技术革新的一大重要领域，正在对经济的周期性增长产生影响。事实上，除了使用 GDP 增速这一简单的指标，经济学家也会使用工业产值、物价水平、就业率、利率水平变动、借贷规模等一系列侧重经济发展不同领域的指标来观察经济周期。因此，有必要深入考察数字经济究竟会从哪些方面影响到经济周期，影响方式是什么，我们应该如何用现有的经济学理论去解释这些影响。

经典的真实经济周期模型囊括了偏好、禀赋、技术等的假设，不但可以刻画经济增长和经济周期的主要特征，而且可以进一步用来进行技术冲击下的经济分析。但是，数字经济并不仅仅是数字技术本身，其所带来的影响可能覆盖到供给端和需求端的各类经济活动之中，从而让数字经济对经济周期的影响更为复杂。

一、消费活动与总需求

消费偏好在经济学模型中往往是以家庭为单位进行假设，家庭会做出有关消费、投资和劳动供给等的决策，其中投资以及劳动供给成为影响总供给的因素，而消费则会成为影响总需求的因素。就最简单的理解而言，家庭的效用受消费和闲暇的影响，家庭消费之余的资金进入储蓄再进入投资之中，闲暇之余的时间则参与劳动成为劳动的供给。数字经济对消费偏好所带来的影响非常复杂且值得深入思考，不仅会影响到整个消费结构，而且会影响到闲暇所带来的效用。数字经济时代下，消费行为有了如下几个新的特征。

（一）消费渠道从线下转移到线上

在过去，市场中主要消费行为都在实体店发生。在数字经济时代，消费者可以通过信息技术、网络等，突破时间、空间、地域、国界等选择适合自己的产品，除了实体消费，还可以通过在线渠道消费。根据一项在线调查，自进入数字经济时代以来，消费者的行为和喜好发生了变化。就购物渠道的变化而言，消费者更喜欢在电子商务平台上消费电子产品，从而导致实体店的销售额逐渐下降。

和实体店消费相比，网络消费更便捷，极大地节省了消费者的购物时间，突破了传统实体店在空间、距离等方面的局限性，在价格方面也更优惠。因此，很大一部分消费者认为，在线购物的体验感优于实体店。但是，中国的实体店仍然有大量的消费者。他们的主要偏好在于产品体验，而在线购物无法满足他们的体验需求。因此，针对消费者在产品体验方面的需求而言，网络购物无法满足需求，这类消费者仍然更倾向于实体店体验式消费。

李迅雷（2018）曾经通过相关数据分析了网购是否能促进消费增长。从数据上而言，网购与线下消费是一个此消彼长的过程。2022 年，我国网络零售市场总体稳步增长。国家统计局数据显示，2022 年全国网上零售额 13.79 万亿元，同比增长 4%。其中，实物商品网上零售额 11.96 万亿元，同比增长 6.2%，占社会消费品零售总额的比重为 27.2%。商务大数据对重点电商平台监测显示，2022 年全国网络零售市场部分商品品类销售实现两位数增长。在 18 类监测商品中，8 类商品销售额增速超过两位数。其中，金银珠宝、烟酒同比分别增长 27.3%和 19.1%。由此可见，网购在社会消费品零售总额中，不仅比重大，而且增速快，成为消费增长的一大动力来源。

（二）消费需求多元化，闲暇效用增加

随着数字经济发展不断深入，居民的消费理念发生转变。消费者对于新产品的接受度越来越高，越来越多的消费者试图提前消费，他们的消费观念变得越来越开放。中国居民的消费行为随着消费产品不同也有不同的表现形式。例如，从消费产品来看，家电、电子数码产品、金融产品等占比逐渐升高，而厨卫、日用品、户外运动类占比较低。从年龄看，21~29 岁人群的消费更多集中在餐饮服务、音像制品和网络游戏上，35 岁左右人群更倾向于母婴市场，50 岁以上人群在旅行、家装、医疗方面的消费水平较高。

这种多元化的消费所带来的直接后果便是闲暇所带来的效用也随之增强。数字经济带来了大量的线上娱乐，消费者可以在手机、计算机等平台上非常方便地接入各类网络游戏之中，也可以通过这些平台阅读新闻、收听音乐、观看视频等。这让消费者从闲暇之中获得的效用会得到极大的提升，从而降低对消费的需求。

由此可见，传统的家庭决策会因为数字经济的渗透而发生变化，不管是消费还是闲暇，都有可能受到冲击。家庭在效用最大化决策的过程中，消费偏好也会随之改变，最终影响到整个经济的均衡。

二、生产活动与总供给

在过往的研究之中，技术冲击会带来结构效应。即当发生一种主导性的技术变革时，技术进步会引起产业结构、就业结构等的变革，从而传递到生产率或者经济增长率的变化之中。这种技术冲击主要体现在生产活动之中，从总供给的角度去探讨经济的波动。

我们认为，数字经济时代下，数字经济对生产活动的影响主要体现在以下几个方面：

（一）数字技术的冲击与资本积累

在一般情况下，数字技术冲击的发生会使得人均有效资本水平偏离稳态水平，进而使得资本积累发生。资本积累所需的资本来源于资本和消费的跨期迭代，直至经济在数字技术的冲击后回到另一个稳态，经济周期的波动也在这个过程中展现出来。技术冲击的大小决定了经济波动的强度，而技术冲击的持续性和资本积累的调整速度决定了经济周期的长度。在这个过程中，外生的、没有规律性的随机技术冲击引起了经济规律性的周期波动。

当然，数字技术冲击后经济体系的准确动态调整过程可能还依赖于经济当事人的偏好、政府所采用的政策以及数字技术本身真正能带来的影响力。如果政府预计到了数字技术可能带来的这些冲击，那么就可以制定相应的产业政策扶持相关的经济部门，从而加快资本积累的速度，让经济体系达到一个增速更快的稳态之中。

（二）数字技术的应用对劳动的强大替代性

在第 6 章中，我们具体地探讨过数字技术可能导致的对劳动的替代。在人类历史发展过程中，每一种技术的出现均会导致一部分劳动被替换，但是同时也会创造出大量的新就业机会，从而直接改变整个经济中的就业结构。但是，在数字经济时代，这种可能的替代性需要引起更多的重视。

过去的技术突破更多实现的是简单重复劳动或者部分自动化流程的替换，比如机械化大生产过程中，大量机器的使用就会挤压体力劳动者的就业需求。而数字技术的突破带来的影响可能不仅仅是这类重复劳动的替换，而可能涉及更高一层级的脑力劳动替换。这类数字技术以人工智能最具代表性，在人工智能技术的影响下，机器人不仅具备机械化的劳动能力，而且具备强大的数据分析和预测能力。

从国际经验上看，Ford（2015）利用发达国家数据的研究发现，机器人使用的确会引致失业。[①] Acemoglu 和 Restrepo（2020）以行业层面构建的机器人与人的生产任务模型为基础，利用1990—2007年美国工业机器人存量数据的研究结果发现，每千名工人中每增加一台机器人，就业人口比率将降低0.18%～0.34%，工资将会降低0.25%～0.5%。然而另一部分研究认为，机器人的使用从整体上看并不会导致大量失业，因为机器人应用等技术进步在替代就业的同时，也创造出大量的新的工作机会。

Dauth 等（2018）检验了工业机器人对1994—2014年德国劳动力市场的就业和工资的影响，发现工业机器人的采用对当地劳动力市场的总体就业没有影响。类似地，Graetz 和 Michaels（2018）运用1993—2007年17个国家的行业机器人数据，发现机器人使用密度的增加会提高劳动生产率和工资收入，但对工人总工作时间的影响并不显著。

而对我国而言，我国的经济发展水平、市场规模、国际分工地位与发达国家有所差异，因而不能一概而论。李磊等（2021）基于中国微观企业数据，考察了机器人使用对中国工业企业就业的影响，得出了以下几点结论。第一，与直觉不同，总体上机器人使用使得企业的劳动力需求反而上升。第二，机器人使用的影响存在行业差异。并非所有行业与工人都从机器人使用中获益，例如家具、造纸、制鞋等传统劳动密集型企业中的劳动力以及低技能劳动力的就业因机器人的使用受到抑制。第三，机器人使用的就业促进效应主要源于企业产出规模的扩张，部分受到生产效率提高和产品市场份额提升的影响。

（三）数据要素的独特性

数字经济的背景下，除了数字技术带来的这类冲击，还有一个非常明显的特征，那便是数据成为了一类新的生产要素。因此在生产活动中，除了考虑简单的资本、劳动以及外生的技术冲击，我们在很多情况下还得考虑数据这类新的要素。

在过去经济发展过程中，数据之所以没有被单独作为一类生产要素强调，主要是因为数据往往和信息通信技术（ICT）紧密结合在一起。ICT的投资可以促进相关产业和整个经济的发展，而数据一直在这个过程中发挥着作用，因此将数据称为一种生产要素体现的是对数字经济生产活动的一种更加深刻和精细的认识。Jones 和 Tonetti（2020）在其对信息分类的基础上指出创意是生产函数，而数据则是生产要素，作为生产要素的数据本身不产生经济物品，却能够在经济物品的生产过程中发挥作用。

互联网平台企业收集到的用户个人数据本身不是一类产品，但是通过人工智能、大数据等算法这些数据可以被用于进行预测，从而帮助平台企业更好地开展生产活动。数据的聚集可以帮助整个系统提升效率，因此如果互联网平台企业能够获得用户的个人数据并将其用于经济活动之中，那么这些个人数据就是数据要素。

---

① Ford M. The Rise of the Robots: Technology and the Threat of Mass Unemployment [J]. International Journal of HRD Practice Policy and Research, 2015: 111.

数据要素或数据资本的特征在前文中已经进行了较为完整的阐述，而数据要素的这些特征不仅让其区别于传统生产要素，也为数据要素确权的复杂性埋下伏笔。

总结而言，数据要素主要包括如下几个特征：① 虚拟性，即数据必须依附于其他生产要素才能发挥生产效率，比如数据要素与信息技术的结合，与劳动力的结合等。而这也导致了数据在不同主体的手中可能拥有不同的价值。② 规模报酬递增，即数据规模的增加或种类丰富度的提升可以让数据要素的规模报酬不断提升。具体而言，平台企业能从数据中获得的价值取决于数据的质量、规模、范围和独特性四大要素，而数据聚集在一起才能产生更强大的规模。但显然，这种数据的聚集也会在一定程度上导致平台企业的市场势力过大。③ 非竞争性，即数据在被分享和复制后，使用数据的效用并不会因为使用者的增加而下降。但是非竞争性意味着数据的分享可能削弱数据收集者本身的竞争力，因此很多花费大量成本收集到独特数据的企业并不愿意分享其所拥有的数据，进而加剧数据垄断。④ 负外部性，即数据在形成生产力的同时也可能存在隐私泄露等风险。因此，数据要素在生产过程中需要去标识化、脱敏、隐私计算、区块链等技术的支撑。此外，敏感性也包括了数据的大量汇集对国家安全造成的潜在隐患。

数据要素带来的强大生产力，很可能对经济波动产生重要的影响。此外，数据要素具备的正外部性和负外部性也会在要素积累的过程中产生难以预测的影响。

（四）数字化生产协作

本章在经济周期实践分类中提到过一类短周期，即基钦周期。基钦根据美国和英国1890年到1922年的利率、物价、生产和就业等统计资料在厂商生产过多时就会形成库存从而减少生产的现象出发，把这种3~4年的短期调整称为库存周期。

在市场经济下，经济过热时期，可能出现投资过度，从而积压存货；经济遇冷的情况下，需求下降，生产活动往往没办法及时、快速地调整，从而造成经济萧条。既然经济周期的波动无法避免，那么如果可以降低波动的幅度，甚至在一定程度上熨平经济周期的波动，便可以将经济波动带来的负面影响降低。

在过去的经济实践过程中，政府干预一直是经济周期在谷底时很多国家不得不采用的手段。最为著名的便是美国经济大萧条时期，胡佛自由放任政策导致经济长期处于混乱、失衡状态，无法摆脱危机；罗斯福新政下，政府采用对工业进行调整、大力兴建公共工程等政策挽救了经济。在数字经济时代，数字化生产协作可能也可以在预防经济萧条、加强政府精准干预等方面发挥作用。

一方面，数字化生产协作可以打通产业链上下游，乃至不同产业链之间的生产数据。在需求端的任何变化可以非常迅速、敏捷地传递到生产端，从而帮助生产活动进行及时迅速地调整，理性投资，防止经济过热。另一方面，经济周期虽然表现为整体的经济波动，但是也和各个产业的经济表现密不可分。如果政府可以在数字化生产协作的过程中，基于大数据等技术对国家各产业部门的生产活动有更深入的了解，那么也可以依此更加迅速地出台各类宏观经济治理政策，从而更好地去调控整个经济周期。

三、一个简单的 *IS-LM* 模型框架

接下来，本章将会基于宏观经济学中最基础的 *IS-LM* 模型，分析数字经济对经济波动的影响原理。首先对 *IS-LM* 模型进行一个简单回顾，*IS-LM* 模型是由英国经济学家约翰·希克斯（John Richard Hicks）和美国凯恩斯学派的创始人汉森（Alvin Hansen），在凯恩斯宏观经济理论基础上概括出的一个经济分析模式，分为 *IS* 曲线和 *LM* 曲线。

其中，*IS* 曲线的方程是：

$$Y = C(Y - T) + I(r) + G \tag{7-1}$$

其中，Y 表示国民收入；T 表示政府税收；G 表示政府支出；$C(Y - T)$ 表示消费函数；$I(r)$ 表示投资函数。

而 *LM* 曲线对应的方程则为：

$$\left(\frac{M}{P}\right)^d = L(r, Y) \tag{7-2}$$

其中，M 表示货币供给；P 表示价格因素；$L(r, Y)$ 表示货币的需求函数。

前文分析的关于数字技术带来的冲击主要还是集中在 *IS* 曲线上。比如，网购的出现可能增加消费者的边际消费倾向，从而影响到消费函数并进一步改变 *IS* 曲线的斜率，如图 7-3 所示。边际消费倾向的增加最终会导致均衡国民收入的提升，推动经济的发展。

再比如，数字技术的发展带来相关新兴行业的数字基础设施投资增加，便会导致整条 *IS* 曲线往右上方移动，从而同样带来均衡国民收入的提升，如图 7-4 所示。

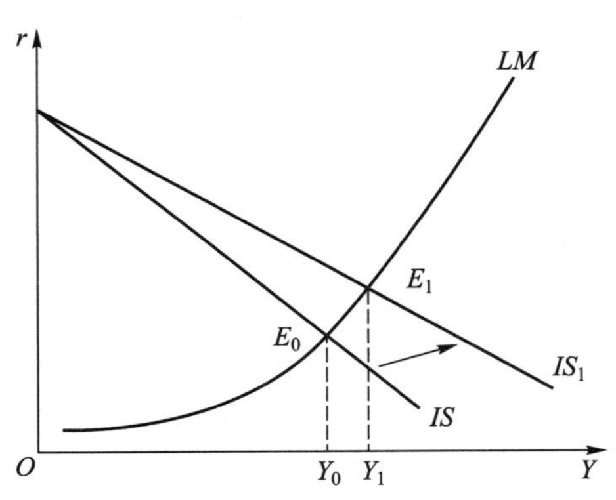

图 7-3 数字技术对消费的冲击

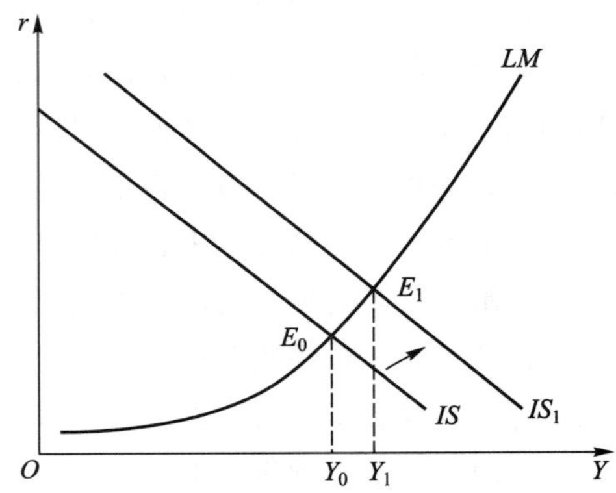

图 7-4 数字技术对投资的冲击

本节围绕经济周期理论，讨论了数字经济影响经济周期的可能方式。虽然目前没有针对性的研究系统地探讨数字经济对经济周期的影响，本节所涉及的部分探讨也没有给出一个数字经济影响经济周期的共识或者结论，但是这些探讨都将在未来很长一段时间成为经济学研究或者经济学实践过程中值得思考和注意的问题。

第三节　数字经济下经济周期的表现

在本节，我们将根据一些宏观经济的数据，对数字经济下经济周期的表现进行考察。我们将同时基于全球和中国的数据，考察数字经济与总体经济周期之间的关系，也会考察数字经济本身的周期性表现。在分析过程中，本节将侧重于这些数据背后的经济学逻辑，从而引导读者更好地去思考数字经济对经济波动的影响。

一、数字经济与全球经济数据

在这一部分，我们考察数字经济与全球经济各类指标之间的关系。在我们定义经济周期的时候，最关注的还是总产出和就业的波动。因此，在度量经济波动的指标方面，我们主要选取了 GDP 增速和就业这两类数据。而在度量数字经济发展水平方面，我们主要选取了 ICT 相关的数据指标，比如固定电话、移动电话、ICT 服务出口的增速等。其中固定电话数据与 PC 互联网时代密切相关，因为早期的上网需要用到固定电话的拨号上网；移动电话数据则与移动互联网时代密切相关，因为大部分的移动互联网 App 均需借助于智能手机；ICT 服务出口则与智能互联网时代密切相关，因为 ICT 服务的出口涉及大量的计算产业以及进一步的智能计算产业。

（一）数字经济与全球 GDP 增速

图 7-5、图 7-6 和图 7-7 分别展示了全球固定电话、移动电话和 ICT 服务出口增速，与 GDP 增速的对比图。从图 7-5 可以发现，全球固定电话的增速与 GDP 增速在 1984—1993 年这段时间还能较好地吻合，基本上有着较为类似的变化趋势；在 1994—2003 年这段时间，全球移动电话的增速与 GDP 增速较为吻合；在 2004—2022 年，ICT 服务出口增速与 GDP 增速较为吻合。因此，一个较为直观的结论便是在数字经济发展的不同阶段，不同的数字技术对经济发展起到了较好的支撑作用。但是，一旦某种数字经济的技术发展到较为成熟的阶段之后，其对经济增速的影响可能就不再明显，需要有一种新的数字技术为经济增长提供动力。

事实上，在进入智能互联网时代后，尽管人工智能的呼声很高，但是其商业化应用目前还是遇到了非常大的瓶颈。同样，当数字经济向生产领域渗透时，关于运营技术（Operation Technology）的瓶颈限制了生产领域互联互通的进一步发展。如果这些数字技术不能在未来几年实现突破，数字经济对 GDP 增速的影响有可能打折扣。因此，我们在看到数字经济为经济增长注入活力的同时，也需要关注最新数字技术的发展趋势，从而进行更加客观的分析和预测。

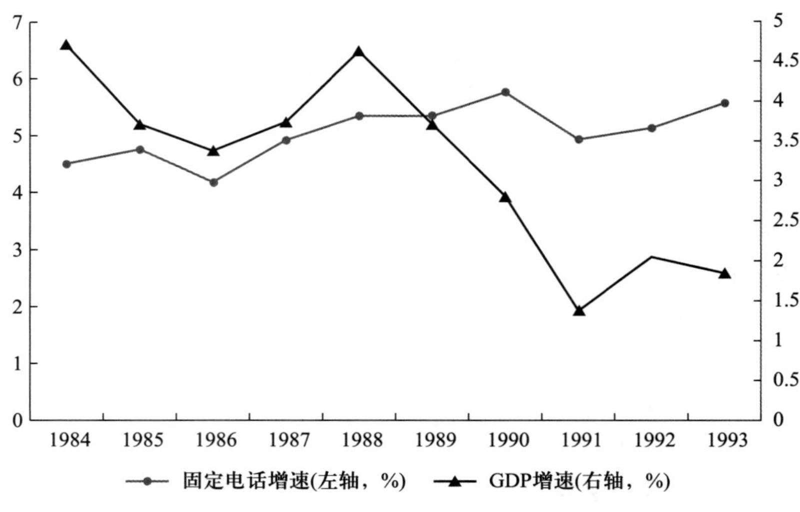

图 7-5 1981—1993 年全球固定电话增速和 GDP 增速

资料来源：世界银行。

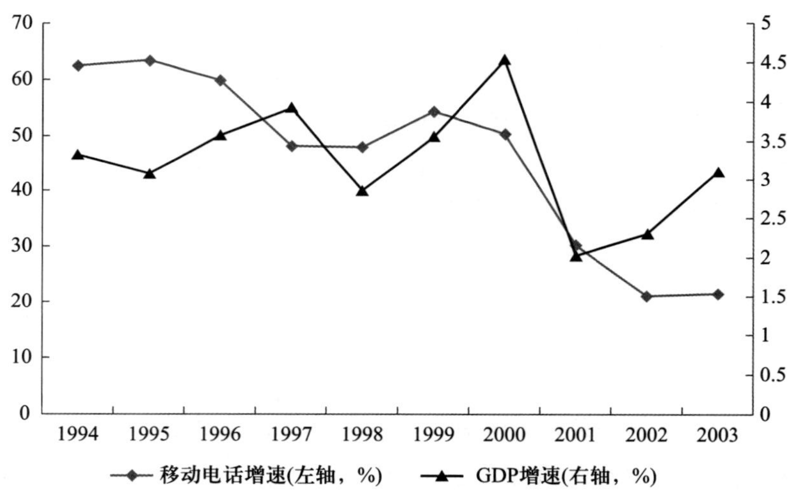

图 7-6 1994—2003 年全球移动电话增速和 GDP 增速

资料来源：世界银行。

（二）数字经济与全球失业率

由于数据的可获取性，我们这边主要分析移动电话增速、ICT 服务出口增速和全球失业率之间的关系。其中，图 7-8 展示了 1991—2003 年移动电话增速与全球失业率之间的关系，而图 7-9 则展示了 2002—2022 年 ICT 服务出口增速和全球失业率之间的关系。结论同样非常有意思，可以发现无论是选用移动电话增速还是 ICT 服务出口增速，其与全球失业率之间均有一个类似于剪刀差的关系，即当移动电话增速或者 ICT 服务出口增速下滑的时候，同年的全球失业率会增加；反之亦然。

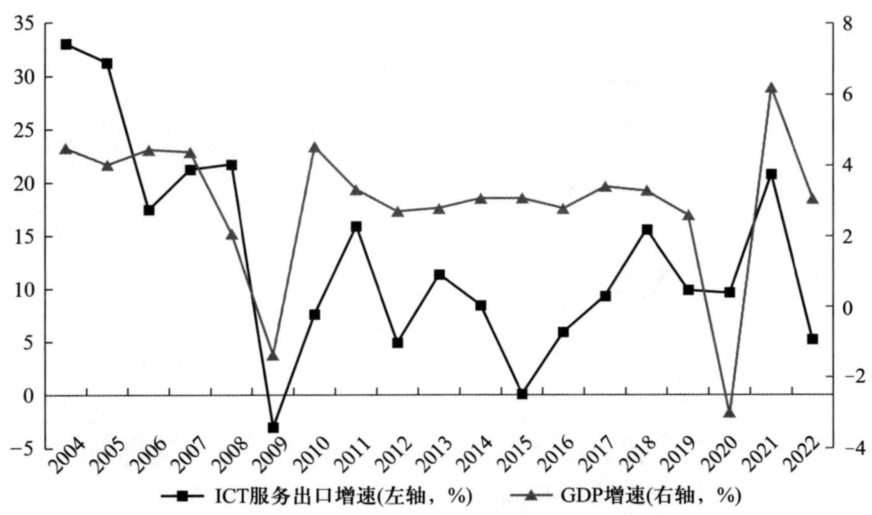

图 7-7 2004—2021 年全球 ICT 服务出口增速和 GDP 增速

资料来源：世界银行。

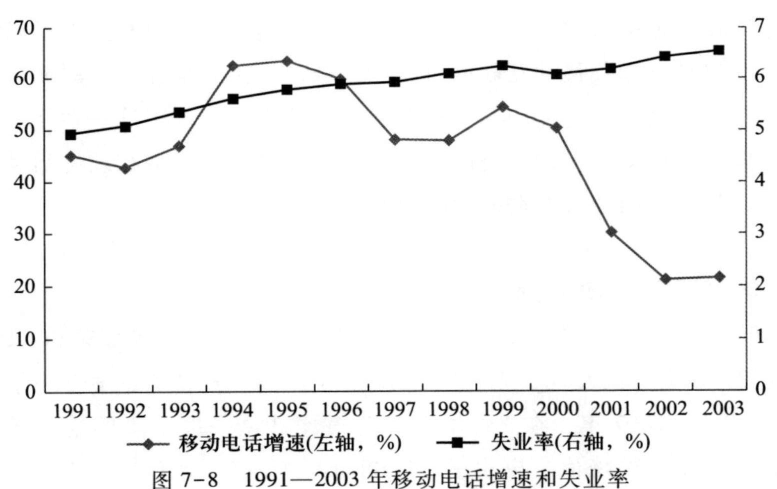

图 7-8 1991—2003 年移动电话增速和失业率

这个结果在一定程度上可以说明数字经济下，数字技术的发展总体上是创造就业的，当数字技术出现发展乏力的情况下，全球失业率反而会上升。当然，在未来的智能互联网时代，这种冲击的实际效果仍然有待进一步的考察。

基于目前全球经济数据的分析，数字技术的发展确实能够比较好地吻合经济波动的周期。因此在未来，我们有理由相信，数字经济的进一步发展会为全球经济的复苏乃至更进一步的繁荣做出贡献。

二、数字经济与中国经济数据

接下来，我们使用中国经济数据，考察数字经济在周期波动中所扮演的角色。在这个过程中需要额外考虑到中国数字经济的发展历程。事实上，在移动互联网大规模发展

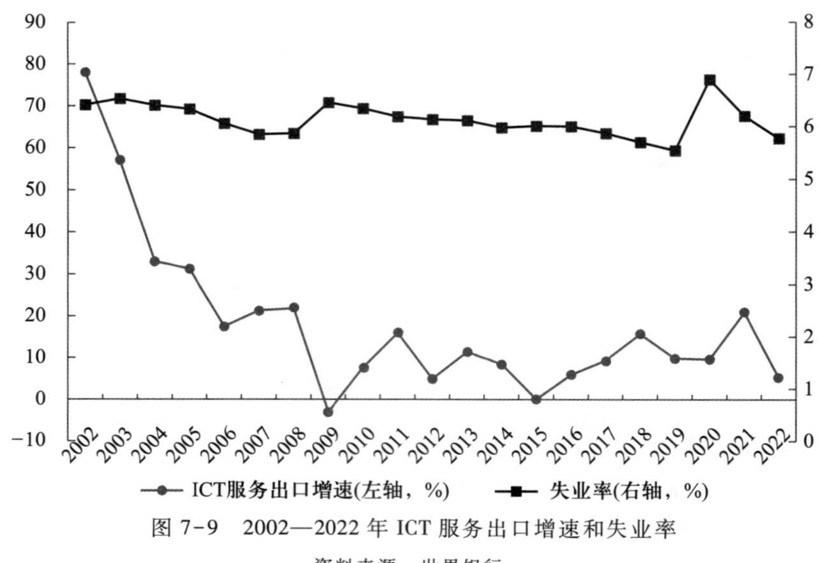

图 7-9 2002—2022 年 ICT 服务出口增速和失业率

资料来源：世界银行。

起来之前，中国在 ICT 层面并没有很强的技术积累，且如今在 OT 技术层面仍然处于较为落后的局面。但是，随着移动互联网时代的到来，中国逐渐在技术层面实现了自己的积累，并且数字经济逐渐成为了中国经济增长的引擎之一。基于这一背景，早期的数字经济可能并不能很好地影响中国经济的波动，但是随着数字经济在经济活动中扮演越来越重要的角色，其对中国经济波动的影响也在增强。

（一）数字经济与中国 GDP 增速

图 7-10 和图 7-11 分别展示了中国光纤增速、中国数字经济增速和 GDP 增速之间的关系。从图 7-10 中可以发现，光纤增速似乎和中国经济增速并没有一个非常直接的关系，特别是 2000—2007 年，在光纤增速较为缓慢甚至一度下降的情况下，中国的经济增速则达到了近年来的峰值。事实上，2008 年国际金融危机以前的经济上行和房地产行业的迅速发展以及加入世界贸易组织后的出口繁荣关系更为密切，而与数字经济的发展其实并没有太大的关系。在 2008 年国际金融危机以后，经济进入下行区间，这段时间光纤增速和 GDP 增速才在一定程度上拥有类似的变化趋势。因此，可以认为进入 21 世纪以来，单独从中国的数据来看，数字经济并没有在中国 GDP 增速高涨的这个阶段做出贡献。

为了更好地分析 2008 年国际金融危机以后数字经济与中国经济波动之间的关系，我们基于国家互联网信息办公室的数据计算数字经济的增速，并作出图 7-11。可以发现，2008—2016 年，中国数字经济的增速开始了波动上升的趋势，但是并没有扭转经济增速逐渐下滑的趋势。这可能是因为数字经济在当前中国经济总量中所占的比重并不高，对于国民经济的贡献相对有限。在 2016 年之后，数字经济增速和 GDP 增速的变化趋势高度一致，数字经济与国民经济呈现一致性周期变化。

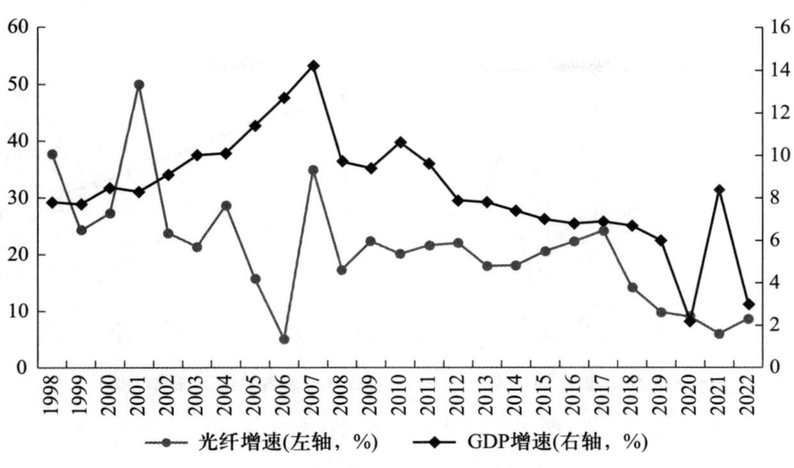

图 7-10　中国光纤增速和 GDP 增速

资料来源：国家统计局。

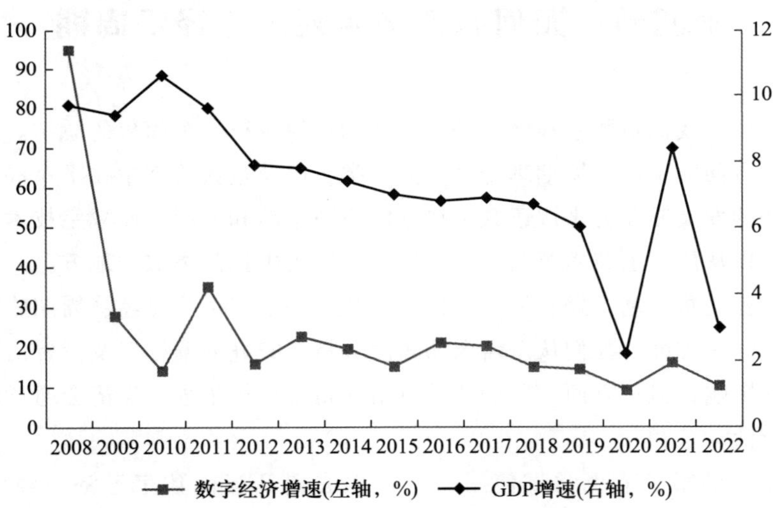

图 7-11　中国数字经济增速和 GDP 增速

资料来源：国家互联网信息办公室。

（二）数字经济与中国就业

类似地，我们来分析数字经济发展与中国就业之间的关系。我们寻找的度量就业的数据为中国就业人口数与总人口数的比值。图 7-12 展示了中国光纤增速与就业之间的关系。同样可以发现，在光纤增速波动较大的 1998—2008 年，中国的就业形势是非常稳定的，并没有出现较大的波动。而在 2008 年后，在中国光纤增速保持稳定的情况下，就业数却在逐年下滑。同样地，我们给出的解释是，至少在 2008 年以前，数字经济在中国经济的比重非常低，其波动并不至于影响到整个就业市场。

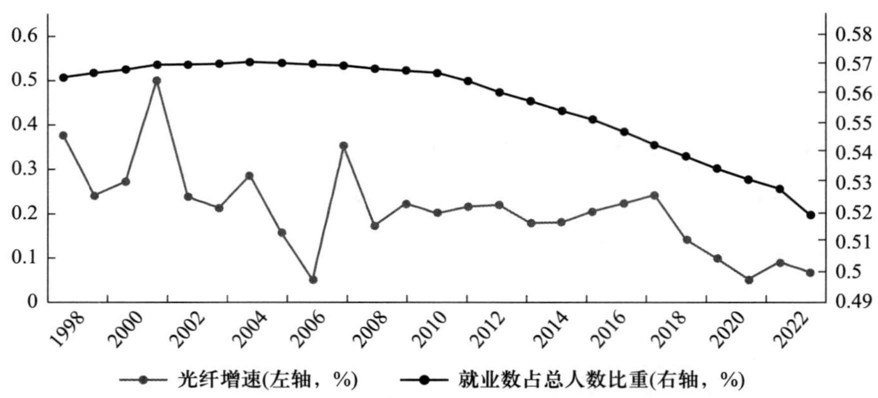

图 7-12 中国光纤增速和就业

资料来源：国家统计局。

第四节 如何看待数字经济与经济周期

本章的最后，我们对数字经济与经济周期的探讨进行一个简单的总结。在本章的第一节，我们重点回顾了经济周期理论、实践分类，以及过去研究中技术对经济周期的冲击。数字经济的发展驱动力来源于数字技术的不断革新和应用，而数字技术对经济周期的冲击同样可以从历史上技术革新对经济周期的冲击中找到类似的地方。

接下来，我们重点基于经济周期理论，对数字经济有可能对经济周期施加影响的方式进行了分析。一方面，我们从总需求的角度分析了家庭的偏好以及消费活动会如何受到数字经济的影响；另一方面，我们从总供给的角度分析了数字经济会通过哪些渠道影响到整个生产活动。

之后，本章的第三节也尝试使用一些数据去揭开当前数字经济与经济周期的关系。但是进入 2000 年后，我们发现数字技术带来的冲击并不如我们想象的那么大，这就意味着数字经济想要更加深入地影响全球经济波动，仍然需要有创新性的技术出现。类似地，我们分析了中国数据，发现由于 21 世纪前期中国数字经济占比较低，且相关的 ICT 仍处在积累之中，数字经济并没有在中国经济增速的高涨时期成为主要贡献者。而在经济下行的情况下，数字经济尽管成为重要的增长引擎，但是并没有起到带领经济走向复苏的作用。因此，我们同样可以认为，数字经济要想更好地影响中国经济波动，一方面需要继续提高其在经济总量中的占比，另一方面需要等待变革性数字技术的出现。

本章小结

1. 数字经济的发展驱动力来源于数字技术的不断革新和应用。

2. 数字技术对经济周期的冲击同样可以从历史上技术革新对经济周期的冲击中找到相似之处。

3. 数字经济并不仅仅是数字技术本身，其带来的影响可能覆盖到供给端和需求端的各类经济活动之中，从而让数字经济对经济周期的影响更为复杂。

4. 在经济下行的情况下，数字经济尽管成为重要的增长引擎，但是并没有起到带领经济走向复苏的作用。

思考题

1. 数字技术之前的其他技术在经济周期中扮演什么样的角色？

2. 数字技术如何影响经济周期？是加剧了还是平缓了经济周期？

3. 数字经济影响经济周期的方式有哪些？尤其是从总需求的角度看，其影响经济周期的方式有哪些？

4. 数字经济本身是否表现出具有自身特点的经济周期？

第八章

数字经济与不平等

本章学习要点

1. 了解国内外的数字不平等现象。
2. 掌握“数字鸿沟”和“数字不平等”的内涵。
3. 熟悉影响数字不平等的具体因素。
4. 掌握解决数字不平等问题的关键措施。

当今世界，全球数字化发展进程不断增速，信息通信技术的广泛普及和应用正深刻改变着全球的经济格局、利益格局、安全格局，也影响着每个人的生产生活方式。然而，数字时代带给我们的不仅仅是“数字红利”，还有由于数字技术接入及使用差距引起的一系列不平等现象，我们称为“数字鸿沟”或“数字不平等”。

第一节　数字不平等现象

一、全球视野下的数字不平等

全球视野下，数字基础设施建设及互联网接入的差距持续扩大，发展不平衡问题在不同国家之间和一国之内都日益突出。

从不同国家来看，欧美国家数字技术接入和使用持续领跑全球，与其他地区形成了巨大的“数字鸿沟”。2016 年，冰岛在互联网使用率方面以 98.24%的比例居世界第一，卢森堡、列支敦士登分别以 98.14%和 98.09%的普及率紧随其后；乍得、马达加斯加、尼日尔、索马里和厄立特里亚等撒哈拉以南的非洲多国互联网使用率不足 5%，其中东非的厄立特里亚国只达到 1.2%；东亚国家朝鲜的互联网使用率更是持续多年为 0。国际电联报告显示，截至 2022 年，欧洲移动宽带网络覆盖率高达 98.8%，而大洋彼岸的非洲仅为 49.6%，前者为后者的近两倍，见图 8-1 和图 8-2。

从一国内部来看，发展中国家的城乡“数字鸿沟”较发达国家更大。根据国际电联的统计数据显示，非洲国家城市移动网络覆盖率约是农村的 3.3 倍；最不发达国家当中，依然有 17%的农村人口没有覆盖移动宽带网络，13%的农村人口只有 2G 网络，见

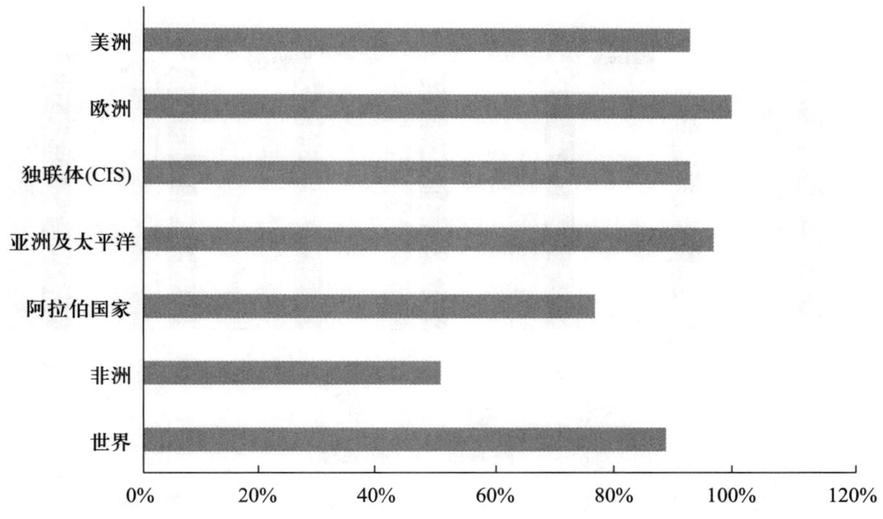

图 8-1 2022 年全球不同地区移动宽带网络（4G）覆盖率

资料来源：国际电联。

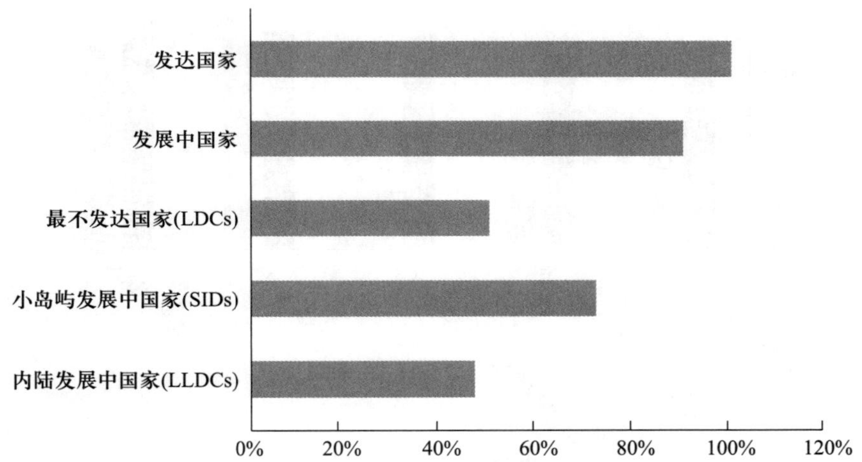

图 8-2 2022 年不同发展水平国家移动宽带网络（4G）覆盖率

资料来源：国际电联。

图 8-3、图 8-4。当前，全球仍有近一半的人口从未访问过互联网，数亿人在使用缓慢、昂贵和不可靠的网络连接。可见，全球填平“数字鸿沟”，实现数字化转型依然任重而道远。

二、中国视野下的数字不平等

中国视野下，宏观层面上的经济发展水平和对外开放水平差异，以及微观层面上的性别、年龄等方面的差异均在数字技术的接入和使用水平上有所体现。

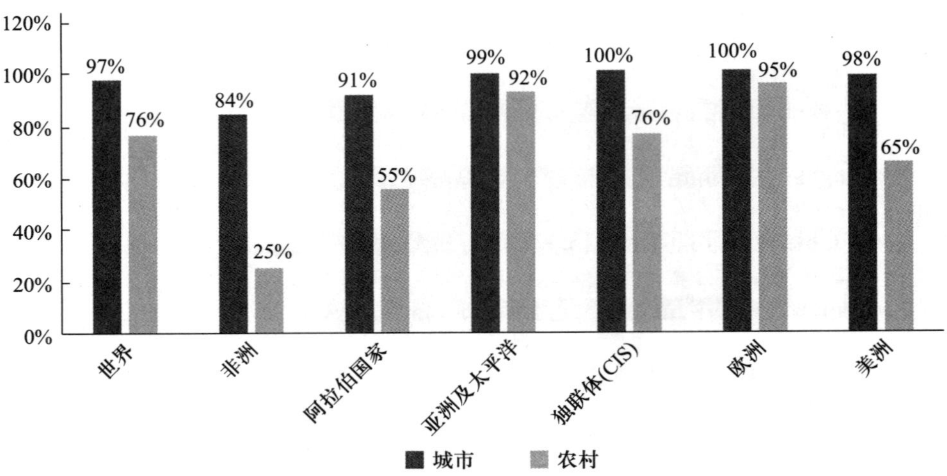

图 8-3 2022 年全球不同地区城乡移动宽带网络（4G）覆盖率

资料来源：国际电联。

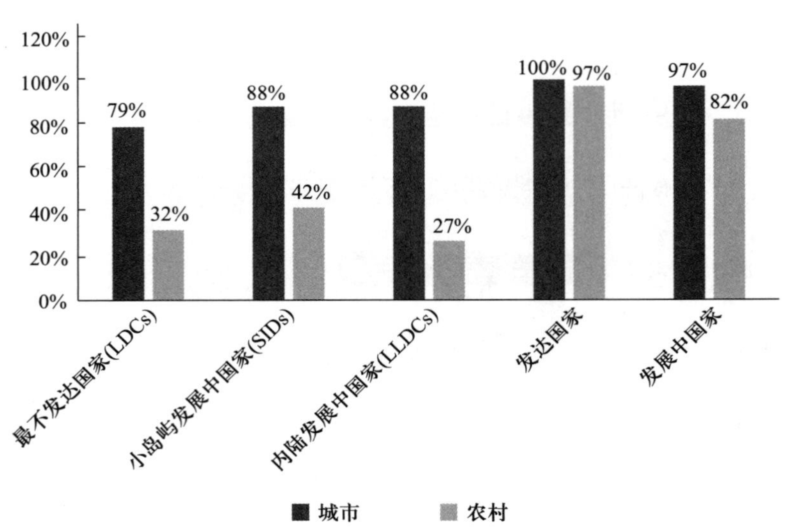

图 8-4 2022 年不同发展水平国家城乡移动宽带网络（4G）覆盖率

资料来源：国际电联。

从宏观层面来看，经济发展水平和对外开放水平越高，数字技术的接入和使用水平就越高。

一方面，我国经济发展和对外开放水平基本呈现从东部沿海地区向西北、西南、东北三个方向逐步递减的趋势，而数字技术的接入和使用水平也大致遵循这一规律。

截至 2022 年，我国东部地区已率先部署 5G 网络，而中西部地区尚在扩大网络覆盖范围、提升宽带普及水平阶段。第 51 次中国互联网络发展状况统计报告显示，北京 IPv4 数量占全国 25.49%，但宁夏、青海、西藏三省占比总和仅不到 1%。从互联网红利中受益最多的地区也是东南沿海，根据阿里巴巴中国县域互联网商务发展指数，排名居于前100的地区中东南沿海地区有86个，中西部地区分别仅有7个。另外，城市的经济发展水平和对外开放水平也普遍高于乡村，与之对应的是城乡“数字鸿沟”问题。2022年我国城乡地区互联网普及率分别为83.1%和61.9%；城镇网民规模占网民整体的71.1%，是农村网民规模的两倍之多。整体来看，2018—2022年，城乡“数字鸿沟”虽然在逐步缩小，但数字经济发展差距依然较大，见图8-5。

从微观层面来看，我国主要面临“人口老龄化”引发的老年数字鸿沟问题。我国非网民老年群体占非网民群体比重达37.4%。由于心理、技术、社会等因素，“银发族”在文娱、消费、出行、医疗等方面难以享受到“数字红利”，在数字时代逐渐被边缘化。综上，我国在经济发展与开放水平均衡发展、进一步填平基于区域、城乡、性别、年龄的“数字鸿沟”等方面仍有待提升。

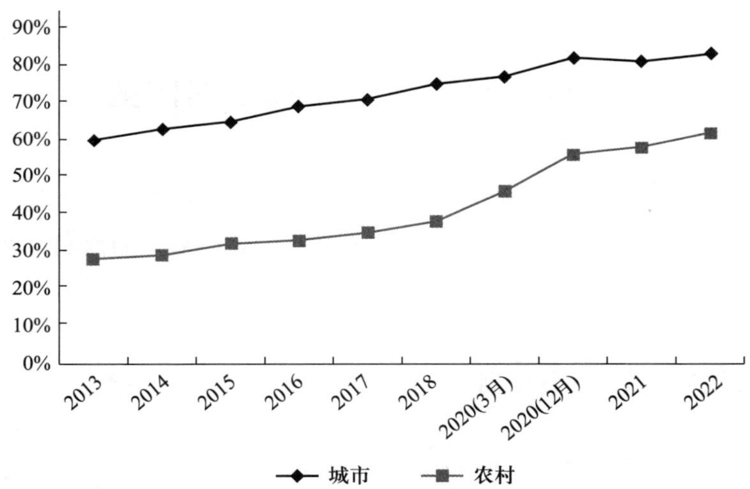

图8-5 2018—2022年中国城乡地区互联网普及率

资料来源：第51次中国互联网发展状况统计报告。

专栏8-1： 有趣的数据

2016年，国际电联在《宽带状况报告》中指出，家庭互联网普及率最高的10个国家全部位于亚洲和中东地区，韩国稳居全球家庭宽带普及率之首，高达98.8%的家庭已经接入互联网；卡塔尔和阿拉伯联合酋长国分别以96%和95%的家庭宽带普及率位居第二和第三。或许大家会有疑问：为什么家庭互联网普及率最高的国家不在发达的北美洲和欧洲呢？主要原因在于这三个国家人口少、经济发达、政府支持。

韩国总人口约5 200万，是亚洲第三个发达国家。韩国政府非常重视网络建设。20世纪末，韩国就将建设优质网络上升为国家战略，鼓励网络运营商将宽带接入每一个家庭、学校、政府办公室，实现“光纤到户”，并提供财政补贴和政策扶持，基础网络设施在政府的推动下快速发展。2005 年，韩国就已实现百兆宽带接入的基本普及。

卡塔尔人口约 264 万，拥有相当丰富的石油和天然气资源。2019 年，卡塔尔人均 GDP 位于世界第十，是中国的 6 倍左右，高于美国、新加坡等发达国家。卡塔尔政府非常重视社会福利，提供各种免费公共物品，为较高的家庭互联网普及率创造了条件。

阿拉伯联合酋长国总人口约 963 万，也是一个石油和天然气资源非常丰富的国家，人均 GDP 较高，被誉为全球最富有的国家之一。强大的经济基础给该国数字技术的接入和使用提供了保障，使绝大多数人使用互联网成为可能。

第二节 数字不平等概念的演变

一系列数据和现象表明，当前世界依然面临着“数字不平等”的严峻挑战。随着信息通信技术普及应用程度不断提高，“数字不平等”这一概念的内涵也在不断发展和丰富。

一、从数字鸿沟到数字不平等

信息通信技术（ICT）产生之初，学界主要关注“连接”给不同人群或国家带来的发展机会不同，“数字鸿沟”的概念应运而生。随着互联网基础设施覆盖面增加以及使用设施便利程度提高，接入可及性差异逐渐缩小，“数字鸿沟”的定义也被延伸，部分学者也用“数字不平等”这一更综合的概念代替数字鸿沟。

数字不平等是对数字鸿沟的继承和发展，其概念主要有以下两方面的拓展：一是数字不平等侧重研究已接入互联网用户的经济社会背景及其利用互联网的目的、能力及行为差异；二是数字不平等广泛考虑了信息通信技术的应用差异，将其与社会不平等联系起来，探讨数字不平等产生的社会影响。

二、数字不平等概念演变的三个阶段

随着研究不断深入，数字不平等的概念也在拓展和延伸。从是否“连接”到深入探究其原因及影响，数字不平等概念的演变可以从侧重接入差异、用户差异、应用差异三个层面划分为三个阶段：

（一）接入差异

最初，数字不平等的概念更多地体现为技术不平等，侧重于信息通信技术在连接上的差异。

美国电信和信息管理局（NTIA，1999）从技术层面提出，“数字鸿沟”是指新兴信息技术（电话、计算机、互联网）的使用者与不使用者之间存在鸿沟。

2001年，经合组织（OECD）在《理解数字鸿沟》的报告中，将数字鸿沟定义为“不同社会经济水平的个人、家庭、企业和地区获取信息通信技术和利用互联网进行各种不同活动的机会的差距”，即指不同国家、地区、群体中信息富有者与信息贫困者之间在掌握和应用数字信息技术方面的不平等或差距。

胡鞍钢（2002）认为“数字鸿沟”的本质是以国际互联网为代表的新兴信息通信技术在普及和应用方面的不平衡现象。这种不平衡不仅体现在不同地理区域、不同人类发展水平的国家之间、不同经济发展水平的国家之间，同时也体现在一个国家内部不同地区、不同人群之间。

（二）用户差异

随着接入可及性差异的缩小，数字不平等的概念拓展为关注互联网用户的经济社会背景及其在使用目的、技能和行为上的差异（Corrocher等，2002）。

DiMaggio（2001）和Hargittai（2002）研究发现，受教育程度高、收入高的用户更倾向于用互联网获取经济收益，而社会经济地位低的用户更多将其用于娱乐。基于此，DiMaggio等（2004）在突破传统二分法（上网或不上网，使用或不使用）的基础上，提出在数字时代，应集中关注使用者内部的差异，用内涵更深、外延更广的“数字不平等”概念来代替数字鸿沟。他们构建了数字不平等的五个分析维度，包括使用设备、使用自主性、使用技能、社会支持和使用目的，从而可以将ICT使用不均衡发展带来的社会问题放在更广阔的理论领域进行研究。

Hargittai（2002）将数字鸿沟分为“一级数字鸿沟”和“二级数字鸿沟”，分别侧重互联网的接入和使用，且认为不同人群使用互联网检索信息的能力会影响不同群体对互联网的运用，从而产生互联网的应用差异。

（三）应用差异

随着数字经济进一步发展，学界广泛考虑了信息技术的接入和使用所产生的应用差异及经济、文化、性别、受教育机会等方面的社会不平等现象，并将其纳入数字不平等的概念中。

Karen Mossberger（2003）将数字不平等表述为“虚拟不平等”，意指社会不平等在虚拟空间的延伸，是信息技术不均衡现象的多维度表现，包括技术接入、技能、经济机遇和政治参与等。

Hiroshi Ono 等（2007）认为数字不平等就是接入和利用信息技术中存在的差异和不平等，能够反映经济和社会各个方面不平等的现象。

邱泽奇等（2016）把互联网红利差异定义为在不同人群、地区、城乡之间从互联网红利中受益的差异，即互联网技术应用差异引起的不平等现象。

综上，政府机构、国际组织、学界等在不同时期给出了“数字不平等”的定义。前期侧重关注不同群体 ICT 的接入差异，后期则开始关注 ICT 的用户差异和应用差异。其中，政府机构和国际组织侧重提供权威定义和数据，学界则进一步探讨了数字不平等的深层原因及社会影响（Jan van Dijk 等，2003；邱泽奇等，2016；鲁元平等，2020）。

专栏 8-2：“数字鸿沟” 是如何测度的？

数字鸿沟的测度研究是定量研究数字鸿沟的产生原因及影响的基础。“数字鸿沟”概念提出以来，国内外学者及相关国际组织探究了不同的指标选取方法和测度方法。

常见的指标主要包括固定电话普及率、移动电话普及率、互联网普及率、互联网主机数量等。在指标选取时可以选用单一指标指代数字化发展水平，也可以选取多个指标构建衡量数字化发展水平的多维指标体系。

测算方法主要有以下三种：

（1）绝对差距法，主要用两者之差计算不同地区或群体互联网普及率（或其他）的绝对差距。

（2）相对差距法，主要用倍数、比值等方法计算不同地区或群体互联网普及率（或其他）的相对差距。

（3）时间差距法，主要是指两个地区互联网普及率（或其他）达到特定水平时的时间差距。

第三节 数字不平等的影响因素

从“数字鸿沟”到“数字不平等”，信息技术接入和使用上的差异势必进一步导致人们在经济、政治、文化、社会生活上的不平等。为此，挖掘造成数字不平等的深层原因，有利于我们从更多角度解决不平等问题。影响数字不平等的因素可以归结为宏观和微观两个层面。宏观层面影响因素主要包括经济发展水平、对外开放程度等国家或区域层面的特征，相应地，由其导致的数字不平等也多表现在国家或地区之间；微观层面影响因素则主要包括收入水平、受教育程度、性别、年龄等人口统计学特征，直接导致不同群体间的数字不平等。

一、宏观层面影响因素

（一）经济发展水平

虽然经济上的富有与信息富有并不完全等同，但大量研究已证明了二者的正相关性，“数字鸿沟”在很大程度上可以由“经济鸿沟”来解释，这种经济发展水平上的差异在国家之间和一国内部不同区域之间均广泛存在。

国家的经济发展是保障数字技术投资的基础，经济发展水平的差异势必导致各国在数字技术接入上的差距，从而形成“一级数字鸿沟”。一般来说，经济越发达的国家越早接入互联网。Chinn 和 Fairlie（2010）发现发达国家与发展中国家之间的计算机和互联网普及率的差距分别有 43.7%和 20.6%是由于收入差距造成的。Hargittai（1999）利用人均 GNP 指标较好地解释了工业化国家国际互联网主机的分布。失业率也是衡量一国经济发展水平的重要指标，Vicente 和 Lopez（2011）通过实证研究发现，失业率更高的国家面临着更大的资金限制，从而具有更低的信息技术使用率。

在一个国家内部，经济发展水平存在差异的不同地区之间也显示出信息技术接入和使用上的差异，形成数字不平等。Townsend 等（2013）、汪明峰（2005）等学者认为率先使用互联网的往往是经济发展水平较高的中心城市，这些城市具有良好的基础设施条件，同时对信息技术具有大量的需求，通过构建完善的电子通信网络来帮助其实现“世界城市”的发展目标。而经济发展较落后的边缘地区尚且无法有效扭转接入劣势，更谈不上提高数字技术的使用效率。

以我国为例，2020 年新冠疫情暴发后，为保证“停课不停学”，各院校纷纷开展线上教学，居住于偏远山区的教师和学生千方百计“找信号”“蹭信号”，以保证教学活动顺利进行的报道频频见诸各大媒体，鲜明地揭示了我国偏远地区在数字技术接入上的不平等地位。

城乡之间由于资源等方面的差异天然存在“经济鸿沟”，相对贫困的农村地区难以引进先进的信息技术，在数字化社会的背景下，信息资源的缺失阻碍了这些地区的经济发展，这又进一步导致这些地区对信息基础设施的投入持续处于低水平，从而形成难以跨越的城乡数字鸿沟。

Park 等（2015）认为农村居民在互联网接入和使用上的双重劣势使得他们难以基于互联网获得经济或其他收益。曹晋和梅文宇（2017）对我国儿童数字技术占有和使用情况进行了田野调查，发现我国东部沿海发达地区和中西部农村地区的儿童不仅在占有和使用上存在数字鸿沟，更重要的是，二者在“数字意识”上存在较大差距，这将进一步拉大数字鸿沟。罗廷锦和茶洪旺（2018）也发现了这一问题，他们认为贫困地区缺少必要的信息基础设施和相关教育投资，无法充分享受到信息技术及其革新带来的好处，造成越贫困的地区数字鸿沟越大的局面，进而形成恶性循环。

（二）对外开放程度

数字技术对经济的影响主要在于对该技术的使用，因此，尽管大多数国家并不能在数字技术开发方面处于领先地位，但其仍可以通过外部引进的渠道促进本国经济发展。在信息化社会的背景下，一国或地区深化对外开放，不仅可以促进人和物的联通，更重要的是可以促进信息的跨国界、跨区域流动，所以对外开放程度也是影响数字不平等的重要因素（Chinn 和 Fairlie，2010；Yartey，2008）。

贸易政策决定了一个国家的对外开放程度，实行贸易保护主义的国家，对于进口产品往往会设置较高的贸易壁垒，如高额的进口关税或繁杂的清关程序，这将阻碍其对数字技术的引进，加深该国的数字劣势。外国直接投资（FDI）是衡量一国对外开放程度的重要指标，由于跨国公司往往都是技术创新的领导者，而且具有很强的示范作用，所以 FDI 越高的国家越容易获取、学习外部知识和技术（汪明峰，2005），也就越容易填平与信息技术研发国或主导国之间的数字鸿沟。

二、微观层面影响因素

（一）收入水平

在信息化社会中，尽管人们可以从互联网上无偿获取大量信息，但是大部分信息含量和质量较高的内容或服务均为有偿提供的，在这种情况下，收入水平较低的人群在信息获取方面就会被“边缘化”，从而处于数字不平等的劣势一方。

大量研究已经证明，人们的收入水平或富裕程度在很大程度上决定了其接入和利用信息技术的能力。更富有的群体使用互联网的概率更高，也能更好地享受并利用互联网带来的好处（Hoffman 等，1999；Strover，2001）；社会经济地位较低的群体则被排斥在经济全球化和信息技术变革之外，处境变得更加艰难（DiMaggio 和 Bonikowski，2008）。以 Clark 和 Gorski（2002）、Britz（2007）等为代表的学者认为，信息通信技术的发展只会对那些富裕阶层有利，因此导致低收入人群和高收入人群之间的差距被逐渐拉大。

（二）受教育程度

Pandey 等（2003）从接入角度证明了接受更多教育的人群更有可能使用互联网服务。Billon 等（2008，2009）也发现，一个地区接受高等教育的人口比例与互联网和电子商务的使用度正向相关。可见，受教育程度不同的群体之间存在“数字不平等”现象几乎是不可避免的，而造成这一问题的原因则是多方面的。

首先，受教育程度不同会影响个体对信息技术的认知程度，以及其未来接入互联网的概率（陈力丹和金灿，2015）；其次，数字技术的学习和使用具有一定的文化门槛，不同受教育程度的群体在学习能力和使用目的上存在差异，受教育程度较高者可以更加迅速地掌握使用方法，具有更高的搜寻、处理数字信息的能力（van Dijk 和 Hacker，2003；de

Haan，2003)；最后，高学历人群使用数字技术的目的更多地在于自我提升，而受教育程度较低者即便迈入“使用”的门槛，也只是将其用于娱乐消遣（Hargittai 和 Hinnant，2008)。在多个渠道的共同作用下，受教育程度的差异成为数字不平等的重要成因之一。

除此之外，随着各国信息基础设施逐步完善，受教育程度更多地影响了人们利用信息技术的效率，尤其是已进入劳动力市场的成年人。由于数字技术已广泛应用于现代社会的各行各业，企业更加青睐可以熟练使用互联网服务的人才，而受教育程度在一定程度上反映了求职者对于信息技术的掌握程度或学习能力。因此，受教育年限更长的人群更容易获得技术含量高的就业机会，从而获得相对更高的工作报酬。从这一层面来看，受教育程度也是加深“数字不平等”的重要影响因素之一。

（三）性别

大多数从性别的角度考察数字鸿沟或数字不平等的早期研究发现，相比男性，女性使用互联网的频率和强度更低（Wasserman 和 Richmond Abbott，2005；Hargittai E.，2010)、网上活动范围更小（Haight 等，2014)、拥有强大互联网使用能力的概率更低（Hargittai 和 Shafer，2006)，说明女性总是处在数字劣势的地位上。性别间数字鸿沟的形成原因有两点：① 女性的收入水平相对较低，客观上限制了其接入互联网的能力，形成“接入沟”；② 受观念的影响，女性的平均受教育程度低于男性，从而在学习使用互联网时不占优势，导致“使用沟”形成。

全球移动通信系统协会（GSMA）数据显示，16—24 岁男性互联网用户每天使用互联网 8 小时 18 分钟，女性互联网用户每天使用互联网 7 小时 51 分钟；25—34 岁男性互联网用户每天使用互联网 7 小时 16 分钟，女性互联网用户每天使用互联网 7 小时 11 分钟；35—44 岁男性互联网用户每天使用互联网 6 小时 35 分钟，女性互联网用户每天使用互联网 6 小时 41 分钟；45—54 岁男性互联网用户每天使用互联网 6 小时 3 分钟，女性互联网用户每天使用互联网 5 小时 59 分钟。这说明从整体来看，性别间的“接入沟”在逐步消除，这部分源于观念的更新，男性和女性享有的各项权利越来越平等，更多的则是源于经济发展和信息传输媒介的多样化，使以更低成本接入信息网络成为可能。虽然从接入的角度来看，性别间的数字鸿沟问题有所缓解，但在部分行业或职位中，不同性别间的数字不平等仍广泛存在。Chen 等（2015）估计，在 IT 行业中，女性软件开发人员只占这一群体总数的 6%；高层职位中，性别构成也存在较大差距。

（四）年龄

处于不同年龄阶段的群体在信息技术的接入和使用能力方面显然是存在差异的。青少年作为在数字化环境下长大，并与互联网共同成长的一代人，势必拥有最先进的接触数字世界的条件，但是在家庭、学校和社会的限制下，其实际使用互联网的时间受到很大约束；中青年阶段的群体是数字技术诞生及更新换代的亲历者，并且由于学习、工作、生活、社交等的需要，有必要也有能力最大限度地利用数字技术；在成年之后才开始接触、学习数字技术的中老年群体受生活习惯和学习能力的影响，接受和学习新技术的能力相对较差，在互联网的接入和使用方面都处于劣势。可见，年龄是导致“数字不平等”广泛存在的又一个重要因素。有研究证明，老龄化程度越高的地区确实具有越低的互联网接入率（Vicente 和 Lopez，2011）。

专栏 8-3： 弥合数字性别鸿沟

不同群体受到性别、年龄、收入等方面的影响，从数字信息技术发展中的获益也各不相同。其中，数字性别鸿沟一直是国际社会关注的议题之一，弥合数字性别鸿沟成为推动性别平等的着力点。

数字经济的发展给女性群体带来了机遇和挑战。一方面，信息通信技术的发展加强了虚拟世界的连接，提供了开放公平的网络发声平台，衍生出了灵活的创业和就业方式，给女性提供了新的工作、学习、社会参与方式，有利于提高女性的经济和社会地位，如从事电商、网络直播等行业的多为女性群体。但另一方面，全球数字资源性别分配不均、女性数字身份安全易受威胁、人工智能等高端数字技术产业女性参与度较低等现状给数字经济时代的女性权益保护带来了挑战。

数据显示，2022 年，全球约 69%的男性群体使用互联网，而女性群体为 63%。从全球不同地区来看，仅约四分之一的国家在互联网服务方面基本实现了性别平等。其中，非洲国家的性别差异最大，男性互联网使用率较女性高 11%；美洲的数字性别差距最小，男女互联网使用率相等。如图 8-6、8-7 所示。

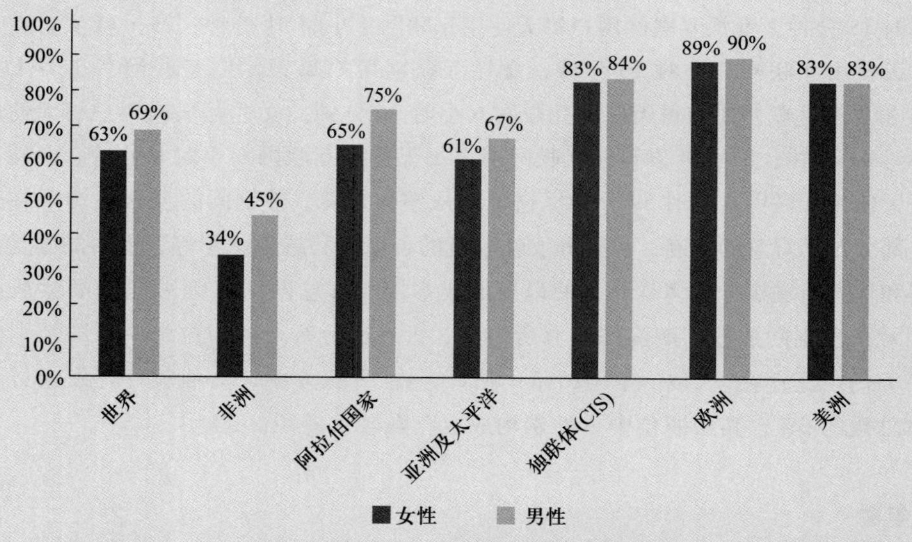

图 8-6 2022 年全球不同地区不同性别的互联网使用率

资料来源：国际电联。

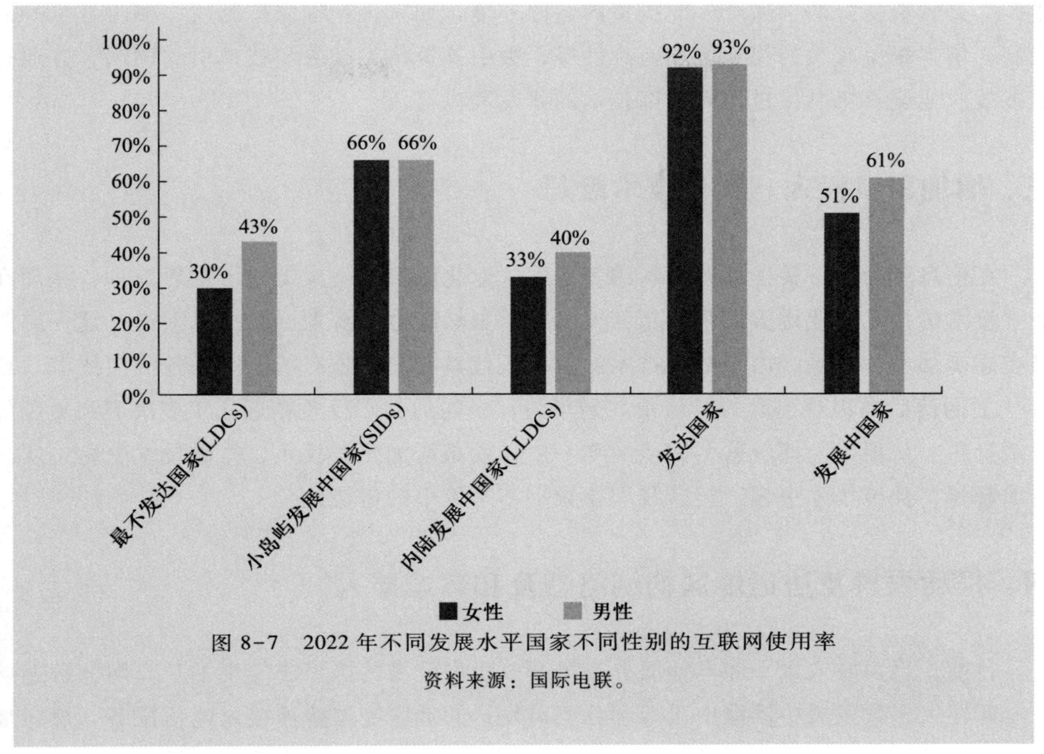

图 8-7 2022 年不同发展水平国家不同性别的互联网使用率

资料来源：国际电联。

第四节 化解数字不平等的政策建议

一、加快经济发展，填平“接入沟”

截至 2022 年，世界上互联网普及率最高的国家已接近 100%，而最低的国家才不到 50%（最低的南苏丹为 48%），这些国家大多都处于最不发达国家行列，可见经济发展水平的落后是造成如此巨大的“接入沟”的主要原因之一。因此，要想扭转数字劣势的局面，各国应首先着力发展自身经济，保证数字技术基础设施的投资，从可及性方面跨越数字鸿沟，其后再进一步解决数字不平等问题。

二、深化对外开放，推动技术引进

对于大多数发展中国家而言，它们都是数字技术产品的消费国，而非生产国，因此，深化对外开放，增加技术引进，发挥后发优势，是推动本国数字技术发展的一条捷径。具体可以从两方面着手：一是改善数字产品的贸易条件，如降低关税、简化清关手续等，通过降低成本适当抑制产品价格，刺激国内需求，进而推动数字技术的普及和使用；二是营造良好的、适合外商投资的营商环境，如完善产权保护制度、减少外资准入限制、增强相关政策的稳定性和持续性等，吸引外资将尖端数字技术引入国内，并通过示范效应或倒逼机制促进国内数字技术的研发和供给。

三、增加研发投入，实现技术赶超

在信息革命中，美国、欧洲各国等老牌工业化国家又一次走在了世界前列，从而在数字技术的接入和使用方面都远超其他国家。虽然随着经济发展和技术引进，这一差距已在逐步缩小，但是，由于数字技术的更新换代具有前所未有的速度，各国在技术"质量"上的落后是很难追赶的。从中兴到华为，中国的尖端行业在近几年多次遭到美国的技术打压。从根本上摆脱这一困境的唯一途径就是增加研发投入，打破技术壁垒，实现技术赶超，甚至技术引领，扭转我国在数字不平等中的劣势地位。

四、推动农村及边远地区的网络普及和普遍接入

目前，很多收入水平和电信服务市场开放程度较高的国家已实现了互联网的普遍接入，而在大多数发展中国家中只有部分相对发达的地区能够普遍接入电信服务，农村地区或相对贫困地区受制于自身经济发展水平，短期内很难自主实现这一目标。为解决地区间的数字不平等问题，一方面政府应该推动电信服务市场化，通过市场竞争降低价格，进而降低接入门槛；另一方面政府应该从政策层面适当向落后地区加以倾斜，比如，国家可以从各个电信运营商的运营收入中收取一定比例的资金，并将其设立为普遍介入基金，以便对电信发展落后且发展前景较差的地区实行电信投资补贴，通过国家机器改善一国内部的数字不平等问题。

五、弥合不同群体间的数字不平等

遏制数字不平等现象的恶性循环，弥补弱势群体的信息劣势是关键。要达到这一目标，需要从物质和观念上共同施力。一方面，国家可以综合协调多方力量，降低互联网接入费用，大力发展移动互联网，并为弱势群体在互联网接入上提供专项经济补贴。另一方面，除改善物质条件之外，从观念和素养上着手，才是解决数字不平等问题的根本之策，因此，要大力培育人们利用互联网快速获取、处理信息的能力，让网络真正走进千家万户，为提高人民福祉添砖加瓦，成为提升居民幸福感的重要渠道。而要更好、更迅速地实现这一目标，最重要的抓手仍然落在政策层面，比如，政府可以将数字技术相关项目更好地纳入教育系统，以提高利用效率为核心，推进教育信息化。在学校中引入这些技术，将有利于个人和地区跨越阻碍信息技术传播的观念和文化障碍，从"使用"层面缩小数字不平等。

本章小结

1. 从全球范围来看，经济发展水平或发达程度不同的国家或地区之间，尚存在巨大的数字鸿沟；中国内部不同区域之间、城乡之间、不同群体之间亦存在普遍的数字不平等现象。

2. 数字鸿沟仅强调用户在数字技术接入可及性上的差异，而数字不平等则从接入差异、用户差异和应用差异三个阶段全面刻画了人们在数字技术接入和使用上的差异性。

3. 不同国家或地区之间的数字不平等大多是由经济发展、对外开放等宏观层面的因素造成的；一国内部的数字不平等则在很大程度上受收入、受教育程度、性别、年龄等微观的人口统计学特征影响。

4. 扭转一国或地区在数字经济发展中的劣势地位，重点在于加快经济发展、深化对外开放、增加研发投入；弥合经济体内部的数字不平等，则需在政策上向农村、边远地区以及弱势群体进行适当倾斜。

思考题

1. 什么是数字鸿沟？数字鸿沟有哪些表现？
2. 数字鸿沟和数字不平等之间的相同点和不同点分别是什么？
3. 你认为有哪些手段能化解数字不平等？哪些手段可能是无效的？

第九章

数字普惠经济学

本章学习要点

1. 熟悉多重视角下数字经济普惠性的具体体现，把握数字经济普惠性的本质。

2. 掌握数字经济的普惠性主要体现在哪几个方面，以及数字经济的普惠性对消费者剩余、就业和脱贫攻坚的作用机制。

在数字经济背景下，经济社会的发展与以往究竟有何不同，数字经济是否具有普惠性，以及数字经济的普惠性具体体现在哪些方面，又是以何种机制影响经济社会的全面发展和运行的……本章将从这些具体问题出发，探讨“数字普惠经济学”的丰富含义。

第一节　数字经济的普惠性

一、理解普惠性的多重视角

数字经济是继农业经济、工业经济之后一种新的经济社会发展形态，更容易实现规模经济和范围经济，日益成为全球经济发展的新动能。我国“十四五”规划纲要将“加快数字化发展，建设数字中国”单独成篇，并首次提出数字经济核心产业增加值占GDP比重这一新经济指标，明确要求我国数字经济核心产业增加值占GDP的比重由2020年的7.8%提升至10%。

习近平总书记在十九届中共中央政治局第三十四次集体学习时强调把握数字经济发展趋势和规律，推动我国数字经济健康发展。党的十八大以来，党中央高度重视发展数字经济，实施网络强国战略和国家大数据战略，拓展网络经济空间，支持基于互联网的各类创新，推动互联网、大数据、人工智能和实体经济深度融合，建设数字中国、智慧社会，推进数字产业化和产业数字化，打造具有国际竞争力的数字产业集群。特别是新冠疫情暴发以来，数字技术、数字经济在支持抗击新冠疫情、恢复生产生活方面发挥了重要作用。党的二十大报告进一步明确表示“加快发展数字经济、促进数字经济与实体经济深度融合，打造具有国际竞争力的数字产业集群。”

当前，各地正围绕“十四五”规划纲要列出的七大数字经济重点产业、十大数字化应用场景，营造良好的数字生态。我国政府对数字经济十分重视，虽然数字经济是由私营企业或部门推动发展的，但其中也少不了政府部门的支持。我国坚持鼓励政府部门与私营企业展开密切合作，给予企业家试错成本，愿意承担风险，提供良好的市场环境。

历经20多年的发展后，淘宝网上涌现了超过1 000万家中小企业，其中偏远地区的企业占比也越来越多，这使得不同地区、收入、年龄层的人们之间的创业差距越来越小，对偏远落后地区的经济发展有巨大的推动作用。同时淘宝作为一个大型电商平台，也使得那些来自偏远落后地区的人们可以更便捷地获得更多的服务与产品。中国农村也因此广泛出现了被称作“淘宝村”的线下电商集群。

中国家庭金融调查的数据显示，在持农村户口的企业家中，与电商相关的从业者平均收入远高于不从事电商的人。除了上述所提到的原因，“淘宝村”的大量涌现还得益于数字经济时代下，学习资源更容易获得，学习成本被大幅度降低。目前，中国99%的贫困县居民每年可以在淘宝推出的在线课程上学习3 000多个不同的预录课程和2万多个直播课程，提高自己的电商从业水平。由此可见，数字经济的最大特征就是具有普惠的性质。那么，何为数字经济的普惠性呢？国内外学者从不同视角进行了解答。

国内研究指出，数字经济的普惠性体现在消除不平等和实现共同富裕。具体而言，数字经济有助于贫困地区快速发展经济，缩小城乡差距。王静田和付晓东（2020）认为，由于数字技术普及门槛低，数字化信息呈现低成本和非竞争性特征，传统经济发展的路径和要素依赖发生改变，土地、交通、市场等对生产力发展的束缚弱化，数字经济中“人人参与，共建共享”的普惠机制得以形成，各类市场主体能够更加公平地参与经济活动并共享发展成果。农村中小企业可以从有效参与电子商务中获得很多好处，在这一点上几乎没有争议。

据世界银行的定义，普惠金融（Inclusive Finance）是指能够广泛获得金融服务且没有价格、非价格方面的障碍，能够为社会所有阶层和群体提供合理、便捷、安全的金融服务的一种金融体系。

徐铭等（2021）指出，基于现代信息技术和传统普惠金融集成而来的数字普惠金融，利用大数据、人工智能和云计算等新兴技术极大地降低了金融供给服务的门槛和成本，提高了欠发达地区金融服务的可得性，对于提高金融服务效率、改善金融服务体验、缓解金融资本错配、实现普惠金融服务的商业持续性具有重要推动作用。

关于传统普惠金融与数字普惠金融，李牧辰和封思贤（2020）则指出传统普惠金融的数字化和数字金融的普惠性是数字普惠金融发展的两种主要路径。数字普惠金融不但突破了地理和时间等方面的限制，让金融更容易走进农村地区，缓解了农村金融排斥，而且降低了金融服务成本，改善了信息不对称，进而通过刺激消费、促进就业、缓解信贷约束、改善人力资本等机制显著收敛了城乡收入差距。同时，区域差异、门槛效应、数字鸿沟、风险及行为异化等因素也会制约数字普惠金融对城乡收入差距的总体收敛效果。

无独有偶，蔡文德等（2021）也提出，当今发展数字普惠金融已经成为全球共识。与传统普惠金融模式相比，数字普惠金融具有覆盖范围更大、服务可得性更高、运营成本更低、服务效率更高等优点。

二、数字经济的普惠性本质

那么，数字经济为什么具有普惠性呢？所谓普惠，是指可以使最多数人受益的政策或策略等，能够普及、惠及举办方和使用方。数字经济下的数字技术从根本上改变了传统制度形式在企业和市场之间的权衡，促进了第三种制度形式的出现，即双边数字平台。一个成功的平台能够让所有的利益相关者参与进来、相互协作并做出贡献。比如移动支付，它并不单纯是一项独立的金融服务，而是数字平台上交易或社交互动的重要组成部分；实时的数字通信又从根本上提升了信用风险评估的便捷性和效率。

案例 9-1：“穗岁康” 保险

“穗岁康”是由广州市医疗保障局指导支持的一款普惠型商业补充健康保险。广州市户籍的困难群体通过微信支付指定的小程序进行身份验证后，即可领取“穗岁康爱心券”，凭爱心券享受 0.01 元投保市场价 180 元“穗岁康”保险的福利，并由腾讯微保提供全流程投保支持。不方便自行操作验证、购买的低保、特困人员，也可根据小程序的提示，由他人代为验证、投保。

王瑜和汪三贵（2020）等认为，普惠的本质特征，是突破现有的自发趋势和分配结构，承担扭转趋势的成本，并且通过外部发力打破贫困陷阱和门槛效应。数字技术有较低的采用、渗透门槛，数字化信息具有非竞争性、接近于零的边际生产成本，这些特点决定了数字革命的普惠性。

数字经济时代企业对于 ICT 的广泛使用使经济活动和商业交易成为可能的全球网络。通过创新的产品和想法，不仅公司自身受益于提高他们的生产力，从而不断创造新的就业机会，而且消费者有机会以最好的价格选择过剩的产品。随着互联网技术不断发展，大数据、云计算、人工智能等数字化技术和普惠金融相结合，数字普惠金融很好地破解了传统普惠金融扶贫的难点，如成本、效率、服务渠道、风险防控等方面的制约（何平平和罗若阑，2021）。

综上所述，数字经济之所以拥有普惠的性质，主要是因为其颠覆性的技术创新。最早，它仅仅包括互联网等少数数字技术；随后，物联网、移动互联网、云计算、大数据、人工智能、区块链等新的技术也被包括进来。虽然这些技术在形态上有很大不同，但有一些特征是它们所共有的：服从“摩尔定律”、具有规模效应和网络效应等（陈永伟，2020）。

在传统经济中，经济主体之间的经济活动通常会受到生产要素、生产条件、市场条件等方面的限制。传统生产要素总量有限且分布不均，地域限制减慢了各地区市场流通速度，甚至阻断了市场交易；传统生产技术生产成本高，且产成品种类和数量受限，产品价格较高的同时，广大消费者的需求无法得到满足。

而以数字技术为支撑、数据为关键生产要素的数字经济，可以弱化经济主体对传统生产要素的强路径依赖，打通地域间的要素、产品及人员的流动，让所有微观主体都可以平等地享受数字经济发展红利，偏远地区和弱势群体也能获得平等的服务和赋能（王静田和付晓东，2020）。正是颠覆性的数字技术革新，才有可能克服传统经济中的诸多局限性。

在本章后面几节，我们将从以下三个方面论述数字经济的普惠性：数字经济提高消费者剩余、数字经济影响就业、数字经济助力脱贫攻坚。

第二节　数字经济提高消费者剩余

当前，信息传播加速建设和互联网技术日益革新，数字中国建设取得新的重要进展，我们已经以快速的步伐迈入了数字化时代。从电子商务、移动支付到智慧交通，再到远程教育，信息化影响人们生活的方方面面，对居民消费也必然产生重要影响（李旭洋，2020）。以至于我们的日常生活已经与数字经济息息相关。

资料显示，在过去的5~10年里，我国的互联网行业发展迅速，大数据、云计算等技术相继崛起并得到广泛应用。具体来说，我国的互联网上网人数由1997年的62万人增至2017年的7.72亿人，年均增长为42.8%；2017年，我国的互联网普及率达到了55.8%，超过了全球平均水平4.1个百分点，超过亚洲平均水平9.1个百分点（张勋等，2020）。

不难看到，外卖员的身影活跃于大街小巷，再深的巷子也会有“酒香”；即使在大山深处，人们也可以通过网购买到自己想要的产品，而不用跋山涉水到附近的商店。艾瑞咨询数据显示，2016年中国电子商务市场交易规模20.2万亿元，增长23.6%。中国电子商务市场继续稳步发展。其中，网络购物占比为23.3%，相比2015年占比升高，发展势头良好。此外，2016年中国网络购物市场交易规模为4.7万亿元，占社会消费品零售总额14.2%。2018年，中国网络零售额超过9万亿元，比上一年提高23.9%，增长势头强劲。电子商务交易平台通过有效提高消费者搜寻次数、降低市场搜寻成本，对零售市场的价格产生了显著影响（孙浦阳等，2007）。网络购物对经济的贡献日益增加，仍是目前零售的主流渠道。

已有研究表明，数字经济提高消费者剩余的机制可以大致归纳为降低搜寻成本、降低商品价格、提高商品多样性三个途径。

一、降低搜寻成本

在传统经济体制下，商品信息的流动性是很低的，消费者如果想要购买他所期望的产品，可能花费很高的搜寻成本。一方面是因为受信息不对称的影响，无法寻找到与之相匹配的交易者；另一方面则是因为即便供需双方形成精准交易匹配，但执行交易所需付出的成本过于高昂（刘征驰等，2020）。

下面通过比较线下购书和线上购书对数字经济带来的便利进行说明。

首先，是地理距离。一个读者想要购买书籍，那么他必须亲自前往书店购买。而根据计算，一个美国的普通消费者与最近的书店相距 5.4 英里[①]。使用相同的数据集，我们发现 14%的美国消费者与最近的普通精选书店之间的距离超过 10 英里，而 8%的消费者距离最近的普通书店超过 20 英里。这些读者会因为路程花费相当一部分的金额（Brynjolfsson 和 Smith，2003）。

其次，是寻找过程。一个普通的书店可能有几万本书籍，而一个精致的书店更可能有十几万本书籍，这都是一个非常庞大的数字。即便这些书籍是按某种顺序排列，但找到某本特定的书仍然是一件非常困难的事情。

最后，还可能有额外的支出。比如书店里没有读者想要的书，他必须前往更遥远的书店（尽管那个书店可能还是没有），或者向店家支付额外的金额，以请求从别处调来他想要的书籍。

传统市场的搜寻成本存在地区性差异，商圈密布、人口聚集、交通便捷的经济发达地区，其搜寻成本明显低于非发达地区或落后地区。相反，在电商市场中，消费者的搜寻成本将大幅减少：通过虚拟网络、搜索引擎和云计算等技术，消费者可以快速地搜索自己合意的产品，而不再受地理位置和交通成本的限制（李洁和邢炜，2020）。

所以，移动互联网的普及，彻底重构了人与人之间的连接，打破了由于距离遥远和信息不通而造成的市场限制，使闲置资源变为“可交易”资源。具体而言，接入技术赋能使得海量分散化资源可以通过移动互联网的接入被集中起来形成规模效应，充分发挥互联网在资源配置中的优化和集成作用，扩大交易主体的可选择空间和福利提升空间。此外，基于移动互联网的共享经济模式为原本陌生的个体之间提供了一条纽带，将其大规模集聚到同一共享经济平台，并且由点到线再到面的联结交易主体形成关系网，集聚效应使得成交量呈几何级数增长，带来巨大的社会福利提升（刘征驰等，2020）。

于是，在数字经济下，商品的信息流动（Information Flow）被极大地提高了。读者可以从网上搜寻并购买他想要的书籍，而不用亲自去寻找，真正实现了随时随地的消费。生产者也能根据消费者以往的消费行为数据及时把握消费偏好、消费习惯的变动与趋势等信息，向消费者提供他可能需要的东西。这样做的搜寻成本几乎是零，由此显著

---

① 1 英里≈1.609 千米。

地提高了消费者剩余。

二、降低商品价格

商品价格，是市场供给与需求达到均衡时的具体体现。在市场上，由于供给和需求的相互作用，市场价格趋向于均衡价格。当供给大于需求时，就会出现超额供给，进而使得商品价格下降；当需求大于供给时，就会出现超额需求，进而使得商品价格上涨。

不难看到，数字经济对商品的供给量有着明显的提升作用。正如《纽约时报》的索尔?汉塞尔（Saul Hansell）所说：在购买书之前，一般的书可能在商店的书架上放置六个月或一年。在数百家商店的连锁店中，这种库存的成本是巨大的。亚马逊可以在其仓库中仅保留一两个副本，并且仍然可以在全国范围内提供该书名，只要顾客买书就能尽快进行补货。

通过集中仓库和与分销商的直接运输协议，互联网零售商几乎拥有无限的“虚拟库存”（Bianco，1997；Mendelson 和 Meza，2002）。所谓虚拟库存，即企业将一定量的储备库存建立在期货市场上，通过在期货市场上买入一定数量的远期合约代替部分现货市场上的实际采购和库存。因此，与实体零售商相比，它们可以为更多产品的选择提供便利。同样以书店为例。在线书店的出现对传统书店的价格造成了极大的冲击，因其庞大的“虚拟供给”，加剧了市场竞争，使得商品均衡价格下降了，进而提高了消费者剩余。这种网络交易可以直接面对消费者，自然就绕开了多层的批发分销平台，有效地降低了销售成本，使消费最终价格甚至要低于大型零售超市（孙浦阳等，2017）。

此外，在线商店的各项支出相对于实体商店来说也是相对较少的。比如，实体商店不仅需要考虑书籍的售卖情况，还需要考虑店铺租金、客流量、门面装修、水、电、气等一系列足以令人头疼的支出与成本；对于在线商店来说，通常所必需的只是一个效率较高的库房和一个购物平台。这也从一定程度上降低了其他成本在每件商品上的平摊值，进而降低了价格。

三、提高商品多样性

互联网技术正在不断改变着传统商业模式。“互联网医疗”“互联网教育”“在线旅游”等新业态的发展，促进了消费产品跨区域和跨时间的流通；共享经济等商业模式，淘宝、拼多多等平台的出现为农村居民提供了更加多样化的消费产品。特别是近年来，随着移动互联网技术快速发展，智能手机成为农村居民最重要的上网方式之一，移动客户端能够为农村居民提供更加便捷和多样化的服务产品（程名望和张家平，2019）。

早在 1970 年，美国未来学家阿尔文·托夫勒（Alvin Toffler）就在其《未来的冲击》（*Future Shock*）一书中预言：“未来的社会将要提供的并不是有限的、标准化的商品，而是有史以来最多样化的、非标准化的商品和服务。”值得注意的是，有大量的营销文献研究了感知到的多样性与实际多样性之间的关系。多数已有研究认为，消费者在选择时通常更喜欢多样性，而不是重复的单一产品。

互联网零售商的庞大的“虚拟库存”不仅使他们拥有大量的供给量，也使得消费者可以购买的商品的多样性提高了。在传统商店中，无论是库存还是货架都是极其有限的，消费者的选择面实际上是非常狭窄的，很多消费者会因为无法购买心仪的商品而放弃消费。但在数字经济时代，网络商店已经超出了一般库存与货架的限制。它们可以罗列各种不同类型的产品（而这么做的成本几乎是零），使得那些本没有消费意愿的消费者很可能选择消费。我们把这样的实际的多样性的提高称为绝对多样性的提高。

另外，在传统商店中，尽管商品可能看上去琳琅满目，但是对某一特定的消费者而言，简单在字面上提高多样，对于个人较为狭窄的消费面相对来说是无用的，或者是边际效用急速递减的，因为消费者在购买某一件物品时所花费的注意力与精力是非常有限的。因此，绝对多样性的提高很可能对大部分消费者的影响很小，因为单纯的种类数量的堆叠对于一个精力有限的消费者而言是很难发挥作用的。

在数字经济时代，平台企业运用接入技术获得规模化的供需数据，再通过智能算法对供需方进行精准匹配，有效提高资源利用率（刘征驰等，2020）；可以通过对消费者的购买记录、浏览记录等方面的数据进行分析，来向消费者精确地推荐适合的产品，这就使得商品的多样性有了相对的“有效提高”。总的来说，参与者通过移动终端接入数据以发布需求，平台企业结合闲置资源的位置共享，应用智慧算法做出满足需求的最佳推荐，达成碎片化供给和个性化需求的精准匹配，真正实现“物尽其用”和“按需分配”的价值目标。在任一特定消费者的消费面上，所呈现的都是尽可能相对“有效”的商品，所以可以把这种人们所感知到的多样性的提高称为相对的，即商品的“相对多样性”提高了。

第三节 数字经济影响就业

数字经济的蓬勃发展不仅为市场和消费者带来更多更具创新性的产品服务和消费方式，而且在培育经济新动能、拉动就业等方面发挥着越来越重要的作用（许恒等，2020）。

数字产业化与产业数字化让一批技术类岗位的关注度持续上升，开发工程师、系统分析师、架构师、软硬件测试员、数据分析员、算法研究员等成为热门岗位。另外，网络销售的兴起也使得销售模式发生了变化，网络运营、短视频运营、电商销售、数据标注等新型岗位应运而生。

作为数字经济的支撑，信息技术对就业的影响一直备受关注。早在20世纪初，凯恩斯就曾经做出过人类将面临“技术性失业”的著名预言。然而，在我们担忧人工智能、工业机器人等技术会替代人类进行工作时，也必须注意到数字经济技术在其他方面对就业的促进作用。除了对人工的替代作用，数字经济技术还会通过提高劳动生产率、创造新就业岗位等方式为就业带来正向效应（王永钦和董雯，2020）。人工智能、大数据、物联网、云计算、区块链等崭新的信息技术赋能产业，不但促进了传统产业数字化转型升级，而且催生出新的数字化产业，带来了新的就业机遇，促进就业增长。

为了较为全面地探究数字经济对就业的影响，下面将数字经济影响就业的机制大致归纳为正面效应和负面效应。其中，正面效应分为增加新兴就业岗位与增加传统岗位劳动力需求；负面效应主要体现在替代劳动力方面。

一、正面效应

（一）增加新兴就业岗位

过去几年，人工智能、大数据、云计算、区块链等数字技术迅猛发展。传统产业积极引进技术，利用技术赋能快速实现数字化转型；数字化产业采用新技术创造新产业生态、新商业模式、新产品服务。在新的数字化经济形势下，新型数字化就业呈现新工种不断涌现的趋势。

虽然工业机器人、数字技术和计算机控制的机器在一定程度上会取代劳动力，减少就业量，但是我们仍然可以目睹到由于新技术进步而涌现出的新工作任务。事实上，在过去 30 年间，新工作任务和新工作岗位占据了美国就业增长的很大一部分（Acemoglu，2020）。从 1980 年到 2007 年，美国的总就业人数增长了 17.5%。在这一增长中，约有一半（8.84%）是由于新职业相对于旧职业的额外就业增长所致（Lin 和 Jeffrey，2011）。

我国在数字经济浪潮中同样出现了许多新职业。2019 年和 2020 年，人社部先后发布了 2 批共 29 种新职业，与数字经济相关的职业比例超过 75%，其中包括人工智能工程技术人员、物联网工程技术人员、数字化管理师等。

除增加固定就业工作岗位外，数字经济还在增加灵活就业方面起到了重要作用。灵活就业相较于固定就业更具有时间、地点等工作形式上的灵活性，因此对远程数据传输技术、网络安全技术等提出了更高程度的要求。

近年来信息化技术的迅速发展提高了远程数据传输的速度和可靠性，远程办公技术得到提升，远程办公平台不断推出，灵活就业与远程办公成为可能。这减少了地理、时间等物理层面上的限制条件，让处于边远地区或时间条件不匹配的求职者也能有机会获得适合的工作，有助于数字产业吸纳远程就业人员，一定程度上能够提高就业量。

中国信通院《2021 数字化就业新职业新岗位研究报告：基于微信生态观察》指出，受疫情影响，部分劳动者从兼职在数字生态中就业转为全职就业。调查数据显示，2020 年微信平台生态就业中，全职人员占比 51.7%，较 2019 年上升近 10 个百分点。越来越多的人员“副业”变“主业”，全职投入数字生态就业。数字化就业逐步向中西部延伸。2020 年微信小程序运营者中西部地区增速分别为 68.8%和 75.4%，远高于东部地区。微信生态产品个人运营者中，一线、二线、三线及以下城市 18～24 岁人群占比逐渐提高。中西部的成都、西安、重庆等城市都聚集了较多的小程序和公众号运营者。18～34 岁人群占比前 10 的省份中，六个属于西部省份。微信小程序及视频号运营者在二线城市、三线及以下城市的分布比例显著高于一线城市，尤其是视频号运营者在三线及以下城市的分布比例达 42. 1%。

此外，远程办公减少了员工由于远距离出差花费的成本，提升了远距离员工之间的沟通效率，提升了员工的工作体验。以携程员工为样本的实验研究表明，在家办公提高了员工 13%的绩效，员工的工作满意度提升，工作离职率也因此下降了 50%（Liang 等，2018）。这些都有助于提升企业开放远程岗位的意愿，有利于增加远程工作职业与岗位。

再有，数字经济下灵活就业与远程办公在增加远程工作匹配度与减少离职率的同时，也额外提供了新职位的工作机会。由于灵活就业的就业形式非常多样，就业者面对的就业渠道更宽，就业岗位的要求更加多元化，就业者因此可以拥有更多的就业选择。以短视频电商为例，短视频平台的兴起带来的新商业模式也创造出了新的职位需求，就业者的就业方向日趋多样化。

中国人民大学国家发展与战略研究院在其发布的《灵工时代：抖音平台促进就业研究报告》（下称《灵工时代》）中给出的 2019 年 8 月至 2020 年 8 月的数据测算结果显示，共有 2 097 万人通过抖音平台从事创作、直播、电商等工作而直接获得收入，其中许多都是从事互联网营销和直播销售等新职业。而且，短视频平台提供的工作机会既有全职工作，也有大量兼职工作，能够满足不同特点的求职者的工作需求，更加适应灵活就业者的就业需要。不仅如此，数字产业崛起能够拉动一批上下游产业发展，增加新的就业岗位，活跃上下游产业链。《灵工时代》的测算结果也表明，抖音平台间接带动直播设备制造产业的相关就业达 56 万个。这也在一定程度上增加了劳动者的就业选择，提升了就业岗位的种类和数量。

（二）增加传统岗位劳动力需求

数字经济作为产业数字化过程的重要推动力，驱动各产业向数字化方向转型升级。工业互联网、大数据、人工智能等数字技术深度渗透到实体经济中，为产业的数字化转型创造了必要条件，推动产业劳动生产率增长。在供给端，截至 2022 年年底，我国企业数字化研发设计工具普及率、关键工序数控化率分别达 77%、58. 6%。助力企业降本增效作用持续提升，领先企业劳动生产率增幅可达 20%，万元工业产值综合能耗降低超过 6%。

数字技术赋予工业机器人更加强大的技能属性，使其能够在生产过程中替代重复性强、高度流程化的人工操作，并协助难以替代的工作岗位完成一部分生产任务，提高企业整体的劳动生产率。由于企业劳动生产率提高，企业的生产经营成本下降，企业自身会有主动扩大生产经营规模的激励，从而增加一部分自动化岗位与非自动化岗位的劳动力需求。另外，成本下降后，产品价格也随之下降，消费者在“收入效应”影响下会增加产品需求，进而使企业扩大生产规模，增加岗位需求。

除此之外，数字技术赋能生产提高了生产线的灵活程度与生产效率，降低了长尾商品的生产成本，使得企业开始重新重视消费者对长尾商品的需求，并有能力投入长尾商品的生产与销售。长尾商品通常指需求不频繁且需求变化较大的商品。典型的长尾商品包括定制服装、小众玩具、图书以及音乐等。在以往传统生产方式主导的情况下，专门生产长尾商品需要调动原有的生产线，不但调动困难、生产率低下，而且易造成高昂的生产成本。另外，企业即使选择生产一部分定制商品，也大多是根据原有商品的模组稍加改动，或者干脆给出固定选项让客户选择，无法做到真正地针对客户个性化需求进行生产。长尾商品作为生产成本较高，但需求不旺或者销量不佳的产品，无法为企业带来可观的收益，企业因此一般会根据利润最大化选择生产收益更多的热门商品，并减少甚至拒绝生产长尾商品。

而数字经济兴起后，大数据、互联网技术使得企业能够深度挖掘用户需求；以人工智能驱动的工业机器人让企业得以实现柔性生产和个性化定制，生产供给与长尾需求因此可无缝对接。数字技术提升了企业柔性生产、个性化生产的生产能力，有利于企业根据长尾市场需要扩大企业生产经营范围，更新生产方式，提高长尾商品生产线的生产率，从而减少长尾商品生产成本，扩大长尾商品的生产规模。车企五菱宏光通过企业微信建立粉丝社群，以车型为主要的分群依据，在互动中收集用户需求。通过粉丝社群，五菱宏光甚至会让用户参与产品立项、研发到上市的全过程。由此，对于消费者而言，长尾商品的获取难度与获取成本相较以往大大降低。在“收入效应”与“替代效应”的作用下，长尾商品的需求增加，企业增加相关商品的生产，同样也可拉动一批与生产制造相关的工作岗位就业。

二、负面效应

人工智能等数字技术兴起引发的“技术性失业”（Technological Unemployment）可能是人们畏惧人工智能的最根本原因。“技术性失业”即技术进步带来的失业。技术进步会通过创造更为廉价的工具替代劳动力，或者摧毁某些旧行业，消灭一大批就业岗位，从而导致失业增加。本部分将从数字技术替代劳动力的角度，讨论数字经济高速发展带来的就业替代压力。

无论劳动力市场之间是否存在贸易，技术都有可能对就业产生积极或消极的影响，其中消极影响来自技术直接取代人工。技术能够扩大人的能力，取代人类完成烦琐复杂或者困难的工作任务，帮助企业节省劳动力。自 19 世纪工业革命以来，资本主义发展了机器和技术，能够取代人力、降低工资成本、积累资本以及创造更多利润。然而，技术发展对普惠性的影响可能是负面的，技术进步有可能导致失业增长以及不平等程度加深。

如今信息技术或万维网在行业中得到广泛应用，企业绩效普遍提升，减少了老企业被新企业替代的创造性破坏率。然而正因为老企业不退出市场，它可以凭借自己在市场中积累的人力资本以及更高的经验回报率获取比新企业更高的收入。在这种情况下，最后收入不平等反而加剧，经济中的不平等程度加重。

自动化技术变革下，劳动力将被自动化生产力替代而不是被淘汰。在没有政策干预的情况下，自动化最有可能导致的结果是失业率上升，财富、收入和权力不平等加剧，因此有学者认为需要新的资本所有权模式来确保自动化扩大繁荣而非集中财富。据估计，受到自动化技术的影响，机械工人被技术替代的可能性上升至65%（Frey 和 Osborne，2017）。与此同时，普华永道（PWC）的一份报告显示，英国制造业中约30%的工作属于高风险类别（美国为38%），容易被新技术替代（Berriman 和 Hawksworth，2017）。

事实上，数字技术被视作自动化生产技术的一种时，更可能替代劳动（Acemoglu 和 Restrepo，2019）。然而，人工智能等数字技术对劳动力的替代存在结构性差异：数字技术只能取代一部分能够轻易被替代的重复性、流程化程度比较高的劳动；在其余情况下可作为辅助生产经营的工具改进劳动生产效率，甚至能够提高某些特定劳动的需求。

数字技术进步对重复性强、流程化水平高的任务具有较强的替代作用。这类工作岗位多属于中端工作内容，典型的岗位包括工厂流水线作业、行政办公任务等。企业通过引进数字技术、自动化技术，提高生产运营中的自动化程度，可较大程度地取代原有的人工劳作流程，并由此能够降低一部分企业生产运营成本，有效提高企业运行效率（Acemoglu 和 Restrepo，2020）。

在国内制造业行业中，高度流程化、标准化及苦、脏、累、险等岗位往往最先完成自动化。例如，化工新材料领域是机器人成熟应用的行业，因其污染性高，目前已基本实现智能化，操作工人较少。再有，零售行业从制造、采购、销售到服务环节呈现数字化、智能化的特点。无人零售、自助结账、虚拟现实购物指引、智能仓库管理等改变了传统零售模式，也取代了一部分售货员、收银员、仓库管理员的工作。

而与此相反，数字技术对非流程化工作的替代性暂时较弱。此类工作多集中于低端与高端工作岗位。低端工作多为实地体力劳作，需要劳动者具备较强的环境适应能力，并持续保持高强度劳作，数字技术在这些方面的替代性不强；高端工作抽象性强，强调较高的创造力，目前的数字技术尚且无法实现，因此一时也难以替代高端工作岗位。新一代人工智能等数字技术在低端、高端工作中通常以技术赋能的方式在生产过程中起辅助作用，并不会显著影响这两种岗位的就业水平。

以各行业的受教育程度为标准衡量行业的技能水平，中国不同行业的就业结构呈现出“N 型极化”升级趋势，具体表现为高技能行业就业增加，部分中等技能行业就业减少。从全国范围观察，工业智能化发展会促进先进机器设备替代高中和初中劳动力，同时提高了专科及以上与小学及以下文化程度劳动力的就业。这也体现出了技术进步对我国不同水平劳动力的替代差异。

三、就业结构变化及应对建议

从理论分析的视角来看，数字技术的发展会造成一定的劳动力被替代。但是从现实数据来看，目前并没有证据表明全球自动化提升会导致失业率上升。1990 年至 2017 年间，全球机器人出货量增长了约 4 倍，而在全球自动化水平最高的国家中，仅有瑞典的失业率略高于世界平均水平。在全球数字技术采用速度最快的国家中，中国的失业率仅为 4%，与美国基本持平。即使一些现有研究表明技术确实会对就业产生负面影响，替代效应也主要出现在中端工作岗位，因此数字技术对就业的负面影响有限，且会呈现较为明显的结构性特征。

数字经济背景下，数字技术对就业的正面影响则更为显著。在劳动力需求总量上，数字技术在产业中的深度应用不仅能够增加传统岗位的劳动力需求，而且能够通过创造新工作岗位来增加就业，长期来看可以抵消来自替代效应的消极影响，能够增加就业总量，提高我国就业水平，有利于我国实现更高质量、更充分的就业。

为了应对数字技术应用造成的就业结构变化，一方面，针对替代效应影响较强的中端岗位，我国需进一步完善多层次社会保障体系，加快推进失业保险制度改革，减少高失业风险人群受到的冲击；另一方面，需要加快新兴学科建设，加大力度培养数字经济发展所需人才，同时健全相关就业培训和再就业政策，推进高失业风险人群向劳动力短缺行业转移。此外，为了提升偏远地区就业水平，还需加强偏远地区信息基础设施建设，完善远程就业平台；完善人口流动政策，减少劳动力区域流动的制度壁垒；完善灵活用工制度与法律保障，规范灵活就业岗位监管，推动灵活用工平台建设，促进就业人群灵活就业。

第四节　数字经济助力脱贫攻坚

新中国成立 70 多年来，党和政府始终高度重视扶贫开发工作，实施了一系列扶贫规划，从救济式扶贫到开发式扶贫，再到精准扶贫，探索出一条具有中国特色的农村贫困治理之路，为消除绝对贫困和全面建成小康社会夯实了根基。尤其是党的十八大以来，党中央将扶贫开发工作摆到了治国理政的重要位置，做出了全面打赢脱贫攻坚战的战略部署，脱贫攻坚取得了决定性成就。到 2020 年，我国脱贫攻坚战取得了全面胜利，区域性整体贫困得到解决，完成了消除绝对贫困的艰巨任务。

一、数字经济助力脱贫攻坚的成效

就我国脱贫攻坚的伟大实践而言，种种现象和数据表明，正在兴起并蓬勃发展的数字经济在贫困地区的发展有着旺盛的生命力，为最终实现脱贫攻坚带来了更多保障。2016年4月19日，习近平总书记在网络安全和信息化工作座谈会上的讲话中曾指出，“可以发挥互联网在助推脱贫攻坚中的作用，推进精准扶贫、精准脱贫”，明确地将“互联网”与“扶贫”联系在一起。

随着技术进步和持续投入不断驱动，传统的扶贫开发路径、扶贫资源使用方式、互联网助农脱贫模式以及多样化的扶贫政策等也在不断创新。四川大学商学院、封面新闻联合蚂蚁金服研究院调查编制的全国首份探究数字经济助力全面脱贫工作的调研报告《数字经济红利下的脱贫攻坚战》显示：目前数字经济在贫困地区的发展已经进入普惠阶段，其规模越大，当地的贫困发生率就越低，数字红利正在为脱贫攻坚做出重要贡献。

其他相关研究得出的结论也肯定了数字技术对于脱贫攻坚的重要作用。一些研究指出，电商参与对农产品种植户的增收效应显著（鲁钊阳和廖杉杉，2016；曾亿武等，2018）。另一些研究则表明，“互联网进村”具有显著的减贫效应（田勇和殷俊，2019）。特别是在2020年，依托数字经济带来的巨大红利，直播带货的风潮兴起，网红直播带货助力扶贫、大学生直播带货家乡农产品、企业专场直播带货扶贫助农产品、各地开办网络扶贫博览会并同步直播等纷纷进入大众视野，更有“扶贫干部”变身“带货大叔”及“书记”变“网红”这样的事迹为人称道。种种现象都表明，依托数据和平台两大驱动因素不断扩张的数字经济为全国脱贫攻坚工作提供了强大助力。

那么，数字经济是如何助力脱贫攻坚的呢？一些学者对此做了初步研究。殷俊和刘一伟（2018）发现：互联网使用显著降低了农户陷入贫困的可能性，其对互联网减贫效应的机制分析主要关注于社会资本、非农就业以及非正规借贷，并提出应不断推进“互联网+精准扶贫”，使其成为贫困农户后发赶超的重要抓手，从而助力贫困农户增收，以实现全面脱贫目标。

就监测的贫困相关指标和数据而言，我们可以看到，根据国家统计局所发布的《2020中国农村贫困监测报告》，改革开放以来，我国农村贫困人口规模和贫困发生率都实现了大幅下降。以1978年的100元/年标准来看，改革开放伊始，我国农村贫困人口规模高达2.5亿人，贫困发生率为30.7%，而在21世纪初，我国农村贫困人口规模下降到3 209万人，减贫比例达到87.2%，贫困发生率下降至3.5%。当我们关注2010年以来的贫困情况时，不难发现，即使是针对“硬骨头”的减贫工作，我国也取得了卓越的成果。在短短九年时间里，按1 274元/年的新标准，农村贫困人口从2010年16 567万人减至2019年551万人，减贫比例高达96.67%，贫困发生率降低16.6个百分点。这无疑创造了人类反贫困史的中国奇迹，也为世界减贫贡献了中国力量。

二、数字经济助力脱贫攻坚的关键

借助互联网，可以实现“互联网+”与贫困人口的精准识别，用互联网思维提升精准扶贫服务水平以及利用互联网新兴技术助推贫困对象的自我发展能力的提升。这与习近平总书记就精准扶贫、精准脱贫做出的重要指示“扶贫开发贵在精准，重在精准，成败之举在于精准”“关键是要找准路子、构建好的体制机制，在精准施策上出实招、在精准推进上下实功、在精准落地上见实效”也是一致的。党的十八届五中全会更是把精准扶贫作为打赢脱贫攻坚战的基本方略。

由此可见，数字经济的发展对于推动实现脱贫攻坚、完成精准扶贫的重要作用，关键在于精准。

（一）提高扶贫对象识别精准性，实现动态管理

习近平总书记 2015 年 6 月在贵州考察时，提出了扶贫开发工作“六个精准”的基本要求，其中把扶持对象精准放在了第一位。与此同时，我们不难发现，在推进脱贫攻坚的进程中，由于扶贫对象及其规模都是动态的，所以有一项重要工作需要贯穿始终，那便是如何做到精确、精准、精细地识别贫困人群，从而实行有效的动态管理，进而真正实现扶贫方式从“大水漫灌”到“精确滴灌”。

在此背景下，与数字经济相结合的精准扶贫机制在对扶贫对象进行精准识别方面做出了前所未有的贡献。“互联网+”精准扶贫模式的生成，本就要求人们实现对贫困群体的精准识别，实现对贫困人口的贫困状况、致贫因素等的有效把握，进而不断推进资源的有效配置，规避精准扶贫工作出现资源配置偏差等不良现象。

作为精准扶贫、精准脱贫的基础性工作，建档立卡正是通过互联网和数据库技术与扶贫干部入户调查相结合的方式，对每个贫困户建立电子档案和数据库，不仅实现了对扶贫对象的精准识别，而且实现了对脱贫对象的动态跟踪和管理，从而切实做到“一户一策”，最终建设起了全国扶贫信息网络系统。在此基础上，通过对贫困户退出与核算程序的严格执行，能够优化扶贫资源配置，确保历年贫困人口、脱贫人口、返贫人口、自然增减人口等数据上下一致，从而不断提高建档立卡数据的准确性、完整性和真实性，真正切实做好贫困户退出纳入、信息采集录入。

由此不难看出，在实际建立精准扶贫体制机制时，要想基于合理确定标准、科学确定规模、民主确定对象的着力点精准找出扶贫对象并对其实施动态管理，从关键指标和数据的收集到对数据的分析与处理，再到最终的因地制宜、精准施策，很多方面的工作都依赖全面的排查和整治，高效完成这些任务需要一个综合、全面、精准、动态的管理体系。随着数字经济不断发展，云计算和大数据算法等技术为解决这个问题提供了技术支持和新的思路。依托于数字经济的精准扶贫管理体系，能够根据户情变化和脱贫进展及时动态调整完善，严格把控重要环节和关键时间节点，科学安排、压茬推进，确保各项工作任务在规定时间内完成，真正做到扶真贫、脱真贫、真脱贫。而若是仅依靠传统的人力和物力，要实现脱贫攻坚的最终目标无疑任重道远、困难重重。

（二）创新多元化扶贫渠道，助力精准扶贫

中国的精准扶贫在实践中产生的不少新观念、新做法和新模式，为实现 2020 年中国

农村贫困人口全部脱贫、贫困县全部摘帽提供了重要保障。伴随数字经济不断发展，大数据和互联网技术的兴起带来了巨大的技术红利，这也为创新扶贫渠道注入了新的生命力。

从中国精准扶贫的经验来看，金融扶贫是非常重要的渠道之一。金融扶贫，具体是指金融机构为贫困地区、贫困农户提供信贷资金支持，金融扶贫产品由扶贫贷款贴息发展到风险奖补、担保抵押体系、农业保险、扶贫产业发展基金、地方债券等多种产品。而“数字化+普惠金融”具有降低金融服务门槛、促进价格发现和信息流通、打通金融服务“最后一公里”的特征，是实现金融高覆盖率、低成本和可持续发展的一种模式。数字普惠金融主要通过创新储蓄、信贷和支付手段，降低运营商运营成本，缓解传统金融市场中的“财富门槛”效应对减贫产生直接影响。

无独有偶，随着电子商务迅速发展，以信息扶贫为代表的电子商务扶贫已经逐渐成为一种新型的扶贫方式而被很多区域和主体采用。电商扶贫是精准扶贫的又一重要手段，即以电子商务为手段，拉动网络创业和网络消费，推动贫困地区特色产品销售的信息化精准扶贫。电子商务的兴起使得“互联网+农业农村”在助农兴农方面发挥的作用日益显著，“互联网+”在缓解农产品滞销、带动乡村创新创业、促进乡村产业转型等方面发挥了重要作用。

农业农村部信息中心与中国国际电子商务中心研究院发布的《2022 全国县域数字农业农村电子商务发展报告》显示，2021 年，我国县域电商网络零售额达到 43 828. 3 亿元，同比增长 15. 4%；其中实物类商品的网络零售额同比增长 20. 3%，非实物类商品的网络零售额同比增长 14. 8%。全国县域电子商务发展呈现四大趋势：农村电商将由消费电商转向产业电商，农村电商助力农业品牌化发展迎来新机遇，农村消费潜力将为农村电商发展提供广阔空间，规范发展推动农村电商提质升级。

另外，互联网结合产业扶贫等新业务、新模式在农村地区广泛推广实践，也进一步发掘了农业农村的多元价值。在脱贫攻坚的具体实践中，对互联网、大数据等现代信息手段的充分利用，有助于科学分析市场的供需变化及产品的价格走势，从而因地制宜、充分挖掘当地特色性显著的产业项目，形成多种形式的产业链，增强贫困地区内生发展活力和动力。

案例 9-2：精准扶贫步入信息化轨道

山西省吕梁市离石区自 2020 年以来把互联网建设与精准扶贫紧密结合，助推脱贫攻坚，让精准扶贫步入信息化轨道，并借助全球蛙线上平台、乐村淘农村电商平台的服务站点，线上线下销售农副产品及生活必需品，逐步建成“龙头企业+电子商务+合作社+基地+农户”的扶贫新模式，增强了贫困群众的“造血”能力，让网络扶贫惠及更多群众，助力当地精准扶贫增收，实现了减贫脱贫。

由此可见，数字经济发展所带来的技术红利可以将银行金融服务、电子商务、互联网平台等多维度优势结合起来。这能够使得依托互联网公司和电商平台，以直播卖货为代表性方式开展线上活动的“互联网+农村扶贫”“互联网+跨境电商”“互联网+金融服务”等新型数字普惠“互联网+”平台实现扶贫模式的创新，为已脱贫地区日后稳定健康地发展当地经济提供内生动力，为实现巩固拓展脱贫攻坚成果同乡村振兴有效衔接提供技术基础。

案例 9-3： 巫溪天元乡的脱贫攻坚答卷

位于巫溪县的天元乡，是重庆市 18 个深度贫困乡镇之一，2014 年贫困发生率高达 28.59%，“养懒汉”“怕脱贫”“贫困光荣”的风气一度弥漫在大多数村民心里。一直以来，天元乡农业局限于“三大坨”（土豆、玉米、红薯），经济附加值低，产品无法变成商品，村级集体经济基本空白。如何决胜脱贫攻坚，带领当地贫困群众迈向小康成为了天元乡亟待解决的难题。天元乡也以自身的脱贫实践展示了其破题思路：基础设施是前提，产业发展是手段，群众增收是关键。

在实现脱贫的过程中，天元乡首先通过“晒政策、晒党恩、晒奉献、晒努力”（“四晒”）来激发当地贫困人口的内生动力；群众通过农民网校、扶贫知识讲坛等平台了解扶贫政策，使政策普及率、知晓率达到了 100%，为后期具体扶贫策略的实施提供了政策基础。

在群众充分了解政策的基础上，根据发展现状，天元乡采取了多项措施发展当地产业、带动农民增收。如在脱贫攻坚道路上，天元乡鼓励村民大力发展中药材、中蜂、草食牲畜等，并在当地开办加工厂。如 2018 年，天元乡领导得知在徐家镇开办腊肉香肠加工小作坊的游钊手艺不错，便引进其来天元乡开办一家加工厂，带动当地村民增收和就业。现如今天元乡的腊肉香肠畅销全国，这不仅解决了当地饲养的粮食猪的销路问题，同时也为老百姓提供了就业岗位，其中贫困户和残疾户占了一大半。

在大力发展生产的基础上，近年来，天元乡围绕推进电商扶贫、增强农民脱贫致富能力，把发展农村电商、拓展农特产品销售渠道作为农业增效、农民增收的重要途径，并充分利用电商平台解决农副产品“上行不通，下行不出”的销售难题，把互联网作为带动当地实现脱贫攻坚的重要抓手：搭建运营抖音直播、淘宝等电商平台；获京东线上“中国特产巫溪馆”独家授权；自主开发农产品溯源系统及 App 客户端；为全乡农产品逐一定制二维码等。在这个过程中，天元乡建设了自身的电商集配中心，带货主播何峰坪也从一名生疏的直播小白，变成了能在网络上熟练讲解天元乡农特产品优势的“网红姐”。中药材、腊肉香肠以及食用菌、魔芋、土豆、萝卜干、辣椒、莱苔等多种具有巫溪地域特色的农特产品通过电商主播的卖力讲解都有很高的销量，拓宽了当地农产品和特色产品的销路，也加速了当地的脱贫进程。

天元乡在大力打造农村电商服务平台的同时，9 个村集体共同出资 270 万元，努力探索“公司+村集体+合作社+农户”模式，成立了重庆天谷元乡商贸有限公司，统筹辖区农副产品销售，有效解决区域农产品专业化、组织化程度不高的问题，推动当地农特产品产销对接。2019 年，线上累计销售猪肉、香肠等农特产品 180 余吨，疫情期间直销滞销农特产品30余万元。

另外，天元乡还将金融扶贫当作“贷”动产业发展的重要杠杆，借力农业银行等金融机构，打出金融扶贫“组合拳”，以解决贫困户发展生产的启动资金问题，运用“互联网+信贷”架起了脱贫的新通道。

据统计，2020年天元乡全乡累计减贫733户、2 577人，贫困发生率由2014年建档之初的28.59%下降为0%，农村常住人口人均可支配收入达到12 500元，增幅13.6%以上。未来，天元乡还将继续在“互联网+信贷”这条新通道上开拓创新，交出脱贫攻坚的满分答卷。

资料来源：新华网。

本章小结

1. 数字经济下的数字技术从根本上改变了生产组织的基本形式，促进了第三种制度形式的出现，即双边数字平台。一个成功的平台能够让所有的利益相关者参与进来、相互协作并做出贡献。

2. 数字经济实现普惠的三种形式是：数字经济提高消费者剩余，数字经济影响就业，以及数字经济助力脱贫攻坚。

思考题

1. 数字经济中的消费者剩余发生了哪些变化？

2. 数字经济能够促进就业。那么，数字经济是否可能抑制某些行业或职业的就业情况？

3. 请列举在日常生活中观察到的数字经济助力脱贫的例子。

第十章

数字货币与货币政策有效性

本章学习要点

1. 熟悉数字货币的概念及特征，理解数字货币与电子支付工具、虚拟货币的不同之处，把握各类数字货币的主要特征及区别，掌握央行数字货币对传统货币的优化功能。

2. 掌握数字货币对货币供给和货币政策有效性的影响，了解各国央行对数字货币的态度。

3. 掌握数字货币对金融系统带来的正面影响和负面冲击，了解各个国家或地区针对数字货币的金融风险所制定的相关政策、措施，把握如何对数字货币进行有效的监管。

随着数字技术的不断进步和商品经济的迅速发展，纸币越来越难以应对货币扩大的交换需求和较高的交换频率，数字货币逐步成为弥补这一缺陷的产物，并进入人们的生活中。虽然目前各国对数字货币的研究仍处在探索阶段，数字货币本身也面临着多种风险和挑战，但不可否认它进入人们的生活已是大势所趋。假以时日，数字货币将替代纸币成为人们日常生活中不可或缺的一部分。

第一节　数字货币与传统货币

一、数字货币及其特征

（一）数字货币产生的理论基础

随着人类社会发展到一定阶段，商品交换越发频繁，货币作为固定的一般等价物应运而生。其形式从起初的贝壳等实物形态，演化到金、银等贵金属形态，最终形成了可兑换纸币与不可兑换纸币。纸币兑换黄金的权利在牙买加体系上被彻底废除，现如今的纸币作为一种信用货币，依靠政府的信用发挥货币职能。随着商品经济进一步发展，货币交换的需求逐步扩大，交换速率逐渐加快，而纸币的存在势必会对经济的快速发展造成束缚。为了弥补这一缺陷，数字货币随之产生。作为货币的一种形式，数字货币如同前述的贵金属、纸币一样，是顺应商品经济快速发展的产物。

另一方面，以美元为主导的世界货币体系的不足也是数字货币产生的重要原因。在全世界各个国家，美元的货币职能都能得到认可并发挥作用，而国际货币的发行国很有可能依仗货币的发行权谋取私利。因此，拥有去中心化特征的数字货币可以有效避免这一弊端。

（二）数字货币的概念及特征

数字货币作为一种新兴的事物，迄今为止，学术界尚未形成对数字货币一致性的定义。尽管如此，我们仍可以从技术层面的角度对其进行概念界定，目前分布式账簿技术、区块链技术是市面上常见数字货币采取的技术手段。依据大多数学者对于数字货币的论述，本书定义数字货币是在互联网基础上，凭借分布式账簿技术或区块链技术产生的新型加密货币，具有货币最为基础的流通、交易等职能。数字货币的主要特征是虚拟性、内在价值为零、采用分布式账簿技术和去中心化。

第一，虚拟性。虚拟性是数字货币最为显著的特征。不同于传统纸币、硬币，数字货币没有实物形态，是一组二进制数据。

第二，内在价值为零。目前，绝大部分数字货币是由私人机构发行的，不同于传统纸币代表着央行与公众债权债务的关系，市面上的数字货币发行后不会构成任何机构或个人的负债，其背后也没有具备强大公信力的机构或个人做信用支撑。具体而言，数字货币的价值由交易双方认为其未来可兑现的商品、服务或一定数量的法定货币决定，也就是说，数字货币作为一种资产，其价值由供求关系决定，内在价值实际为零。

第三，采用分布式账簿技术。通过采用分布式账簿技术，数字货币成功实现了点对点、端到端的交易，为用户提供了更便捷的交易方式。一般情况下，付款人将加密密钥存储在数字钱包中，并使用它来启动支付交易。不同于传统货币背靠国家主权信用，数字货币采用特定的加密技术和计算机算法，保障了交易过程的安全性、真实性和不可随意篡改性。

第四，去中心化。传统的电子支付工具通常需要依靠互联网企业或其他机构来发行，同时为了保障电子货币的流通，与之对应的专业网络运营商和线上清算机构也不可或缺。而数字货币通过采用分布式账簿技术摆脱了对中介机构的依赖，直接为用户提供点对点、端到端的价值转移，很大程度上提高了货币交易的效率和灵活性。

（三）数字货币与电子支付工具、虚拟货币的区别

1. 数字货币与电子支付工具的区别

目前被人们普遍使用的电子支付工具有支付宝和微信支付，当发生线上交易时，货币通过电子的形式在账户之间发生转移。如今电子货币的交易规模逐渐扩大，其背后依靠的是人们对政府法定货币和金融体系的信心。

可以看出，电子支付工具只是将传统的现金支付电子化，用户必须绑定银行账户，

在移动网络畅通的前提下才可以使用。此外，商户端在提现、兑换等程序上会向用户收取一定的手续费，由私人机构运营的支付系统也可能侵犯用户的隐私数据，用户的隐私安全得不到保障。相反，数字货币摆脱了对银行账户的束缚，双离线技术让用户在移动网络无法触及的领域仍可通过数字钱包进行支付交易；法定数字货币的发行由央行掌握，保障了用户的合法隐私，同时也避免了商户端收取相关手续费。可见，相较于支付宝等电子支付工具，数字货币在节约成本的同时提高了支付效率，为用户提供了更便捷、安全的支付体验。

2. 数字货币与虚拟货币的区别

从广义上讲，没有实物形态的货币都可以称为“虚拟货币”。但从狭义上讲，虚拟货币是由非官方机构发行和运营，在虚拟空间流通的电子非法定货币。例如Q币等游戏币均是由各大从事网络游戏开发运行的公司所发行的，最初的发行者不是央行，而是互联网企业，使用范围也局限于企业经营领域，具有金额小、交易频繁的特点。该类虚拟货币还具有一项重要特征，即任何虚拟货币的发行公司均不能向公众提供用虚拟货币兑换法定货币的服务。因为若实现了虚拟货币和法定货币的可兑换性，势必会对当前的金融市场造成一定程度的冲击。因此，虚拟货币单向流通的性质决定了它不能作为现金或电子货币在现实世界中使用。

如今，虚拟货币也得到了人们的广泛使用，尤其是各大网游公司推出的游戏币，其背后依靠的其实是人们对其发行者的信任。相反，数字货币没有确定的发行主体，法定数字货币由央行发行。私人数字货币有可能由各个机构联合发行，如Libra；有可能没有发行主体，如比特币。数字货币的使用范围也远大于虚拟货币，打破了发行主体经营领域的约束，尽管各类私人数字货币与法定货币的价值不对等，但与法定货币是双向流通的。

二、数字货币及其分类

（一）央行数字货币

央行数字货币是基于分布式账簿技术或区块链技术并由中央银行发行的货币。其最重要的特征是央行作为发行责任主体，背靠国家主权信用。央行数字货币拥有纸币的价值内涵，同纸币一样可以发挥货币职能，二者仅仅是在物质形态上存在差别而已。接下来将从货币职能、技术、应用和算法实现四个层面分析央行数字货币的独特之处。

在货币职能层面，价值尺度是货币最基本、最重要的职能。价值计量是货币发挥流通、支付手段职能的前提，因此货币本身价值的稳定性、货币的价值存储功能就显得至关重要。而央行数字货币只是改变了货币的物质形态，并不影响其发挥基本的货币职能。

在技术层面，央行数字货币采用特定的加密技术，保障了交易的可靠性和安全性。在设计方面，央行数字货币采用密码学相关的理论知识，从而保证了数字货币不可以被伪造、抵赖以及重复交易，同时可以更好地发挥货币的流通、储藏等功能。特定的加密技术、分布式账簿技术、安全芯片技术和可信云计算技术的结合使用，保障了央行数字货币交易过程中端到端的安全性，有效防止了盗窃、肆意篡改以及冒充的可能性。同时，央行数字货币提升了用户的体验。随着可信云计算、安全芯片、隐私保护等加密技术的成熟，央行数字货币将以用户为中心进行管理，这将大大减少货币操作的中间环节，央行还可以直接渗透到终端用户，为经济监管提供新的手段。

在应用层面，当前人们处在智能化的世界里，智能科学技术正逐渐融入我们生活的方方面面，因此，货币也需要具备智能化的特征，通过智能化合约的执行，在技术上降低违约的风险性，这也是当前数字货币的发展方向。同支付宝、银行信用卡、微信支付等传统的移动支付工具相比，央行数字货币的发行落地将使用户的体验更加智能化。传统的电子支付工具只是法定货币简单的电子化，而央行数字货币则具有全然不同的性质，譬如传统纸币持有人的相关信息、纸币流通过程中的具体信息都是难以实时监控的，央行数字货币的发行将使这些信息掌握在持币者自己的手中，有利于持币者对自有资金的掌控和运用。此外，去中心化的点对点支付可以大大提高用户支付的主动性，从而拓展出更多的货币智能支付功能。

在算法实现层面，采用各种加密算法规则也是央行数字货币的重要特征。在央行数字货币的设计中，目前普遍采用的算法有 Hash 算法、Fitzer 算法、盲签名、环签名等，这些加密算法可以有效保证央行数字货币的安全可信，同时，新的算法规则也在不断发展。央行数字货币采用一套完善的算法规则，这种规则在保障币值本身稳定的前提条件下，让货币的供给量能够充分适应宏观经济环境的多变性及不稳定性。除此之外，央行数字货币可以借助大数据分析等技术手段对货币在发行、流通等环节的具体数据信息进行实时监控，从而深入了解央行数字货币的运营规律，为货币政策的制定、实施、监控以及金融市场分析等提供充分的数据支持。

结合我国货币体系的具体情况，目前我国的央行数字货币主要有如下特点。

第一，继续采用传统纸币的间接发行模式，即央行通过商业银行向公众发行货币。在这种模式下，现有的货币投放体系不会发生改变，也避免了对商业银行的业务造成激烈的冲击。同时，这种间接发行模式使央行仍掌握货币发行的主体地位，不改变原有的债权债务关系，同纸币一样，央行数字货币仍是中央银行对人民的负债，并不会因货币的物质形态而发生改变。总而言之，继承原有的货币发行模式有效运用了原有的金融基础设施，有利于控制金融风险，维护金融市场的稳定。

第二，采取账户松耦合模式。当前，支付宝、微信支付等电子支付工具被人们广泛使用，甚至占领了绝大部分的零售交易市场，导致目前现钞的交易规模不断缩小。但值得注意的是，这些电子支付工具受到银行账户的束缚，采取的是与账户深度耦合的模式。用户在交易之前必须绑定自己的银行账户，本质上只是将现金形式的价值转移转化为线上银行账户之间资产的转移。另一方面，传统电子支付工具也极有可能泄露用户的个人隐私，其实名制的要求也无法满足用户匿名支付的需求；在移动通信网络无法覆盖的地区，移动支付也难以使用。种种弊端显示出现有的电子支付工具还无法替代现钞。央行数字货币则摆脱了银行电子账户和移动网络的束缚，在传统电子支付工具失效的领域继续发挥作用，结合隐私保护技术，在央行可控的范围内满足了用户匿名支付的需求。

（二）加密货币

目前市场上约有 1 900 种加密资产。从市场估值、用户规模等角度来看，比特币仍是最受用户欢迎的加密货币，以太坊和 Ripple 紧随其后。一个比特币的美元价格在 2017 年 12 月 17 日创下了 19 783. 06 美元的历史新高。从 2017 年年初到 2018 年 1 月，比特币的价格上涨了 19. 5 倍。截至 2018 年 9 月 21 日，其市值和日交易量分别为 1 120 亿美元和 50 亿美元。比特币交易量的重要份额是用欧元结算的，过去两年，与欧元相关的交易平均占总交易量的 10%左右，日标准差为 2. 8%。

与其他加密货币相比，比特币是交易量最大的加密资产。2018 年，比特币交易量平均占法定货币结算总交易量的 61%。从比特币的持有者角度分析，目前私营部门持有的比特币相当集中，这表明如果价格大幅调整，潜在的损失将仅限于相对较少的持有者。前 1 000 个地址（占所有活跃地址的 0. 001 8%）约占比特币持有总量的 36%，前 10 000 个地址持有 58%。这些数字只是对持股集中度的粗略估计。一方面，同一投资者可能持有多个地址，意味着实际的集中度更高；另一方面，一些地址可能属于托管商或者交易所，这意味着集中度较低。

由于比特币仅以数字形式存在，因此交易的验证和记录的代理（如矿工）的存在至关重要，这样比特币才能被用作交易中的支付手段。然而，矿工需要大量的时间来完成对交易的验证和记录，也就是比特币系统中所谓的挖矿，因为比特币系统在一定时间内可以记录的交易数量受到限制。与现金不同，挖矿工作所需的时间可能让卖家不愿当场交付货物，因为他们不能确定在挖矿完成之前，交易中收到的比特币的所有权是否完全转移给了他们。它意味着买方可以被要求在收到货物之前等待一段时间，这种延迟交付的货物限制了比特币作为法定货币促进交易的能力。

（三）可信任机构数字货币

可信任机构数字货币是指由在市场上具有威信力、值得公众信赖的机构所发行的数字货币。

什么样的机构具有权威性呢？首先要有公众普遍信任的机构作为信用背书，其次要拥有广大的客户规模及安全可靠的交付平台，再者要有足够的金融资产做支撑，最后还要具备行政许可的市场准入条件。目前，已经获得数字货币发行的行政许可的机构有：高盛、脸书、摩根大通等。例如，脸书与 22 家行业巨头联手发行的 Libra。在客户群体方面，广大的线上旅游、打车、各大流行音乐平台、交易规模巨大的电子商务平台、电信运营商等机构使 Libra 具备了足够强大的信用背书和广大的客户群体。

与其他私人数字货币类似，Libra 采用联盟区块链技术和有关的隐私保护技术手段防止用户隐私信息的泄露，为全球的用户提供点对点的支付体验，脱离了对银行、金融中介机构的依赖，并且 Libra 有强硬的金融资产做支撑。用户购买 Libra 所花费的资金以及来自有关机构、协会成员的投资共同构成 Libra 的储备资金。这些储备资金一方面维持了 Libra 的价值稳定性，另一方面可以进行一些风险相对较低的投资。种种属性使 Libra 朝央行数字货币的方向前进。

表 10-1 中列示了央行数字货币、加密货币、可信任机构数字货币的主要特征。

表 10-1 数字货币分类及其主要特征

数字货币分类	发行主体	代表货币	主要特征
央行数字货币	中央银行	中国央行数字货币	价值尺度、特定加密技术、智能化合约、加密算法规则
加密货币	无发行主体	比特币	交易量大、私营部门集中持有、延迟交付
可信任机构数字货币	权威机构	Libra	具有储备资金、强大的信用背书、广大的客户群体

三、数字货币与传统货币的关系

央行数字货币可以优化传统法定货币的支付功能。理想的央行数字货币具有不重复消费、可控匿名、不伪造、系统独立性、安全性、传递性、可追溯性、可分性、可编程性、公平性等特点。与传统法定货币相比，央行数字货币取长补短，具有独特的性质。

第一，央行数字货币可以节约银行的经营成本。传统纸币需要耗费人力成本、自助取款机等设备成本、储藏纸币的场地成本等，然而数字货币可以大大降低上述成本。数字货币通过减少对银行柜台、自动柜员机等物理设施的依赖，消除资金转移的物理边界，使机构间资金转移更快、更方便。这就要求商业银行通过提供高附加值的服务来增强差异化服务能力，增强客户黏性和自身竞争力。

第二，央行数字货币仍具有现金支付的种种优点，同时摆脱了对第三方服务机构的依赖性。传统货币的电子支付工具与银行账户密不可分，央行数字货币的发行将打破账户和货币之间的约束，为用户提供更好的支付体验。除此之外，现如今的线上支付很有可能泄露用户的数据信息，用户的隐私安全得不到保障。央行数字货币借助隐私保护技术有效解决了这一弊端。

第三，法定货币的数字化形式和系统独立性将大大拓展法定货币的支付网络。央行数字货币可以在多种支付渠道和交易媒介上完成交易，具有良好的通用性。理论上，既然银行存款货币和电子货币可以达到支付网络的边界，那么央行数字货币也可以达到。

第四，央行数字货币可以有效解决现金的缺陷。目前现金在货币政策实施、监控不法分子经济活动等方面具有很大的缺陷，因此有很多学者支持废除现金。具体而言，首先，现金是“零利率下限”的一大困扰。常规的货币政策因为受到现金的阻碍，无法成功调整到负利率区间。然而，通过收取保管费的形式，央行数字货币成功解决了“零利率下限”的难题。其次，由于无法用大数据实时监控现金的具体流通环节，目前市场上仍存在大量的偷税、漏税等非法经济行为，并且现金的物质形态决定了其发行、流通、储存、处理的成本高昂。然而，央行数字货币没有物质形态，只需通过数字发行，大大降低了货币的发行成本以及交易成本。借助大数据分析技术，央行数字货币在发行、流通等环节的具体数据信息都可被实时监控、分析，这对偷税、漏税、洗钱等非法经济活动的监管打击起着重要作用。

第二节　央行数字货币与货币政策

一、央行数字货币对货币供给的影响

央行数字货币作为现金通货的直接替代品，对现金通货、存款准备金、货币乘数等多个货币供给因素产生影响，进而影响国家的货币供给状况。

（一）基础货币

涵盖现金通货、存款准备金以及金融机构库存现金的基础货币由于能够收缩或放大货币供应而被称为高能货币，央行数字货币的发行对这三部分的影响各不相同。

1. 现金通货

随着私人数字货币、电子货币的兴起，现金通货逐渐被替代，大大削弱了央行货币政策的有效性，为恢复央行对主权货币的控制，各国央行逐步着手对央行数字货币的研究，加速了它的问世。从福利方面分析，私人货币的获取会造成福利损害，但其使用的便捷性则会优于现金通货，消费者在两者间比较直至使用两者的福利损害相等，即达到均衡。相较于现金通货，央行数字货币具有较高的便利性，而对比电子货币和私人数字货币，央行数字货币则有更高的兼容性和安全性，因此其发行将对货币体系产生较为明显的冲击。

按照央行数字货币的发行时间与普及程度，大致可将其对现金通货的替代过程分为三个阶段：在央行数字货币发行初期，由于各项技术尚不成熟，人们对它尚不熟悉，使用情况仅仅停留在试探阶段，此时央行数字货币无法撼动现金通货的主导地位。但随着时间推进，人们逐渐意识到央行数字货币相比于现存各类通货、私人数字货币而凸显的优势，这使得其普及范围迅速扩大，替代速度急剧升高。而在央行数字货币基本实现普及后，货币市场上的现金通货大量减少，且由于多种因素现金通货有其存在于货币市场

上的必要，央行数字货币对现金通货的替代速度逐渐下降，直至整个货币市场达到均衡。

2. 存款准备金

为控制商业银行的信贷业务，同时保障资金的流动性，商业银行需要按照一定的比例将其吸纳的现金存款储存到央行，这部分现金存款被称为存款准备金，包括法定存款准备金、超额存款准备金和库存现金。这三部分均会受到央行数字货币的冲击。综合来看，央行数字货币的发行会使得存款准备金的数目增加。

第一，央行数字货币的发行会使得法定存款准备金数量大大增加。一方面，如前所述，央行数字货币的发行会使得流通中的现金大幅度减少，而商业银行账户收到的全部央行数字货币则需全部作为存款准备金上缴央行，使得法定存款准备金大量增加；另一方面，随着央行数字货币不断普及，其便利程度逐步提高，当它的便利价值超过活期存款的价值时，人们便会将一部分活期存款转换为数字货币。活期存款的减少虽然会造成法定存款准备金减少，但其减少量远远不及数字货币增加所带来的法定存款准备金增加量。因此，综合来看，央行数字货币的发行会使得法定存款准备金增加。

第二，虽然超额存款准备金在央行数字货币发行后会有所减少，但其减少幅度并不大。央行数字货币发行使得信息更加透明，打破了金融机构间的壁垒，大大提升了商业银行调动资产的能力，增强了它的风险抵抗能力，促使商业银行减少超额存款准备金。但由于商业银行需在盈利与控制风险之间做出平衡，因此超额存款准备金的减少幅度并不会特别大。

3. 库存现金

央行数字货币的发行会使得库存现金数量下降。一方面，相较于库存现金较高的存储成本，央行数字货币的优势明显，因此在央行数字货币发行后库存现金也会有一定的减少，但这并不是总量上的减少，而是从现金形式转换为了数字货币形式。另一方面，随着人们对央行数字货币的接受程度逐渐增强，越来越多的人选择使用数字货币而非现金通货，这也促使金融机构将其大多数库存现金转化成央行数字货币，以方便后续的资金流动。由此可见，央行数字货币的发行会导致金融机构库存现金的减少。

综合来看，央行数字货币的发行对基础货币的增加有促进作用。一方面，现金通货和金融机构库存现金会在央行数字货币的冲击下持续缩减，但这两方面的减少与存款准备金的增加实现了等量对冲，即基础货币的数量并没有减少，仅仅是形式发生了改变；另一方面，央行数字货币的发行可以通过减少商业银行活期存款的途径增加存款准备金，从而使得基础货币有一定程度的增加。

（二）货币乘数

货币乘数为货币供应量与基础货币之比，波动会受通货比率、定期存款比率、法定存款准备金率、超额存款准备金率等影响，而由央行决定的法定存款准备金率变动较为复杂。为方便分析，本节假定其为外生常量，即不受央行数字货币发行的影响，仅针对通货比率、定期存款比率和超额存款准备金率展开分析。

（1）央行数字货币的发行会使得通货比率增加。所谓通货比率，即通货与商业银行活期存款的比值。央行数字货币的发行目的之一便是替代现金通货，因此其在设定上有可与现金通货比拟的交易能力与流动性，流通过程中发挥着与现金通货相似的功能，从广义的视角看，也属于通货。但由于数字货币降低了各项资产间的转换成本，从而造成货币的预防性需求和交易性需求降低，而投机性需求大大增加，两方面综合来看，数字货币的发行对广义通货的影响并不大。而上文提到，央行数字货币的发行会使得活期存款数量下降，因此，通货比率将提高。

（2）央行数字货币的发行会使得定期存款比率增加。所谓定期存款比率，即商业银行定期存款与活期存款的比值。一方面，为替代现金通货，央行数字货币以高流通性与低收益结合为其设计特点，而定期存款主要是以生息为目的，因此两者并不会产生较强的冲突，相互间的替代性不高，即央行数字货币的发行对定期存款并不会产生过高的影响；另一方面，央行数字货币的发行会使得活期存款数量减少。多种原因综合影响使得定期存款比率上升。

（3）央行数字货币的发行会使得超额存款准备金率下降。所谓超额存款准备金率，即超额存款准备金与存款的比值。央行数字货币的发行使得商业银行的资金调动能力提升，从而超额存款准备金减少，同时释放了货币政策福利，使得整个银行体系对超额准备金的需求也有所下降。因此，超额存款准备金率也有一定程度的下降。

综上所述，由于央行数字货币对通货比率、定期存款比率和超额存款准备金率的影响不尽相同，导致其对货币乘数的影响难以预测，也使得央行数字货币发行后，货币乘数有了更大的波动。

（三）供给创造规模

从供给创造规模来看，以我国为例，虽然目前央行数字货币的发行采用“中心化管理模式下的双层运营体系”，从而逐步实现对现金通货的替代，但央行并未明确规定二者间的具体兑换方式。现阶段两者的兑换方式主要有两种：一是间接兑换，即把电子货币作为央行数字货币与纸币间的兑换桥梁。该方法会使得大量纸币涌入银行体系，若无现金漏损，则由央行数字货币替代的现金将全部转化为存款准备金形式，从而导致商业银行存款准备金增加，使得基础货币规模扩张。二是现金直接兑换为央行数字货币。该种方法短期内对银行的存贷规模不会产生影响，但长远来看，央行数字货币的发行通过降低法定准备金率来扩大货币的供给创造规模。

从供给创造功能来看，虽然央行数字货币由央行发行，但其会造成货币的层次更加模糊，金融机构间的业务逐渐趋同，与商业银行间的界限也逐渐模糊，这也使得存款货币的创造功能被除商业银行和央行之外的部分金融与非金融机构瓜分。

由此可见，央行数字货币对货币供给的影响不容小觑。第一，央行数字货币发行后，市场上现金通货大量减少，交易的便利性大大提高，多种摩擦成本也不断降低。第二，它会使得基础货币的数量大幅增加，从而扩大货币的供给创造规模。第三，它会对商业银行的存款产生不同影响。就短期存款来看，由于其较高的流动性而与央行数字货币有较高的替代关系，因此会导致短期存款规模收缩；长期存款以低流动性和生息性见长，与央行数字货币的替代关系不强，因此央行数字货币不会对长期存款产生较大影响。但是，由于央行数字货币对货币乘数同时具有扩张和收缩两方面的影响，因此其有可能加大最终货币供应量的波动性。

二、央行数字货币对货币政策有效性的影响

货币政策是货币政策工具、中介指标、传导机制和最终目标共同构成的有机系统，央行使用多种货币政策工具作用于货币政策中介指标，通过各种传导机制达到货币政策最终目标，央行数字货币的发行无疑会对此过程产生影响，进而影响到货币政策最终目标的达成，即影响货币政策有效性。

（一）货币政策工具

央行为达到货币政策目标，需要采取多种手段，这些手段被称作货币政策工具，主要包括法定存款准备金、再贴现政策、公开市场操作等。

1. 法定存款准备金

作为央行重要的货币政策工具之一，央行通过使用法定存款准备金政策调控信贷规模。当国家信贷供给过剩时，央行会适当提高法定存款准备金率，从而减少货币供应量，收缩信贷规模；反之，当国家信贷供给不足时，央行会适当降低法定存款准备金率，从而增加货币供应量，扩张信贷规模。

央行数字货币能够从多个方面影响法定存款准备金政策的实施。从法定存款准备金规模来看，央行数字货币通过挤占现金通货和活期存款等方式扩张了法定存款准备金规模，增强了央行对信贷规模的调控能力；从法定存款准备金政策实施的精准度来看，央行可以通过数字货币的流通追踪市场上多种信息，从而提升对市场的监测能力，可以综合诸多因素调整法定存款准备金率，这也让其更加及时精确，从而更好地调控国家信贷规模。可见，央行数字货币的发行使得法定存款准备金政策更加精准有效。

2. 再贴现政策

作为央行最早使用的货币政策工具之一，再贴现政策反映了商业银行的借钱成本，对调整市场利率和货币供应量都发挥了不可或缺的作用。当市场货币供应量不足时，央行会适当降低再贴现利率，促使商业银行更多地发放贷款，向市场释放更多的流动性；反之，当市场货币供应量过剩时，央行会适当提升再贴现利率，此时向银行借钱的成本增加，商业银行减少贷款，市场货币供应量减少。

央行数字货币的发行使得货币流通速度增加，各项资产间的转换壁垒不断降低，从而在一定程度上提升了商业银行的资金调控能力，也使得商业银行能够通过更多渠道进

行融资，融资成本得以下降，这有利于商业银行更好地运行，但也会使其不再依赖再贴现政策，降低了该政策的有效性。

3. 公开市场操作

央行买卖有价证券的行为被称为公开市场操作。这里的有价证券主要是指政府债券。当市场货币供应不足时，央行会适当购买市场上的有价证券，达到释放流动性的目的；反之，当市场货币供应过剩时，央行则会适当抛售手中的有价证券，促使资金回流，减少货币供应量。

一方面，央行数字货币的发行使得公开市场操作时间大大缩短，购买有价证券所耗费的时间成本、信息搜索成本和其他摩擦成本均有一定程度的减少，使得央行能够更加及时地从市场上获得反馈，从而进行灵活的调整。另一方面，数字货币的发行也会使得公开市场操作更加复杂。央行数字货币的发行使得市场上现金通货大幅减少，央行难以通过发行通货而获得收益，其大规模吞吐货币的能力被削弱，这直接限制了央行公开市场操作的空间，从而削弱了该政策的有效性。

综上所述，由于不同货币政策工具的使用环境、条件和目的各不相同，因此其受到央行数字货币的影响也不同。总的来说，央行数字货币的信息透明化、及时化对货币政策实施的精准度有一定程度的提高，但同时也可能导致市场对传统货币政策工具的依赖性下降，从而削弱其有效性。

（二）货币政策中介指标

货币政策中介指标介于货币政策工具与最终目标之间，主要包括市场利率和货币供应量等。

1. 市场利率

借款或存款时每期的利息金额与票面价值的比值被称为利率，决定了企业的资金成本，是影响企业投资、筹资的重要因素。央行通过改变利率调控国家经济运行：当经济低迷、通货紧缩时，央行下调利率，促使企业进行融资，刺激经济发展；反之，当经济过热、通货膨胀时，央行上调利率，企业融资成本升高，投资减少，从而抑制经济过热。央行数字货币从多个方面影响市场利率。

（1）央行数字货币的发行使得利率政策的实施能够被更好地控制。第一，央行数字货币减少了市场上的信息不对称现象，从而降低摩擦成本，提升交易效率，大大缩减了央行调整利率的成本。第二，央行数字货币的发行使得经济衰退时期的负利率政策[①]的实施成为可能，当央行数字货币大面积替代现金通货后，央行可通过收取管理费或直接使用负利率，从而能够打破利率下限，拓展货币政策的实施空间。第三，央行数字货币与时间、经济状态等经济变量关联性较高，能够及时有效地传导利率变动对各经济变量

① 负利率政策是指由于现金通货的存在，居民在利率降到一定程度时会将资产全部转化为现金，导致存在利率下限，使得货币政策工具在经济危机时期对经济的刺激作用比较有限，为缓解此种情况，央行对商业银行的超额存款准备金实行负利率，从而降低商业银行的贷款成本，增强其贷款意愿，同时降低存贷款利率。

所造成的影响，提升央行对利率调整的控制能力。第四，央行数字货币降低了金融产品和货币间的流动壁垒，使得金融市场的发展更加活跃，这也意味着居民的投资行为对利率更加敏感，从而强化了央行对利率的控制力度。

（2）央行数字货币具有较高的时效性，可以及时有效地传导国家现行经济状态，使得央行对现阶段经济运行有更全面的了解，运用大数据等技术分析宏观经济形势，在进行决策时不再仅仅依赖历史信息，提升货币政策与国家经济的关联性，实现国民经济和利率间的良性互动。

（3）央行数字货币使得利率政策与各经济变量有较高的关联度。一方面，央行数字货币依托于较高的公信力和"双离线支付"等便捷性特点，使得居民对第三方支付的依赖性减少，使得央行能够更有效地追踪货币的流通，提高信息反馈的效率与透明度，有利于央行及时准确做出反应，提升利率政策的精确度。另一方面，央行数字货币加快货币的流通速度，促使各金融机构的服务逐步趋同，同时模糊了各类货币间的边界，从而简化了利率政策的传导途径。

（4）央行数字货币会挤出银行活期存款，对商业银行的运行与盈利产生影响。当央行数字货币的便利程度超越商业银行活期存款的利率时，一部分活期存款就会被取代，商业银行的运行也会因此受到影响。因此，为吸纳更多存款，商业银行会提高存款利率以加强活期存款对央行数字货币的替代性，此时，较高的存款利率会在一定程度上削弱央行货币政策的有效性。但是，当央行数字货币发展到付息时，央行数字货币的利率会与活期存款利率达到同一水平。在经济疲软时，央行数字货币的利率下降，而为获得更多利益，活期存款利率也随之下调，使得更多的流动性得以释放；反之，在经济过热时，央行数字货币利率的提高会促使商业银行提升存款利率，从而收缩市场通货。而这也使得货币政策的有效性得以提升。

2. 货币供应量

货币供应量是指某一时期内市场上的现金与存款之和，受各类货币政策工具的调控。

（1）央行数字货币发行后，货币供应量的不确定性增加，但与其他宏观经济变量的关联性也得以增强，而由于央行数字货币所特有的时效、透明等特点，央行对货币供应量的控制力度和精确度也得以提升。

（2）货币乘数的波动性也会由于央行数字货币的发行而增加。一方面，这将导致央行对货币供应量的控制力度降低。另一方面，这使得央行对货币的监管面临更大的挑战。但是，它通过增加存款准备金的方式增加了基础货币数量，使得央行对基础货币的控制能力得到提升，而依赖于大数据等新技术，央行能够对货币的流通、结构等进行分析，从而更加精准地控制市场上的货币总量。

（3）相较于传统数字货币的不可追踪性、信息传播时滞等各项因素，央行数字货币依赖大数据等科技手段，有利于央行对货币流通进行更好的监控，同时，央行数字货币极高的便利性和安全性也使得其冲击了微信、支付宝等第三方支付平台的运营，从而提升货币的可测性。

(4) 央行数字货币通过“盘活”现金通货，使得货币能够快速流通，提升了货币在经济系统中的地位，增强了货币供应量与各经济变量的联系。但是，央行数字货币的发行使得金融资产流动性增强，货币广泛流通于各类非金融机构和非存款货币银行类金融机构，而央行对此类机构的管控能力相对较弱，从而削弱了央行对货币供应的控制能力。

总的来说，央行数字货币的发行使得央行能够更加及时准确地掌握各中介指标的变动情况，从而更好地做出政策调整，以促进国家经济健康有序发展。但仍需注意的是，央行数字货币也会通过增加货币供应量的波动性减弱央行的控制能力，从而对国家经济运行产生一定的影响。

(三) 货币政策传导机制

央行使用政策工具，通过中介指标调控最终目标时的传导过程与作用机制叫货币政策传导机制，央行数字货币的发行对优化货币政策传导机制的作用不容忽视。

1. 央行数字货币提高货币政策传导效率

央行数字货币能够降低货币政策的传导时滞，使得货币政策更加及时、精准和有效。货币政策传导时滞包括央行收集信息、制定政策以及采取行动过程中所造成的内部时滞和采取行动到货币政策发挥作用过程中的外部时滞。其中，内部时滞可以通过提高信息收集、处理效率等方式缓解，但外部时滞往往难以控制。

央行数字货币的发行对降低时滞、提高效率提供了很好的解决思路。一方面，央行数字货币能够大面积替代居民手中的现金通货以及第三方支付的电子货币，有利于央行及时追踪货币流通信息，对货币供需情况有更加全面、精确的判断，增强央行对国家经济形势判断的准确性，减少信息收集成本，有利于央行对国家经济状况迅速了解并做出反应，从而减小货币政策的内部时滞；另一方面，央行可以更加全面地掌握货币的发行、流通和回流过程及其对各类经济变量的影响，从而厘清货币政策的传播途径与运行机制，提升央行对货币政策的综合运用能力，对央行采取多种措施以缓解外部时滞，提升货币政策的及时性与精准性有重要作用。

2. 央行数字货币优化货币政策传导途径的具体方式

央行数字货币能够提升货币政策的质量和效率，从而优化其传导途径。货币政策的传导途径主要包括消费支出传导途径、资产流动传导途径、利率传导途径、汇率传导途径、信贷传导途径、预期传导途径等方面，各个途径受央行数字货币的影响并不相同。

(1) 从消费支出传导途径来看，其受数字货币发行的货币流通体系影响深重。例如我国使用的是“二元模式”，即央行通过商业银行向社会公众发放数字货币。此种形式可以增加商业银行与社会居民间的联系，拓宽消费者与商业银行间的资金流通渠道，使得消费者能够更加方便地使用资金。另外，目前数字货币仍处于试点模式，为提升其与其他货币的竞争力，央行会采取部分优惠措施，除能够增加居民使用的数字货币数量外，还有利于刺激居民消费需求。

(2) 从资产流动传导途径来看，一方面，央行数字货币通过改变基础货币的存在形式提升货币流通速度，使得资产流动更加公开透明，释放金融红利，促进金融市场健康稳定发展，同时也可以有效缓解货币“脱实向虚”现象，提升央行资产调动能力。另一方面，央行数字货币使得金融机构的业务逐渐趋同，模糊了各项金融资产的边界，降低了资产转换壁垒，使得资产流动更加通畅。

(3) 从利率传导途径来看，央行数字货币能够有效提升央行对利率的监控能力，使其能够及时、准确地调整利率以促进国家经济发展，同时对优化利率结构、提升央行对利率的管控能力也有一定的功效，提高了货币政策的透明度。另外，多项金融创新技术的应用也使得利率传导途径更加通畅，有利于央行更好地利用利率调控国家宏观经济，同时形成市场普遍接受的政策利率，能够促进构建利率走廊。但是，央行数字货币会促使商业银行提高存款利率，这也在一定程度上阻碍了利率政策的有效实施。

(4) 从汇率传导途径来看，随着各国央行数字货币的研究与普及，央行能够通过追踪检测系统对央行数字货币的跨境流通进行实时监控。一方面，不同币种间的转换会对汇率产生影响，从而影响国内物价水平与经济发展，对货币的跨境流通进行监控有利于央行针对不同的情况合理做出反应以稳定汇率，从而平滑汇率波动对我国造成的经济影响；另一方面，对跨境交易的有效监控有利于促进对外贸易的发展，同时能够打击跨国违法犯罪行为。

(5) 从信贷传导途径方面来看，央行数字货币的发行使得银行之间的资金往来更加密切，提升了商业银行融资、放贷的效率和配给信贷的能力，多种条件触发机制的引入及使用也使得央行货币政策的使用更加及时合理，减少了货币政策的运行时滞，提高了实施效率，使得金融业能够更加有效地服务于实体经济。

(6) 从预期传导途径来看，货币流通的透明度随着央行数字货币的发行而提升，这使得央行能够更加灵敏地捕捉到市场对于各项政策的反应情况，从而对宏观环境有更加清晰准确的把握。同时，央行数字货币与大数据、人工智能等高科技领域的结合应用也优化了货币政策的决策过程，有利于央行做出更加科学合理、具有前瞻性的货币政策。

总的来说，数字货币的运行能够通过缩短货币政策的时滞、提升货币政策的质量和效率等方面来优化货币政策的传导途径，从而提高货币政策有效性。同时应该注意到，央行数字货币的发行也会增加货币政策运行的不确定性，使得多个经济变量具有较高的波动性。首先，数字货币会同时对多个经济变量产生影响，而各经济变量之间也存在复杂的联系，外部宏观环境等多重因素也会对经济运行产生一定的压力，使得货币政策的效果仍有不确定性；其次，央行数字货币会造成货币供应量的波动，在一定程度上抑制了数量型货币政策的实施，削弱了央行的宏观调控能力；最后，央行数字货币作用的发挥依赖于其前期制度、功能等各方面的设定，不同形式的央行数字货币对货币政策的影响可能有所不同。

综上，在货币政策发行过程中仍应持审慎态度，充分发挥数字货币对央行货币政策运行的有利影响，同时积极探讨避免数字货币消极影响的有效措施，以更好地发挥央行的宏观调控能力，促进国家经济发展。

三、央行对数字货币的态度

随着数字经济的飞速发展，产生了私人数字货币。其由于存在价值波动大、难监控、缺乏信用背书、发行量固定等弊端，对各国货币地位产生了不小的挑战，迫使各国央行加快对央行数字货币的研究。据 IMF 统计，截至 2020 年，全球近 75%的国家已经开展对央行数字货币的研究。2020 年 2 月，瑞典银行首次开展央行数字货币 e-Krona 的测试，加快了数字货币的研究步伐。

各国对数字货币的态度影响着数字货币在该国的发展，其中主要经济体对数字货币的态度对其日后在世界范围内广泛传播的影响不容小觑。表 10-2 展示了各经济体央行对数字货币的主要态度。

表 10-2　各经济体央行对数字货币的态度

经济体央行	央行数字货币		私人数字货币
	态度	进展	
欧洲央行	肯定了数字欧元的重要性和必要性，但指出数字欧元应该是欧元的补充而非替代	与日本银行联合开展批发型央行数字货币的研究；2021 年 7 月决定启动数字欧元项目	为加密资产，否认其属于货币
英格兰银行	较为积极，但尚未决定是否发行	较早开展研究，设立多个组织以保障其顺利进行	消极，不认同其属于货币
美联储	谨慎、观望	更多地处于观望状态	消极，认为其风险性较高
日本银行	乐观，为其发展制定了详细的政策	除与欧洲央行合作外，对零售型央行数字货币的研究起步较晚	不接受，认为存在多种弊端
中国人民银行	积极乐观	起步较早，进展较快，目前已设立多个试点	不认同

（一）欧洲央行

为充分研究分布式账簿技术（Distributed Ledger Technology，DLT）在金融领域和支付领域中的应用模式，2016 年欧洲央行联合日本银行开展批发型央行数字货币研发项目——Stella 项目。截至目前，第四个阶段的测试已结束，并取得了阶段性成果。其中，作为日后各项测试的前提，第一阶段对 DLT 平台基础设施进行了基础性测试，以保障日后各项测试能够顺利进行。第二阶段和第三阶段则均以研究不同资产、账簿之间的结算制度和同步为目标，同时，尝试为不同币种的跨境支付提供解决方案。第四阶段于2020年年初正式启动，主要探索DLT平台上进行交易时如何同时确保交易信息的匿名性和其访问权限，即对于授权机构来讲，能够安全有效地访问交易信息，以确保其能够即时追踪市场运行状况，打击违法犯罪。但对于交易中的主体来说，交易的私密性较高，交易双方的隐私能够得到保证。

为加快对零售型央行数字货币的研究，推进相关政策的开展，探讨其在欧元区发行的可行性与必要性，并预测可能造成的多种影响，2020年10月，欧洲央行收集了社会不同阶层关于“数字欧元”（Digital Euro）的相关意见及建议，同时，公布了关于“数字欧元”的研究报告。2021年7月，欧洲央行决定启动数字欧元项目。此外，为探讨下一步的进展，欧洲央行于2021年10月开启了关于数字欧元的调查。该调查将对数字欧元的分发方式、对市场的影响以及法律的完善等方面进行深入讨论。在此基础上，欧洲央行将决定是否开发数字欧元。

欧洲央行认为，数字欧元是伴随数字化的发展而出现的，它是由央行和国家中央银行发行的一种供全体公民和企业使用的数字形式的货币，因此，欧洲央行将会保护和监督所有形式的数字欧元。由于有其在背后提供强大的信用支撑，数字欧元存在价格波动较小等优势，因此其并不等同于比特币等加密资产，同时，数字欧元能够为人们提供更多的支付选择，改善人们偏爱现金的状况，具有多种欧元所无法比拟的好处。但是，欧洲央行也明确指出，数字欧元并非是以取代现金为目的而存在的，它的作用更多地表现为欧元的补充。总体来看，欧洲央行对央行数字货币持谨慎但乐观的态度，虽然欧洲央行肯定了数字欧元的多种重要性和必要性，但后续是否真正发行数字欧元仍要综合多方面因素进行考量。

而对于比特币、天秤币等私人数字货币，欧洲央行的态度则是不认同、不接受。其认为，该货币实际应属加密性资产而非数字货币的范畴，其兴起有可能削弱欧元的国际地位，挑战美元霸权，使得货币政策失效，另外，可能对支付体系的健全性和稳健性产生影响，在难以对客户提供保障的情况下，有可能加大反洗钱的困难程度。

（二）英格兰银行

英格兰银行对央行数字货币的态度较为积极，但同欧洲银行一样，其现阶段的政策也是继续跟进研究。2015年，英格兰银行与伦敦大学合作，提出二元体系下的零售型央行数字货币项目RSCoin。这是一种以实现央行控制、有部署和扩展功能的货币框架为目的的中心管控央行货币体系，它允许其他央行进入并进行改进。但是，英格兰银行指出，目前英国流通着可供全体居民、企业使用的英镑和供银行和选定金融机构使用的电子货币，而作为流通渠道之一的央行数字货币（CBDC）可供全体居民和企业使用，且与现金通货和存款应该为相互补充而非替代关系，但英格兰银行尚未决定是否引入CBDC。

此外，在批发层面，英格兰银行虽然认可了DLT的潜力与优势，但并不认同央行数字货币一定要使用 DLT。相反，英格兰银行认为未来应该采用和私人部门进行合作的方式，通过实时全额支付系统（Real Time Gross Settlement）对央行数字货币进行构建。

为更好地发展央行数字货币，英格兰银行于 2020 年发布 CBDC 讨论文件，积极利用社会各界专业知识。此外，充分组织央行数字货币工作组对央行数字货币的发布、使用和监管进行探索。另外，吸引高级利益相关者、收集有关 CBDC 非技术方面的战略意见的 CBDC 参与论坛，以及和吸引利益相关者的 CBDC 技术论坛也从不同层面探讨了发行 CBDC 的战略意见。

对于私人数字货币，英格兰银行的态度则较为消极，其不认同私人数字货币属于货币，认为它们虽然目前不会对国家的货币和金融稳定构成风险，但会对投资者造成无法避免的损失，从而影响一国的经济运行。

（三）美联储

美元在国际货币体系中仍处于霸权地位，这也使得美联储对央行数字货币的态度并不积极，对后续是否发行采取了观望态度。虽然多数专家指出央行数字货币有多种优势，但这些优势并不能有效解决目前美国所存在的问题，同时，囿于数字货币自身存在的潜在风险，在目前并没有发展数字货币的迫切需求。但是，美联储仍会采取继续研究的策略，顺应时代发展的潮流，积极与国内外各界交流互通，从多角度对央行数字货币进行研究。同时，美联储表示，在全球化迅速发展的今天，各个国家的央行数字货币运行系统通过跨境支付联系在一起，这也使得国家间央行数字货币的联系性增强，因此，必须以谨慎的态度制定相关政策，以防一国的数字货币危机带来的世界范围的影响。

美联储表示不会接受私人数字货币，认为它会使消费者暴露在巨大风险之下，同时对货币的监管造成一定的影响。

（四）日本银行

除与欧洲央行联合研发批发型央行数字货币外，日本银行对零售型央行数字货币的研究起步相对较晚。2020 年 10 月，日本银行表示，对于零售型央行数字货币的设计和运营模式的探讨以及其可行性的研究工作均会被逐步开展推进，必要时会进行试点研究。而日本银行对央行数字货币可行性验证工作则于 2021 年 4 月开启，主要对央行数字货币的发行、流通等进行基础性测试。据估计，该阶段将于 2022 年 3 月结束。为使央行数字货币能够更加方便地流通，2021 年 6 月日本银行对相关金融服务进行了标准化。可见，日本银行对央行数字货币持乐观态度，虽然现阶段日本普遍使用现金，但制定了详细的政策进行跟进，为后续发行央行数字货币做了充分的准备。

同样，对于私人数字货币，日本银行也采取了不接受的态度，认为这会暴露个人隐私，同时会提高非法交易监管难度。

（五）中国人民银行

我国对央行数字货币的研究启动较早，进展也相对较快。早在 2014 年，由中国人民银行成立的法定数字货币研究小组就对央行数字货币发行的可行性、运行框架建设和应用场景等方面进行了研究。央行于 2016 年提出要公开发行央行数字货币，以加快产业与研发的结合，推动央行数字货币研究成果在社会推行。2017 年成立的数字货币研究所进一步追踪了金融科技创新和数字货币研究领域的进展。随数字票据交易平台实验的成功，中国对央行数字货币的研究已处于世界领先地位。在多方研究下，2019 年 11 月基本完成央行数字货币落地的各项工作，先后在国内多个城市设置试点开展内测，以测试其各项功能是否合理可行。2020 年 10 月，央行与深圳政府联合，设置红包消费场景对央行数字货币进行测试，以优化其使用过程，降低使用成本。次月，中国人民银行声明其属零售型数字货币的范畴，尚不处于计息阶段。2021 年 2 月，中国人民银行数字研究所联合多国中央银行开启多边数字货币桥研究（m-CBDC Bridge），以探索跨境交易中的问题及解决方案。此外，中国人民银行于 2021 年 7 月 16 日发布《中国数字人民币的研发进展白皮书》以向人民群众普及知识，增强其传播程度。

目前，央行正加速央行人民币的研究成果落地，步步为营，以推动央行数字货币在各个试点测试的有序完成。

首先，由于目前我国移动支付技术发展较为成熟，而区块链技术发展相对落后，不足以支撑庞大的数字交易市场，因此央行数字货币不会采用类似比特币的数字资产形式，相反会选择现金替代形式以实现较高的普及性，同时在测试过程中不断提升使用便捷性以降低摩擦成本。

其次，加速云计算、大数据等智能技术的发展与利用，强化基础设施建设，提升央行对货币流通甚至宏观经济发展信息的收集与处理效率，加强央行的货币调控能力。

最后，引入央行数字货币利率，使得央行数字货币逐渐由货币监管工具蜕变为货币政策工具，引入负利率政策，提高央行货币政策实施的精确度与准确性，合理扩充价格型货币政策工具。

第三节 央行数字货币与金融系统

一、央行数字货币对金融系统的影响

（一）完善支付体系

数字技术的运用使得央行数字货币优化了传统支付体系的效率，使支付系统更加灵活。具体表现在交易结算的速度更快、用户对数据的掌握更丰富、运营成本更低，但同时也保障了用户的信息安全。随着技术不断发展，如今的支付体系已经十分便捷，支付

宝、微信支付大大提升了居民的支付效率，但它们也受到网络软件、场景、空间的约束。而数字货币借助分布式账簿技术，拓宽了传统货币的支付范围，曾经烦琐的跨境支付会更便捷。不仅如此，传统支付体系和央行数字货币的结合会进一步提高支付体系的安全性和灵活性。

央行数字货币可以避免电子支付系统的垄断。作为重要的公共产品，电子支付系统关系到社会的公平和福利。目前人们普遍使用的支付工具主要由私人企业提供，可能出现用户隐私泄露、诈骗、交易风险等问题。央行数字货币的发行能有效消除支付工具彼此之间的差异性，为全体公众提供一致的支付工具。而这在提高支付体系效率的同时保障了用户的隐私安全，兼顾了社会的公平和效率。最关键的是，传统电子支付工具的私人运营机构受益于规模效应很有可能形成垄断，对金融造成系统性风险。央行数字货币的发行能避免该风险，维护金融系统的安全稳定。

央行数字货币能与现有的金融基础设施结合，完善金融基础设施的建设。不同于私人企业运营的支付工具，央行数字货币发行的规模和范围更大，拥有其不可比拟的运用深度和广度。当然，传统的电子支付工具在央行数字货币发行后，仍可以发挥作用。例如，基础性的支付结算工具由央行数字货币充当，其他的电子支付工具作为补充，为有不同需求的用户提供个性化服务，从而拓宽支付体系的应用场景和范围，形成一个完整的支付运营体系。不仅如此，央行数字货币在各个方面的创新会促进创新型金融服务、产品、机构的产生，推动金融基础设施建设，改善金融生态环境。

（二）提升金融普惠性

央行数字货币可以提升金融普惠性，促进创新型金融产品、服务的产生。传统的纸币会产生巨大的发行、流通、回收成本，用户若需要现金只能前往商业银行的实体网点兑换，产生时间成本。并且，传统的线上支付必须依靠银行电子账户的紧耦合，在商业银行网点无法涉及以及电子支付失效的领域，用户的支付结算体验会大打折扣。央行数字货币的发行在节省纸币成本的同时，摆脱了银行电子账户的束缚以及传统线上支付的空间约束。例如，央行数字货币的双离线能力让用户在高铁、飞机等传统电子支付失效的区域仍可以实现支付结算，为用户提供了实时、高效、便捷的服务。

央行数字货币使大量中小型企业更容易获得金融服务。目前，能获得银行贷款进行融资的普遍是规模较大的企业，许多中小型企业的融资需求往往被忽视。究其原因主要有两点：首先，中小型企业所在地区的金融基础设施建设不够完善，在农村地区更为严重；其次，中小型企业的信用级别不足，抵押物的价值不够稳定，金融机构担心面临违约风险。而央行数字货币的发行能有效克服上述困难。点对点的交易服务提升了金融普惠性，金融机构可以依靠央行数字货币完善数字金融基础设施，弥补农村地区金融基础设施建设的不足。并且针对不同企业的融资需求，金融机构还可以为其提供不同的个性化服务。

对于主体信用问题，金融机构可以凭借央行数字货币系统对贷款资金进行有效监控，例如监督贷款资金的流动去向和使用效率，警示企业防范风险，将资金用于安全性更高的投资项目。另一方面，中小型企业在融资过程中可能因为转移周期过长而面临资金风险。央行数字货币借助分布式账簿技术，提高了资金转移的效率，并提供了数字化的风险和成本控制工具，从而减轻了中小型企业的成本负担和风险控制成本。因此，央行数字货币的发行能有效增强金融机构对中小型企业发放贷款的意愿。

央行数字货币的发行可以刺激区块链等技术在金融行业的进一步发展。尽管央行数字货币具有匿名性，但在不侵犯用户隐私的前提下，央行仍可以凭借相应的技术手段对货币数据进行实时追踪。对于政府来说，央行数字货币的这一特点在评估货币政策的实施效果、监控洗钱等方面具有重要作用。同理，金融机构也可以采用该类技术手段对贷款资金的流通去向、使用效率进行实时监控，更准确地掌握企业的征信情况，防范资金风险，从而为更多中小型企业提供贷款服务，拓宽金融服务的范围。

无论信用水平、安全性和灵活性，央行数字货币都优于现有的加密资产和支付工具，若其成功发行会引发一系列的连锁反应，推动金融行业在区块链、人工智能等技术的深度运用，进一步提升金融普惠性，为用户提供个性化服务，更好地服务实体经济。

（三）对金融体系的挑战

央行数字货币有利于促进银行业等金融机构的数字化转型，但也给其目前的业务发展和运营模式带来了巨大挑战。

（1）狭义银行效应和金融脱媒是央行数字货币发行对金融机构的挑战。相比商业银行存款，央行数字货币背靠国家主权信用，从而具有更好的支付安全性。在“中央银行——公众”的数字货币发行模式下，央行数字货币会与商业银行的存款货币产生竞争效应，由于公众可以选择直接在中央银行开设电子账户，商业银行的部分存款业务可能被中央银行吸收。

存款业务的减少会削弱商业银行的信贷扩张能力，甚至会使商业银行转型成专门从事信贷业务的狭义银行，增加了社会的融资成本，不利于实体经济的发展。总之，央行向公众直接发行数字货币的模式会对当前的金融体系造成巨大冲击。因此，为了避免狭义银行效应和金融脱媒，央行通过商业银行向公众发行货币的间接发行模式更为稳妥。

（2）在央行数字货币的刺激下，一系列新的业务、产品、机构会应运而生，可能对当前的金融机构产生一定程度的冲击，打乱原有的竞争局面。

首先，在传统纸币体系下，资金转移会受到实体边界的约束。然而，央行数字货币的出现彻底打破了这一边界，从而提升了证券、基金等金融或非金融机构吸引资金的能力，与银行形成了更为严峻的资金争夺局面，中小型银行的生存空间被进一步挤压。

其次，央行数字货币的发行可能降低公众对银行存款业务的需求，增加商业银行在存款业务方面的运行成本，进而导致商业银行的经营收入受到严重影响。

最后，央行数字货币使得各类资产、货币的转换更加容易，转换成本也更低，从而大大提高了金融资产的流动性。在短时间内会导致银行资金来源的结构、比例发生变化，定期存款类、批发资金类的资金占比会增加，负债成本也会不断增加，从而导致银行的资产负债表进一步恶化。

（3）央行数字货币可能打破原有金融体系的运行规则。无论是金融产品交易的方式、行业长期形成的默认习惯还是资本运行的具体模式，都会因央行数字货币的发行落地而发生一系列的变化。

首先，央行数字货币借助数字化技术成功实现与金融基础设施的深层次融合，为用户创造了更好的数字金融环境，提高了金融市场的运行效率和包容度，整体提升了金融行业服务实体经济的水平和能力，

其次，更好的数字金融环境对现有的银行等金融机构提出了更高的要求。在适应数字经济方面，要求各金融机构顺应数字化发展趋势，不断对金融产品、服务进行创新。例如，各金融机构凭借央行数字货币的相关技术手段，实现对贷款资金的有效监控，为更多中小型企业提供小额信贷服务，提升金融的普惠性。在经营成本方面，央行数字货币的发行势必减少传统纸币的发行、流通、储藏成本，各金融机构原有的业务结构、人力资本结构、经营模式等也会发生变化。

总之，在数字金融的大环境下，银行、证券、基金等金融机构都需从风险控制、业务形态、运营模式等方方面面进行改革和创新，顺应数字化发展趋势，不断提升服务实体经济的水平和能力。

二、数字货币面临的风险

（一）私人数字货币

诸如比特币等私人数字货币更多时候被人们当做一种投机产品，其价格不断波动，很有可能造成投机性的市场混乱，甚至造成信用风险。其次，现如今对私人数字货币的金融监管体系还不够完善，不法分子可能利用各种加密资产实施洗钱、走私等犯罪行为，具有严重的法律风险。另外，区块链技术本身也存在一定的风险。在私人数字货币的交易平台上，用户可能遭受黑客攻击，受制于监管体系的不完善，用户难以追偿。

（二）央行数字货币

央行数字货币的风险主要体现在其发行落地会对商业银行的存款业务造成影响，有可能造成狭义银行效应。毕竟央行数字货币背靠国家主权信用，技术上允许公众直接在央行开设电子账户，公众可能将存款直接转移到数字货币账户，从而挤兑了中小型银行的生存空间。

区块链技术在为央行数字货币带来巨大优势的同时也带来了一定的风险。现有的底层技术并非十分完善、成熟，在操作过程中可能出现技术风险，例如信息安全、数据监管等都有可能受到影响。作为一种创新型的货币，央行数字货币的发行改变了传统货币的发行、流通等机制，各类资产转换的速率得以迅速提高，新的金融产品、服务不断涌

现，原有的金融体系运营模式遭到巨大冲击。不仅如此，数字化技术在为用户提供更加便捷高效的服务的同时，也会加快金融风险的传播速度，对金融监管体系提出了更高的要求。此外，数字货币还处在试点阶段，相关的法律法规并未完善，可能面临法律风险。

三、数字货币的金融监管

（一）各国金融监管政策

随着数字货币的蓬勃发展，其面临的监管问题也逐渐引起各国重视。总体而言，目前各个国家对数字货币的监管可以分为较为宽松政策和较为严格政策两大类。

英国和日本对数字货币的态度更为乐观，采取了较为宽松的监管政策。以英国为例，“沙盒监管”是其主要的数字货币监管模式，在一定程度上为数字货币的发展提供了更宽广的空间。日本则在法律层面上正式承认了数字货币，具体内容反映在其 2017 年 4 月修订的《支付服务法》。

美国、韩国等对数字货币则持更加审慎的态度，采取了较为严格的监管政策。以美国为例，其政府和相关的监管部门从多个层面建立了数字货币的监管机制，形成了多方位的监管格局。并且在反洗钱、税收等方面紧跟实际情况，及时创新监管方式，为数字货币的发展提供更规范化的空间。目前中国对数字货币的监管也实施了严格的监管措施。尤其是对比特币等可能影响投资者利益、造成金融市场不稳定的私人数字货币，中国监管部门对其交易及相关业务实施了严格监管。

（二）有效的金融监管措施

为了规范数字货币的健康发展，各个国家都应联合起来积极探索有效的监管措施，加强彼此的协调合作，为数字货币的蓬勃发展创造良好的监管环境。

（1）建立、完善相关的法律法规。从表面上看，各个国家的相关监管部门履行职责，制定了相应的政策监管数字货币，以期规范数字货币的相关机构和市场交易行为。例如，日本在法律上承认数字货币作为一种支付工具，从而对数字货币的交易过程进行监管；韩国从税收角度出发，要求对数字货币利润或数字货币交易所的收入征税；在美国，数字货币被作为证券发行，并由证券交易委员会承担监管职责。

从各个国家的监管效果来看，数字货币并没得到实质有效的监管，数字货币发展中的问题仍亟待解决。根本原因在于，受到数字货币相关技术复杂程度的限制，大多数国家对数字货币的性质并没有清晰的认知和定义，所谓的监管制度只是停留在数字货币的表面。因此，各个国家应从数字货币的本质出发，在此基础上制定相应的监管措施，从而使数字货币得到真正有效的监管。

（2）各个国家协调合作，建立全球性的数字货币监管体系。价值不稳定是目前各类数字货币、加密资产普遍面临的问题，再加上各国对数字货币的监管体系可能存在法律上的漏洞，从而造成利用数字货币进行洗钱等犯罪经济行为频繁发生。数字货币具有监管敏感性，如果一个国家对数字货币采取了某种监管措施，受监管的数字货币的价值会产生大幅度的波动，其成交量也会受到显著影响；相反，若监管措施放缓，数字货币的成交量又会大幅增加。针对这些问题，各个国家应加强彼此的协调合作，积极共享数字货币的交易信息，联合打击利用数字货币进行的各类犯罪活动，以期建立全球性的数字货币监管体系，为数字货币的健康持续发展创造良好的环境。

（3）探索新的监管技术。目前，分布式账簿技术、生物识别技术、人工智能技术和密码技术在数字货币的监管实践中发挥着重要作用，未来如何利用这些技术提高监管能力是重要的探索方向。譬如，人工智能和密码技术利用实时的监控数据可迅速识别可疑的交易活动，有效保障用户数据的安全性；分布式账簿技术为监管机构提供了有效的数据信息，增加了洗钱等犯罪经济行为被发现、惩治的概率。总之，监管技术的进步对遏制非法交易、提高相关部门数字货币监管能力起着重要作用。

本章小结

1. 数字货币与传统电子支付工具、虚拟货币有着本质的差别。随着技术的不断发展，各类数字货币将不断涌现，央行数字货币的发展更会大大弥补传统货币的不足之处。

2. 数字货币能够替代现金通货，其发行使得货币供给创造规模得以扩大，但会对商业银行不同类型的存款产生不同的影响。

3. 数字货币通过对货币政策工具、货币政策中介指标和货币政策传导机制对央行货币政策有效性产生影响，其发行将提升货币政策的及时性和有效性，有利于货币政策最终目标的实现。但同时也会增加货币政策的不确定性，增大多个宏观经济变量的波动。

4. 各国央行均对私人数字货币持否定态度。除美联储外，多国央行均对央行数字货币开展了值得关注的研究和试点。

5. 数字货币在支付体系、普惠性方面推动了金融体系的发展，但同时也为其带来了金融脱媒、打破原有竞争格局的风险。各个国家或地区应协调合作，探索新的监管技术，建立全球性的数字货币监管体系。

思考题

1. 数字货币的核心概念和主要特征是什么？怎样理解数字货币？

2. 数字货币如何影响货币供给和货币政策有效性？各国央行如何看待数字货币？

3. 数字货币对金融系统有何冲击？面对这些冲击，各国政府应采取怎样的措施合理应对？

第十一章

数字经济、政府管理与财政收支

本章学习要点

1. 熟悉数字经济对我国税收制度要素和税收征管体系带来的挑战，掌握数字经济如何在非居民企业税收管理和转让定价等方面加剧税基侵蚀和利润转移风险。

2. 了解OECD及各国为应对数字经济带来的税收挑战采取的措施，了解如何在数字经济时代实现高效的财政支出。

税收制度改革是数字经济发展过程中必须采取的重要步骤。随着数字经济的蓬勃发展，建立在工业经济基础上的传统税制难以应对数字经济提出的要求，建立基于数字经济的新税制呼声越来越高。

目前，我国数字经济规模已达世界第二位，数字经济占GDP的比重逐年上升，在数字经济高速发展的同时，其产生的税收收入却并没有同步增加，这体现了数字经济对我国税收制度、税法体系特别是征管方式带来的新挑战，需要我国的税收治理做出包括税收征管、税种构成在内的多方面的适应性改革。

本节将聚焦于数字经济的高速发展对我国财政税收带来的挑战，从税收制度要素、税收征管体系、跨国企业的税基侵蚀和利润转移、经济社会的发展这四个方面分别选取不同的角度进行阐述分析。

第一节　数字经济发展对财政税收带来的挑战

一、数字经济对我国税收制度要素带来的挑战

数字经济为经济社会的发展带来了许多新变化，而这些新变化对基于传统经济建立的现行税收制度产生了较大的冲击和挑战。一般而言，税收制度的基本构成要素包括纳税人、课税对象、税率、纳税环节、纳税期限、纳税地点、减免税等。由于现行税收制度基本要素的确定规则均是针对传统经济而建立的，数字经济所带来的新变化导致现行税收制度中多个基本要素的适用性受到挑战，具体体现在以下三个方面：纳税主体分散

化、业务边界模糊化以及供需对接远程化。

（一）纳税主体分散化

在数字经济领域，依托互联网平台即可高效便捷地完成信息交互、商品销售、服务提供、资金交付等交易活动，商业经营的门槛因此得以大幅降低，吸引大量个人经营者积极从事数字经济经营活动，推动 C2C 等商业模式快速兴起壮大，导致数字经济经营主体相较于传统经济明显分散化。

在过去很长一段时间内，我国相关规定仅要求从事网络交易的自然人向第三方交易平台提交姓名、地址等个人信息，并未要求个人经营者进行工商登记和税务登记，加之数字经济交易活动较强的隐蔽性和虚拟性，税务部门难以获取个人经营者真实的交易资料，也就无法对从事数字经济的个人经营者进行有效监管和征税。

《电子商务法》提出“电子商务经营者应当依法履行纳税义务，并依法享受税收优惠。依照前条规定不需要办理市场主体登记的电子商务经营者在首次纳税义务发生后，应当依照税收征收管理法律、行政法规的规定申请办理税务登记，并如实申报纳税”，但是，对于“不需要办理市场主体登记的电子商务经营者”如何办理税务登记、在何处办理税务登记、如何申报纳税等问题，目前依然缺乏具体的规定，这使得数字经济纳税义务人的确定和监管仍然面临困难。

（二）业务边界模糊化

借助技术和网络平台，数字经济企业可以突破业务范围和地域限制，促使业务边界模糊化，从而对课税对象的合理确定和准确计量带来挑战。

一方面，数字经济领域新模式、新业态层出不穷，这些新模式、新业态往往涉及多种传统业务模式和经济形态的融合，这导致现行税制中课税对象的判定标准难以适用于数字经济的新业态。例如，以滴滴出行为代表的网约车服务，是将为司机提供的信息技术服务和为乘客提供的交通运输服务融合为一体的综合性服务，而信息技术服务和交通运输服务在现行税制中是两类不同的课税对象，这造成了网约车服务应该界定为哪一类课税对象存在争议。

另一方面，数字经济企业基于数字经济提供产品和服务、高度依赖无形资产等特征，使得企业更容易跨地区、跨国界重组价值链，将更多的收入和利润向低税收国家和地区转移，从而对税基的准确衡量形成挑战。例如，谷歌、苹果、脸书等数字巨头均采用“爱尔兰-荷兰三明治架构”，通过转移知识产权等方式将收入和利润转移到设立在爱尔兰的运营公司，并最终转移到“避税天堂”，从而达到避税的目的。

（三）供需对接远程化

现行税收制度主要以纳税人的机构所在地、登记注册地或居住地作为判定纳税地点、划分税收管辖权的标准。在传统经济模式下，跨地区的经营活动往往需要通过设立分支机构来实现，在相当程度上保证了纳税地点与销售地、消费地的一致性，但在数字经济领域，经营者借助互联网平台、电子支付、物流体系等，可在不设立分支机构的情况下向不同地区甚至不同国家的消费者销售商品和服务，这种销售地与消费地的分离，导致数字经济无法像传统交易一样准确确定纳税义务发生地，也就无法合理划分税收管辖权。

尤其在跨境数字贸易中，现行国际税收规则主要基于常设机构判断跨国企业利润来源、划分税收管辖权，但数字经济企业主要依托互联网等数字技术提供产品和服务，而不再依赖传统物理性机构开展交易，且数字经济的发展使得数据和用户成为价值创造的新来源，导致市场所在国难以依据常设机构对跨国数字企业征税，从而无法享有价值创造地的征税权力。

二、数字经济给我国税收征管体系带来的挑战

数字经济兴起之前，企业销售产品的主要场景是实体店。现如今，网上销售成为主流销售方式。目前我国对有关税收方面的政策或制度调整还是基于传统框架，不管是线上交易的税收征管还是监管制度都并不完善，特别是对新出现的数字服务产品，征收监管存在严重不足。

（一）线上征税难以实现

不完善的线上税收征管制度导致了很多交易存在税收征管挑战。例如，目前企业和个人直接通过互联网平台发生的交易行为，税收的征收和管理都面临新的挑战，且我国并未制定要求第三方支付平台协助收税的相关规定。电商企业在飞速壮大的同时，也利用政策或监管上的漏洞避税，造成了国家的征税问题，进而影响了企业间的公平竞争。

征收监管技术不完善导致的最具挑战性的影响，主要体现在服务贸易的数字产品中。以设计类产品贸易为例，卖家在设计完成后可以直接通过网络交付商品。无须经过物流的特点导致其无法被监管，这就给交易的确认和监管提出了难题。

税收征管制度的不完善本质上是税法体系的不完善。为平衡实体经营者与线上经营者税负，亟待创新税收征管模式。电子商务是数字经济的初级阶段，但针对电子商务的税法尚未出台，仍有大量线上交易或行为游离于税务部门的监管之外，税收征管效果不佳。数字经济衍生的还有无形商品，这些无形商品凭借计算机与互联网等媒介线上存储与运输，交易虚拟无形，税务机关难以掌握其涉税信息。线上的网络交易因为没有固定的营业实体场所，税务部门很难依据电商的经营地与实际经营场所或纳税人的纳税行为发生地来判别和跟踪税收是否实际发生。实际征管工作中，由于数字经济自身独特的灵活性、隐蔽性、虚拟性特点，企业经济业务广泛存在于虚拟的信息网络中，很难锁定进行交易活动的实体终端，导致数字经济的税收征管制度滞后。

（二）电子税务技术滞后

线上交易加密技术保护了经济活动主体的隐私及交易信息，除非司法机关介入，税务机关难以获得纳税人的真实收入与交易情况。所以，提升税务机关网上监测技术，依法让纳税人足额缴纳税款、保证国家税收利益是税务征管工作亟待解决的难题之一。

目前，电子税务局业务有六个模块，但是实践中更多的是将电子税务局平台视为一种操作工具，未能利用数字经济深入挖掘数据价值，形成可视化管理决策的“数字税务局”。由于税收征管方面与纳税人的关系仍是单向征管模式，服务纳税人，智能化、数字化监管等方面的信息技术应用水平较低，尚未完全建立功能齐全、信息共享的税务信息征管系统，电子税务局还没有完全实现涉税业务全覆盖、网上全程办理，数字经济税收征管技术应用相对滞后。

三、数字经济加剧税基侵蚀和利润转移产生的风险

税基侵蚀（Base Erosion）和利润转移（Profit Shifting）是指跨国企业利用国际税收规则存在的不足，以及各国税制差异和征管漏洞，最大限度地减少其全球总体的税负，甚至达到双重不征税的效果，造成对各国税基的侵蚀。

在数字经济背景下，跨国公司值得特别关注。跨国公司可能利用数字产品的形式或者互联网交易的方式，不在经营地设立固定的经营场所，从而在全球范围内达到逃税、避税的目的。就目前的国际税收实践来看，数字经济所带来的税收挑战多集中在非居民企业税收管理和转让定价两个方面。

（一）数字经济时代的非居民企业税收管理

非居民企业是指依照外国（地区）法律、法规成立且实际管理机构不在中国境内，但在中国境内设立机构、场所的，或者在中国境内未设立机构场所，但有来源于中国境内所得的企业。

依据现行的国际税收规则，在存在双边税收协定的情况下，缔约国一方企业的利润应仅在该缔约国纳税，但该企业通过设在缔约国另一方的常设机构在该缔约国另一方进行营业的除外。与对营业利润的处理不同，发生于缔约国一方并由缔约国另一方居民企业受益所有的特许权使用费，应仅在缔约国另一方纳税。基于这种不同，数字经济下收入的定性问题已经变成非居民企业税收管理所需要考虑的重要问题。

案例 11-1： IBM 公司在澳大利亚的公开案件

IBM 在澳大利亚的子公司（IBM 澳大利亚）于 1987 年与其美国母公司（IBM 美国）签订了《软件使用权许可协议》，IBM 美国许可 IBM 澳大利亚使用 IBM 美国的软

件设计并完成销售。相应地，IBM 澳大利亚会以其收入的 40% 作为对 IBM 美国的回报。在许可协议生效后，IBM 澳大利亚一直以特许权使用费的形式向 IBM 美国进行支付，并代扣代缴了预提所得税。

然而，自 1997 年起，IBM 澳大利亚选择将绝大部分收入视为 IBM 美国的营业利润而非特许权使用费，并不再代扣代缴预提所得税。就此，澳大利亚税务机关（ATO）做出了不同的认定，要求其仍按照特许权使用费进行处理，并因此补缴相关税款总计约 5 500 万澳元。

2009 年 7 月，IBM 澳大利亚向法庭提起申诉，但法庭最终驳回了 IBM 澳大利亚的请求，同时根据两国双边税收协定的相关规定，即发生于缔约国一方并由缔约国另一方居民企业受益所有的特许权使用费，应仅在缔约国另一方征税，裁决其应该按照澳大利亚税务机关的要求补缴相关税款。

（二）数字经济背景下的转让定价问题

转让定价（Transfer Pricing）是指关联企业之间在销售货物、提供劳务、转让无形资产等时制定的价格。在跨国经济活动中，利用关联企业之间的转让定价进行避税已成为一种常见的税收逃避方法。其一般做法是：高税国企业向其低税国关联企业销售货物、提供劳务、转让无形资产时制定低价；低税国企业向其高税国关联企业销售货物、提供劳务、转让无形资产时制定高价。这样，利润就从高税国转移到低税国，从而达到最大限度减轻其税负的目的。

如果说税收管辖权决定了哪个国家有权力去征税，那么转让定价问题所面对的就是作为纳税税基确定的利润分配问题。从转让定价实践来看，跨国公司一方面会敦促各国双边或者多边合作解决因税收原则差异造成的双重征税问题，但同时也在利用这些税收原则的差异，寻找双重不征税的机会，这使得跨国公司的转让定价问题在数字经济模式下不断凸显。在数字经济时代，许多跨国企业的产品和服务数字化程度日益增长，使得跨境销售产品或提供服务变得更为便捷，在很多时候，在传统经济时代被大多数跨国公司视作生命线的传统物流链已经变得不再重要。同时，随着依托数字经济的跨国高科技公司快速崛起，它们的主要利润或许已经不再来自实体产品，甚至公司本身就没有实体产品，相应的各类无形资产或许已经成为它们获得超额利润的重要手段。

在现实中我们看到，依托数字产品和数字化手段，新的运营模式层出不穷，而这些新的运营模式更多依赖无形资产而不是实体产品本身，进而使得跨国公司的利润向低税率地区转移变得更加容易。相反，基于传统经济构建的国际税收规则和征管系统又明显滞后，所以在数字经济高速发展的背景下，一些相关的国际税收争端时有发生。

数字化的运营手段往往使得跨国高科技公司可以十分容易地通过特定的组织架构和关联交易开展跨境销售以及跨境服务，而数字化产品则突出了各类无形资产的价值，使得跨国高科技公司可以通过签订无形资产协议等方式将经营利润转移到税收政策更为优惠的国家或地区甚至避税港，最终达到避免缴纳巨额税收的目的。

案例 11-2：苹果公司的全球价值链体系

在苹果公司构建的全球价值链体系中，中国等发展中国家的生产企业被定位为合约制造商，只承担简单的生产功能，因而只能获得有限的利润。相反，苹果位于美国的母公司（苹果美国）以及苹果负责美洲以外地区市场的销售公司（苹果销售）则可以以较低的价格购买合约制造商加工完成的苹果产品，并以较高的价格分别销售给美洲和美洲以外地区的分销商以获得超额的利润。通过将苹果美国和苹果销售定位为各自关联方交易的关键风险承担者，美洲市场的利润得以被留在苹果美国，而美洲以外地区市场的利润得以被留在苹果销售。基于数字化的经营手段，随着一连串订单的完成，苹果公司产品的法律所有权被一次次转移，而实际上其产品在物理空间上并不需要像法律所有权那样一次次被转移。在最终客户完成交易后，苹果公司的产品会由合约制造商的工厂起运被直接运输到消费者所在的国家，在节约物流成本的同时使得跨境交易也变得十分简单。

不仅如此，为了达到税收利益最大化的目的，苹果公司还通过特殊的成本分摊协议将知识产权的部分经济权利置于其设立于爱尔兰的控股公司（苹果控股）名下，以期将巨额利润截留在美国以外。在成本分摊协议中，苹果公司将其所有的知识产权拆分为法律权利和经济权利两部分，其中全部的法律权利由苹果美国所有，同时将相关的经济权利分别授予苹果美国（美洲市场）和苹果销售（美洲以外地区市场）。实际上，苹果公司全球的研发活动几乎都在美国本土进行，但根据成本分摊协议规定，由苹果美国与苹果销售按照各自负责的销售市场实现的销售收入所形成的比例，分担苹果公司全球研发活动的成本，并基于此共享研发活动的成果（超额的利润回报）。这样一来，苹果公司得以进一步利用爱尔兰国内税法与美国税法典中关于居民纳税人相关规定的差异同时否定其爱尔兰和美国居民纳税人的身份。

基于数字经济时代产品的新特点，知识产权成为了跨国高科技公司的核心竞争力和价值源泉所在。通过无形资产相关协议，苹果公司人为地安排了知识产权中的经济权利在关联企业间的归属，并最终将利润留在了税收政策更为优惠的地区并达到了避税的目的。

通过对苹果公司全球价值链的分析可以看出，随着经济全球化和数字经济深入发展，越来越多的跨国公司可以通过数字化的经营模式和复杂的税收筹划来规避其纳税义务，造成对各主权国家税基的侵蚀。然而，现阶段基于传统经济构建的国际税收规则主要依赖于主权国家之间的双边税收协定，而由于各主权国家之间的税制存在差异，加之缺乏在税收协定领域的多边协调机制，这就为纳税人利用双边税收协定的漏洞进行逃避税提供了可能。因此，进一步加强国际税收征管领域的合作，构建双边和多边的税收情报交换制度已经变得迫在眉睫。此外，在各国的税制中引入一般反避税条款也是十分迫切和重要的。从转让定价角度来看，一般反避税条款可以有效应对数字经济下不断变化的逃税避税行为，同时重点规制与关联交易本身没有直接联系的逃税避税行为。

从转让定价角度来看，成本分摊协议应该用以确定参与方共同承担开发或获取资产、劳务、权利等产生的成本和风险，并确定各参与者在这些资产、劳务和权利中预期受益的性质和范围。在成本分摊协议中，根据独立交易原则，各参与方对协议的贡献应当与各方在协议中获得的预期收益份额相一致。然而，在苹果公司案例中，成本分摊协议被用于人为地转移下属公司之间的利润，进而利用不同国家税制之间的差异进行避税安排。相应地，基于此种目的签订的成本分摊协议是否符合独立交易原则也存在很大的疑问，各参与方对协议的贡献与所获得的预期收益份额很可能存在巨大的差异，这也是需要在未来的转让定价实践中进行深入探讨的。

四、数字经济导致的财税问题对经济社会发展带来的挑战

税收是国家财政收入的主要来源和调节经济的重要杠杆，对于促进经济发展、维护社会公平等具有重要作用。数字经济对税收制度的冲击和挑战，在一定程度上妨碍了税收组织筹集财政收入、调控经济活动的功能，进而导致了经济增长效率、收入分配公平等方面的多重问题，对数字经济的持续健康发展造成了一定的负面影响。

（一）数字经济税收问题影响了经济效率

一方面，与数字经济发展不相适配的税收体系扭曲了市场机制，对市场效率造成了直接的负面影响。税收中性是税收制度应当遵循的一项基本原则，即税收应该在不同商业活动之间保持中立，不扭曲或尽可能少地扭曲市场机制作用。但由于数字经济对现行税制的冲击和挑战，当前的税收体系在不同的经济业态、不同的商业模式、不同的市场主体之间难以保持中立，严重影响了市场机制在资源配置中的决定性作用，造成了税收对市场经济正常运行的干扰，对于经济的长期健康发展而言产生了不利影响。

另一方面，数字经济对税收体系的冲击导致政府丧失了大量税收收入，甚至损害了税收制度的可持续发展，将影响政府提供公共服务、完善经济发展环境的能力，进而间接损害经济增长的潜力。在财政部发布的 2018 年会计信息质量检查公告中，互联网行业“部分企业跨境转移利润、逃避缴纳税款等问题比较突出”被列为检查发现的问题之一。相关研究显示，2004 年至 2014 年之间，我国仅网络零售导致的税收流失规模总额就达到了近万亿元。

税收作为最重要的财政收入来源，税收收入的流失将影响政府在基础设施建设、公共服务提供等方面的投入水平，降低国家经济调控的能力，从而影响国民经济的持续健康发展。

（二）数字经济税收问题妨碍了社会公平

国家之间税收收入分配存在不公平问题。由于现行的国际税收规则是基于常设机构判断跨国企业利润来源、划分税收管辖权，而数字经济企业借助互联网、大数据、人工智能等新一代信息技术，可在不设立常设机构的情况下进行跨国交易，这使得用户所在国无法享受与本国用户创造的价值相匹配的税收管辖权及税收收入，导致税收在不同国家之间的分配不尽合理。例如，苹果、谷歌、亚马逊等美国数字巨头依托互联网等技术在全球广泛开展商业活动，但在基于常设机构进行征税的线性税收规则下，这些公司在用户所在地缴纳的税收较少，使得用户所在国蒙受较大的税收损失。据测算，脸书在境外实现的利润占比高达66%，但在境外缴纳的税收占比仅为8%。

国内不同地区之间税收收入分配不合理。数字经济组织方式加速了经济活动的远程化、虚拟化发展，数字经济企业无须设立分支即可跨地区销售商品、提供服务。按照当前的纳税地点确定规则，数字经济经营活动所产生的税收收入将脱离于消费地而集中于经营主体所在地。而我国数字经济企业主要分布在东部经济发达地区，根据上市企业数据，在135家互联网上市企业中，北京、上海、杭州、深圳、广州五地的企业数量合计占比66.6%；根据国家统计局数据，电子商务零售商也主要集中在东部地区，2022年东部地区的网络零售额占全国比重高达83.92%。与此同时，我国数字用户遍布全国各地。据统计，北京、上海、广州、深圳等一线城市的数字用户占比约为12%，高达约88%的数字用户分布于一线城市以外的地区。

供需主体的错位意味着数字经济经营活动带来的增值税、企业所得税等相关税收也将主要在发达地区缴纳，造成欠发达地区在税收收入分配中处于劣势地位，进一步加剧区域发展失衡。

数字经济与传统产业之间税负不均衡。现行税制不适应数字经济发展导致的纳税主体难以确定、课税对象难以准确界定和衡量等问题，造成数字经济企业利用税收规则进行避税的现象较为突出，使得数字经济相较于传统产业而言税负水平较低。根据欧委会评估，传统行业的平均税率为23.2%，而数字行业的有效平均税率只有9.5%，远低于传统行业的税负水平。

数字经济作为经济发展的新动能，给予适当的税收优惠促进其发展具有合理性，但因为税收制度的漏洞导致的避税并非良方，由此引发的数字经济与传统产业之间税负的不均衡是不合适的。

第二节　数字经济时代的财税改革

数字经济既重塑了公共财政，也为财政收支带来了诸多新挑战。如何克服数字经济时代财政收支的新挑战，更好地进行财政收支成为目前迫切需要解决的问题。本节将从如何在数字经济时代保障税收和实现高效财政支出两个方面提出上述新挑战的解决措施。

一、数字经济时代如何保障税收

（一）OECD 关于税收制度改革措施的研究

近年来全球经济和市场一体化进程不断加快，尤其是数字经济不断发展，使得现有的国际税收框架面临严峻挑战。现行国际税收框架无法解决数字经济时代纳税主体、课税对象、纳税地点模糊的问题，为税基侵蚀和利润转移（BEPS）问题创造了机会。

根据 OECD 的初步估算，BEPS 问题导致全球企业所得税流失占到全球企业所得税总额的 4%～10%，即每年 1 000 亿～2 400 亿美元。该问题形成的原因众多，其中包括跨国企业的恶意税务筹划、不同国家税收法律法规的相互作用以及各国税务机关之间缺乏合作等。其结果是跨国公司位于低税率国家的企业利润率几乎两倍于全球集团利润率，造成严重的经济扭曲。目前由于发展中国家税收收入占总体收入的比重更大，发展中国家对企业所得税的依赖程度更高，因此 BEPS 对于发展中国家的影响更为深刻。

针对上述数字经济发展引发的税收征收问题，诸如经济合作与发展组织（OECD）、联合国、欧盟以及二十国集团（G20）等国际机构开展了广泛研究，国际社会对于数字经济的全球性税收征管问题解决方案的研究愈发深入。2013 年 9 月，G20 成员领导人委托 OECD 开展国际税收改革项目，旨在修改现有国际税收规则，遏制跨国公司规避全球纳税义务、侵害各国税基的行为。两年时间内，OECD 和 G20 成员携手合作，共同发布了 OECD/G20 税基侵蚀和利润转移（BEPS）项目 2015 年最终报告。该报告中为应对 BEPS 问题共提出 13 项行动，其中第一项即为如何应对数字经济面临的税收挑战。该项行动的报告指出数字经济快速发展逐渐与经济社会紧密结合，因此将数字经济单独提出来讨论如何应对数字经济的税收挑战并不实际，BEPS 项目所提出的 13 项行动计划无疑均会对数字经济背景下的税收问题产生影响。本书基于 OECD 的研究，就如何应对数字经济带来的税收挑战、保障税收问题提出以下举措：

首先需要明确的一点是，尽管 BEPS 项目中的各项行动都能够对数字经济带来的税收挑战产生影响，但是“强化 CFC 的相关管理规定”“防止人为规避构成常设机构”和“确保转让定价结果与财富创造相一致”被认为是与数字经济关系最为紧密的几项措施。

1. 强化 CFC 的相关管理规定

受控外国公司（CFC）可以作为拥有外国子公司控制权的纳税人将其居民国或其他国家税基转移的目标公司。CFC 规则的存在即是为应对该类风险，如果没有 CFC 规则，受控外国公司将长期为税基侵蚀和利润转移行为提供便利。OECD 在其研究中指出，

CFC 规则的制定受到两方面差异的影响：其一是管辖区是采用全球征税体系还是采用领土征税体系；其二是管辖区是否为欧盟成员国。如果管辖区采用的是全球征税体系，CFC 规则可以广泛应用于任何没有在其母管辖区缴税的收入。而如果管辖区采用的是领土征税体系，则该辖区的 CFC 规则最好采用仅适用于那些母管辖区缴税的较窄范围的收入，以保证和整体税制的一致。

然而在现实的税收实践中，国家的税收并非完全的全球征税体系或领土征税体系，而是介于两者之间的，因此在制定 CFC 规则时需要找到国家关于解决国际竞争力及税基剥离问题的平衡点。

CFC 规则产生的国际竞争力方面的问题主要分为以下两个方面：

第一，相较于没有采用或小范围采用 CFC 规则的国家，广泛采用 CFC 规则国家的居民企业所拥有的外国子公司比在外国管辖区当地的公司要承担更重的税赋，这将会影响集团公司对于总部的选址，进而使得广泛采用 CFC 规则的国家在国际竞争中处于劣势。

第二，位于严格执行 CFC 规则的国家的跨国公司会比位于不执行 CFC 规则或虽严格执行 CFC 规则但仅适用于低税率或更窄的税基情形国家的跨国公司企业处于竞争劣势，这是由于第一类跨国公司的外国子公司的有效税率较第二类跨国公司外国子公司的更高。OECD 的研究也为解决国际竞争力问题提出了两点措施：一方面，采用领土征税体系的管辖区应当更倾向于对那些明确从母管辖区转移的收入课税，采用全球征税体系的国家应当利用 CFC 规则对更多收入征税；另一方面，推动广泛的国际合作，促使各国采用相同的 CFC 规则。

如何防止 CFC 规则造成的税基剥离问题？OECD 也给出了相应的措施。具体地，只关注母管辖区税基剥离问题的 CFC 规则在定义 CFC 收入时应当只包括从母管辖区转移的收入，而关注对国外税基剥离问题的规则应当包括来源于除 CFC 管辖区外的任何国家的收入。通过上述设定，在第一类关注侵蚀母管辖区税基的规则下，与第三国的经营活动不相关的 CFC 收入将不会被作为 CFC 收入征税，而在第二类关注对国外税基剥离的规则下，同样的收入将会被作为 CFC 征税。因此，通过不同的 CFC 规则的制定不仅能够防止集团公司将收入转移到 CFC，保护母管辖区的税基，也可以防止母管辖区对国外的税基剥离。

如果管辖区为欧盟成员国，由于欧盟法律环境的特殊性，需要 CFC 规则与欧盟法律保持一致。但目前来看，针对管辖区为欧盟成员国的问题并未得到有效解决，仍需进一步探索。

2. 防止人为规避构成常设机构

税收规则一般认为，只有外国企业在国内构成常设机构时，才需要对其国内常设机构部分的营业利润征税。数字经济的发展使得跨国公司能够脱离传统商业模式中的物质实体（例如办公场所、建筑物或人员等）“应税存在”开展跨国业务。比较常见的一种做法是，纳税人通过佣金代理人安排代替传统以子公司作为分销商的安排，佣金代理人安排是指一个人以自身的名义在某国代表一家外国企业销售该企业的产品。通过佣金代理人安排，跨国公司可以在某国销售产品，但在现有的税收规则下，销售所得利润并不归属于该国常设机构而无法被交易活动所在国征税，并且从事销售活动的代理人由于自身并不拥有销售的货物，因此所在国只能针对其销售行为取得的个人报酬征税，造成严重的 BEPS 问题。在这样的背景下，有必要重新修改常设机构的定义，以应对人为规避构成常设机构的行为。

OECD 在广泛研究的基础上形成了《应对数字经济的税收挑战》这一报告。其中针对现有常设机构规则存在的问题，共提出五个解决方案。

第一，对常设机构例外条例进行重新修订，将例外条例中可能造成避税行为的内容删除。

第二，针对那些在市场所在地仅需保持极少物质实体存在即可开展核心经营活动的企业，提出新的联结度规则，即某些从事“非物质化数字活动”（Fully Dematerialized Digital Activity）的企业如果在某国经济中具有“显著数字化存在”（Significant Presence），则被认定为该国的常设机构。

第三，针对企业与客户在信息互动过程中创造的价值如何征税的问题，OECD 指出，以“显著存在”的概念代替常设机构。

第四，在本地居民向境外数字产品或服务提供方支付费用的交易过程中引入“终端预提税”。

第五，按网站的宽带使用进行征税，税率根据企业或销售额的大小差异，采用累进税的形式。出于监管效率的考虑，仅针对年度宽带使用量超过一定门槛的企业征税。

案例 11-3：如何判断“非物质化数字活动”

判断是否开展非物质化数字活动，需要从以下几个方面的潜在要素进行测试：

(1) 企业的核心业务全部或主要依赖于数字化产品和服务；

(2) 在实际制造货物和提供服务的过程中，除了服务器和网站或其他信息技术工具的存在、使用或维护，以及对本地市场相关的数据信息的收集、处理和商业化之外，不需要其他物质要素或实体活动的参与；

(3) 合同一般通过互联网或电话等远程沟通的形式订立；

(4) 付款全部通过信用卡、在线支付方式或与某些关联网站链接或整合的在线平台进行的其他电子支付形式完成；

(5) 仅需通过网站与企业建立联系，除母公司所在地或营运公司所在地的办公室以外，没有实体店或代理商开展核心商业活动；

(6) 所有或绝大多数的利润归属于数字化产品或服务交易；

(7) 供应商的纳税居民身份和其实际地址并不影响客户的选择；

(8) 数字化产品的实际使用或数字化服务的提供，除了使用计算机、移动设备或其他信息技术工具，无须有形产品的实际存在或参与。

案例 11-4：如何判断“显著数字化存在”

对于一家从事完全非物质化经营的企业，在以下情况下可以核定其在某一国具有显著数字化存在：

(1) 企业和在该国纳税的顾客就销售非物质化数字产品和服务通过远程订立了大量的合同；

(2) 企业的数字化产品和服务在该国普遍使用或消费；

(3) 根据与其核心业务的数字化产品或服务相关的合同条款，企业在该国的客户对该企业进行了大额支付；

(4) 企业在该国的现有分支机构承担次要职能，提供以该国居民为目标客户、与企业核心业务密切相关的市场营销和资讯类服务。

3. 确保转让定价结果与财富创造相一致

在数字经济中，企业高度依赖无形资产在创造价值、产生收入方面的重要作用。OECD 的研究指出，数字经济参与者将无形资产或相关权利转移至税收有利的地区，造成严重的 BEPS 问题。由于很多无形资产缺乏可比性，并且难以单独分辨出某无形资产对跨国企业收入产生的影响，使得税务机关面临如何判断无形资产转让定价和价值创造是否一致的难题。针对上述问题，OECD 对无形资产转让定价规则进行了多次修订，结合《OECD 转让定价规则》的 2017 年版本和 BEPS 项目 2015 年最终报告，指出修订后无形资产定价规则的新变化。

首先，拓宽无形资产的范围。为避免 BEPS 问题，新修订的无形资产转让定价规则界定了无形资产，并指出转让定价规则所界定的无形资产并不等同于会计准则的定义。具体是指企业拥有或控制的没有实物形态的非金融资产，持有该资产的目的是从事商业活动，而且独立企业间在可比情况下对其使用或支付对价转让。在对无形资产进行转让定价分析时，不能拘泥于会计准则或法律条文对其界定，而应当以确定独立交易方在可比交易中达成的交易条件为切入点。也就是说，无形资产的范围相较于传统会计准则和法律规定的范围有所拓宽。

其次，拓宽无形资产创造价值的环节。通常认为无形资产的价值创造在于无形资产的开发，然而实际上无形资产在开发、价值提升、维护、保护和利用时均能够创造价值，因此在新修订的无形资产转让定价规则中将以上五个环节均作为无形资产创造价值的过程。

最后，增加无形资产转让定价中的可比性因素。可比性分析是应用独立交易原则的核心，在确定合理的转让定价规则过程中发挥关键作用，但由于无形资产具有特殊性，难以获得可比性信息。因此在新修订的无形资产转让定价规则中明确规定，无法找到可靠的可比信息时，要考虑交易双方所执行的功能、拥有的资产、承担的风险以及诸如本地市场特点、跨国公司的协同效应等其他可比性因素对无形资产价值创造的贡献。同时，增加地域优势这一可比性因素。

（二）各国针对 BEPS 问题的解决方案

OECD 于 2013 年发布的应对税基侵蚀和利润转移的报告中指出，BEPS 问题并非由于单个国家的税收法规造成的，而是各国税收法规问题相互作用的结果。具体来看，一方面，与全球数字经济的高速发展相违背，全球税收标准落后于全球商业环境的变革；另一方面，全球范围内缺乏跨境协调的国内税收法律法规。这两方面原因共同为纳税人进行 BEPS 行为创造了机会。

但是目前由于各国数字经济发展阶段不同、所处立场存在差异，针对 BEPS 问题的解决方案并未达成一致。具体来看，以美国为代表的数字经济发达且拥有大型跨国公司的国家为了能够免于遭受税收制度改变带来的冲击，对于税改的态度十分消极；以印度为代表的数字经济相对欠发达且作为数字经济产品主要消费国的国家，对于国际税收制度改革的意向十分强烈；以荷兰为代表的依靠税收优惠政策吸引跨国公司投资的国家，税收政策修改对其带来的消极影响巨大，因此对于税收政策改变持明确的反对意见；其他广大发展中国家和低收入国家由于其数字经济发展相对落后，对于国际税收政策调整的参与意愿十分有限。

因此，各国普遍采取单边措施解决目前面临的数字经济税收征管问题。各国的单边措施主要包括以下四个方面：调整常设机构原则、完善转让定价规则、应用区块链等新技术进行税收征管、征收数字税。

（1）调整常设机构原则。其原因在于，数字经济发展使得在现有税制规则难以找到合理的课税对象。从目前各国的实践来看，对常设机构原则调整的主要措施为修改原有的常设机构定义，使得常设机构原则符合数字经济特征以及本国税收征管的政策。借鉴 OECD 的研究，印度将常设机构原则中关于有固定营业场所的定义删除，引入了“显著经济存在”的原则，对跨国公司来源于印度的收入、交易额及活跃用户数设置标准，以此作为判断是否存在常设机构的门槛。与印度的做法相类似，意大利在常设机构的定义中引入“隐匿常设机构”的判定原则，将在意大利境内没有固定营业场所但仍有显著且持续的经济存在的机构认定为常设机构。

（2）完善转让定价规则。各国完善转让定价规则主要针对独立交易原则本身存在的局限（可比交易）。随着数字经济的发展，数字化产品更新换代进程加快，加之跨国企业及各国税务部门的商业机密及税收情报交换带来的信息不对称，造成了寻找和对比可比交易的困难。由于可比交易是独立交易原则进行判断的关键步骤，进而会影响独立交易原则，各国针对独立交易原则的局限性纷纷采取措施。以英国为例，2015 年英国开征转移利润税，对于造成别国税收增加额低于英国税收减少额 80%的企业征收额外 25%的转移利润税。与英国类似，澳大利亚为避免跨国企业的实际税率低于税务机关认定的适当税率，自 2017 年开征转移利润税。2017 年中国国家税务总局发布《特别纳税调查调整及相互协商程序管理办法》，提高中国转让定价规则与 OECD 在 BEPS 项目中形成的新国际规则的协同度。

（3）应用区块链等新技术进行税收征管。已有多个国家在税收领域应用区块链技术进行税收征管等实践，但相较于区块链技术在物流、金融等领域的运用，使用区块链技术开展税收活动仍处于初期阶段。区块链本身所具有的数据可追踪及不可篡改的特点使得该技术为未来税收征管提供了十分可靠的方向。中国近几年进行了数字经济技术与税收信用体系、票据管理等方面的融合探索，为提高税收征管效率起到了一定的作用。未来有必要进一步探索发挥区块链技术在税收征管领域的重要作用，提高税收征管效率。

（4）征收数字税。随着数字经济的发展，跨境电商平台经营范围不断扩大，难以判断纳税居民通过在线广告获取的收入，各国普遍采取征收数字税的方式来防止税收的流失。所谓数字税，又被称为数字服务税，是一国政府向提供搜索引擎、在线广告、数据服务、社交媒体等数字服务且达到一定条件的企业征收的税款。简单来说，数字税更多的是针对大型互联网平台企业征收的一项税收。

从全球数字税的发展历程来看，OECD 最早倡导对数字科技企业征税，欧盟紧跟其后着力推进数字税立法。OECD 针对数字经济税收问题曾发布多项文件，但至今仍未形成共识性数字税征收方案。欧盟作为全球主要的经济体之一，缺乏一定规模的数字科技巨头，因此成为数字税的主要倡导者。欧盟于 2018 年提出长期和短期两项数字税立法方案，但是由于欧盟内部部分低税率国家（如爱尔兰、卢森堡）担心数字税降低自身对于外资的吸引力，该方案并未达成一致。总的来看，并不存在全球范围内统一的数字税规则，但一些国家为提升本国数字产业竞争力，在其国家范围内单边征收数字税。截至 2020 年年底，全球已有 29 个国家开征或者拟开征数字税。例如，2016 年开始，印度对跨境在线广告征收 6%的税收；匈牙利政府出台“广告税”，以目标指向匈牙利市场及匈牙利语范围相关的广告服务作为课税对象；日本向超过 1 000 万日元的数字企业征收 8%的数字税；新加坡主要针对跨境数字经济企业征收消费税。截至 2020 年年底具体征收数字税的国家与征收范围见表 11-1。

表 11-1 数字税征收情况

已征收数字税的国家	数字税征收范围
印度	在线广告服务收入以及印度境内年销售额超过 2 000 万卢比的外国数字公司
马来西亚	在线服务收入
新加坡	跨境数字企业进口服务
印度尼西亚	电子商品或服务贸易
新西兰	数字销售商
日本	数字企业
法国	定向广告相关的数字销售收入、基于广告用途的个人信息数据营销收入以及基于数据的在线平台中介服务收入

续表

已征收数字税的国家	数字税征收范围
意大利	在线广告、通过数字接口收集和生成的数据的传输
英国	社交媒体、搜索引擎和在线市场在英国通过广告和流媒体娱乐（不包括在线销售）等数字服务所赚取的收入
奥地利	在线广告收入
匈牙利	在线广告收入
土耳其	网络广告、数字内容销售以及与在线活动（包括平台）相关的中介服务收入
西班牙	数字企业出售在线广告空间、用户互动中介活动、出售用户产生的信息数据收入
墨西哥	提供特定类型数字服务的获利所得

资料来源：依据公开资料整理。

目前，学界对于数字税的征收仍处于激烈讨论之中。部分学者认为各国推出的单边数字税规则，将对现有国际税收规则造成损害，影响全球数字经济发展，构成一种新兴的贸易壁垒。未来中国应当从国情出发，从长远考虑，综合其他国家数字税实践情况，着手开展数字税的政策研究，推动全球数字税规则的制定。

二、数字经济时代实现高效财政支出的途径

（一）利用数字技术提高财政支出管理效率

《2020 年中国数字财政年度报告》指出，利用数字技术能够有效提高财政支出的管理效率。

一方面，利用数字技术确保财政资金准确高效投放。2020 年，面对新冠疫情对经济社会造成的巨大冲击，国务院常务会议提出，要建立特殊转移支付机制，进一步实施好常态化财政资金直达机制，保证新增财政资金第一时间全部下达相关企业和个人。财政拨付重在高效，疫情期间，利用大数据技术分行业、分收入群体进行快速筛选精准定位受疫情冲击最大的中小微企业、个体工商户和困难群众，并保证抗疫特别国债资金直达市县，确保资金真正惠及困难群体。

另一方面，利用生物识别技术全面提升社保服务信息化水平，解决部分贫困户和参保人员无法现场确认难题，确保资金发放到位。生物识别技术能够准确识别个人及相关活动，为身份认证行为提供官方鉴定手段。养老保险、新农保等业务传统的认证方式十分烦琐，且每年都要重复进行，通过人脸识别技术能够实现社会保险资格人员随时随地认证，极大提高人力资源保障部门的工作效率。2018 年，我国人力资源和社会保障部提出全面取消社保待遇资格集中认证制度，各地政府纷纷开展网上社会保险待遇资格认

证工作，基于人脸识别技术在相应手机 App 上便可进行认证。基于目前实践，生物识别技术可以继续在公共服务领域推广。这将有效填补扶贫资金和社保资金发放漏洞，确保资金能够及时发放到位，真正实现让群众少跑腿，让数据多跑腿。

在享受数字技术带来的资金投放和社保服务信息化便利的同时，也有以下两个问题值得注意。一是部分落后地区存在数字化瓶颈，例如缺乏数字通信设备、缺乏使用数字设备的技能以及缺乏互联网使用等问题，需要政府进一步增加基础设施投资补齐数字化基础设施短板，使得数字技术适用范围和覆盖人群更加广泛。二是在享受生物识别等技术带来的社会服务便利的同时，需要政府通过立法、投资建设等方式，保障信息安全，防止“面部识别”“指纹识别”等的信息泄露。

（二）应对数字鸿沟造成的社会经济问题

随着数字经济的不断发展，数字鸿沟问题日渐显现，需要采取措施抑制其产生的消极影响。已有研究表明，由于不同国家、地区、行业等信息技术发展不平衡，对互联网等信息来源渠道的使用程度以及获取能力存在差异，进而造成了数字鸿沟的产生。数字鸿沟在国与国之间的消极影响表现为发达国家与欠发达国家的分化，在一个国家内部，数字鸿沟产生“信息富人”和“信息穷人”。市场经济条件下，数字经济的不断发展会持续扩大数字鸿沟，进而加剧社会贫富两极分化，造成严重的社会问题。

数字鸿沟具体可以表现为三个部分，即“接入鸿沟”“使用鸿沟”和“能力鸿沟”。其中“接入鸿沟”是指信息的可接入性；“使用鸿沟”是指是否掌握使用数字技术的知识以及数字技术使用的广度和深度；“能力鸿沟”随着生产生活的数字化水平不断提升而产生，表现为不同群体在获取、处理和创造数字资源等方面的差异。结合中国数字经济发展的现状来看，随着互联网基础设施建设和通信成本的下降，“接入鸿沟”已得到有效控制。而与受教育程度、数字技术培训相关的“使用鸿沟”逐渐凸显，更高层次的“能力鸿沟”也显著存在。

针对上述问题，已有研究提出了一系列具有建设性的建议。

第一，继续推动数字基础设施建设，确保各地区、各行业居民共享数字技术进步成果，扩大数字基础设施覆盖范围，提高互联网接入质量和传输能力，鼓励新技术的应用。

第二，降低宽带和移动上网费用，为低收入群体提供低费用的上网套餐。

第三，通过数字人才跨地区交流、人才留学访问等方式搭建数字技术传播的桥梁，带动落后地区提升数字技能。

第四，政府应当鼓励并帮助传统企业学习数字化领军企业经验，帮助其实现数字化转型。

第五，提升全社会数字素养。在全社会加强数字技术使用培训，优化数字教育资源公共品供给，提升在线学习效率。

有理由相信，财政政策将在消除数字鸿沟、促进数字经济发展等方面发挥更加重要的作用。

本章小结

1. 数字经济所带来的新变化导致现行税收制度中多个基本要素的适用性受到挑战，具体体现在：数字经济促使纳税主体分散化，纳税主体难以有效监管；数字经济促使业务边界模糊化，课税对象难以准确评估；数字经济促使供需对接远程化，纳税地点难以合理确定。同时线上交易的税收征收和监管制度并不完善，特别是对新出现的数字服务产品，税收征收和监管更是不足。

2. 数字经济加剧了税基侵蚀和利润转移产生的风险。在此背景下，跨国公司利用数字产品的形式或者互联网交易的方式，不在经营地设立固定的经营场所，从而在全球范围内达到逃税、避税的目的。从国际税收实践来看，数字经济所带来的税收挑战多集中在非居民企业税收管理和转让定价两个方面。

3. 数字经济对税收制度的冲击和挑战，在一定程度上妨碍了税收组织财政收入、调控经济活动的功能，进而导致了经济增长效率、收入分配公平等方面的多重问题，对数字经济的持续健康发展造成了一定的负面影响。

4. OECD 针对数字经济带来的财政税收挑战开展了广泛研究，提出了一系列应对数字经济税收挑战的措施，各国也就应对数字经济税收挑战开展了广泛的实践。此外，结合数字技术对财政支出带来的新变化，本章总结了在数字经济时代实现高效财政支出的措施。

思考题

1. 数字经济对财政税收带来了哪些挑战？
2. 针对上述挑战，国际组织及世界各国都采取了哪些措施？
3. 如何提高数字经济时代的财政支出效率？

参考文献

1. 蔡跃洲、牛新星，《中国数字经济增加值规模测算及结构分析》，《中国社会科学》，2021 第 11 期。

2. 陈梦根、张鑫，《数字经济的统计挑战与核算思路探讨》，《改革》，2020 第 9 期。

3. 程名望、张家平，《新时代背景下互联网发展与城乡居民消费差距》，《数量经济技术经济研究》，2019 第 7 期。

4. 胡鞍钢、周绍杰，《中国如何应对日益扩大的“数字鸿沟”》，《中国工业经济》，2002a 第 3 期。

5. 胡鞍钢、周绍杰，《新的全球贫富差距：日益扩大的“数字鸿沟”》，《中国社会科学》，2002b 第 3 期。

6. 姜建强、乔延清、孙烽，《信息技术革命与生产率悖论》，《中国工业经济》，2002 第 12 期。

7. 金星晔、伏霖、李涛，《数字经济规模核算的框架、方法与特点》，《经济社会体制比较》，2019 第 4 期。

8. 荆文君、孙宝文，《数字经济促进经济高质量发展：一个理论分析框架》，《经济学家》，2019 第 2 期。

9. 李洁、邢炜，《电商市场发展与中国城乡消费趋同性——搜寻匹配的分析视角》，《经济理论与经济管理》，2020 第 2 期。

10. 李静萍，《数据资产核算研究》，《统计研究》，2020 第 11 期。

11. 李磊、王小霞、包群，《机器人的就业效应：机制与中国经验》，《管理世界》，2021 第 9 期。

12. 刘洪愧，《数字贸易发展的经济效应与推进方略》，《改革》，2020 第 3 期。

13. 刘凯、李育、郭明旭，《主要经济体央行数字货币的研发进展及其对经济系统的影响研究：一个文献综述》，《国际金融研究》，2021 第 6 期。

14. 刘生福，《数字化支付对货币政策的影响：综述与展望》，《经济学家》，2018 第 7 期。

15. 刘伟、许宪春、熊泽泉，《数字经济分类的国际进展与中国探索》，《财贸经济》，2021 第 7 期。

16. 刘征驰、邹智力、马滔，《技术赋能、用户规模与共享经济社会福利》，《中国管理科学》，2020 第 1 期。

17. 鲁元平、王军鹏，《数字鸿沟还是信息福利——互联网使用对居民主观福利的影响》，《经济学动态》，2020 第 2 期。

18. 马玥，《数字经济对消费市场的影响：机制、表现、问题及对策》，《宏观经济研究》，2021 第 5 期。

19. 潘家栋、肖文，《互联网发展对我国出口贸易的影响研究》，《国际贸易问题》，2018 第 12 期。

20. 裴长洪、倪江飞、李越，《数字经济的政治经济学分析》，《财贸经济》，2018 第 9 期。

21. 彭刚、朱莉、陈榕，《SNA 视角下我国数字经济生产核算问题研究》，《统计研究》，2021 第 7 期。

22. 邱泽奇、张樹沁、刘世定、许英康，《从数字鸿沟到红利差异——互联网资本的视角》，《中国社会科学》，2016 第 10 期。

23. 宋旭光、周远翔，《分享经济对国民经济核算发展的影响》，《统计研究》，2019 第 2 期。

24. 孙浦阳、张陈宇、杨易擎，《生产分割、信息摩擦与关税传导：消费市场的理论与经验》，《世界经济》，2021 第 2 期。

25. 孙浦阳、张靖佳、姜小雨，《电子商务、搜寻成本与消费价格变化》，《经济研究》，2017 第 7 期。

26. 王永钦、董雯，《机器人的兴起如何影响中国劳动力市场？——来自制造业上市公司的证据》，《经济研究》，2020 第 10 期。

27. 向书坚、吴文君，《OECD 数字经济核算研究最新动态及其启示》，《统计研究》，2018 第 12 期。

28. 谢平、刘海二，《移动支付与电子货币》，《金融研究》，2013 第 10 期。

29. 谢星、封思贤，《法定数字货币对我国货币政策影响的理论研究》，《经济学家》，2019 第 9 期。

30. 徐宏潇、马华秀，《世界经济数字化转型中的跨国平台垄断及中国应对》，《经济学家》，2021 第 6 期。

31. 续继、唐琦，《数字经济与国民经济核算文献评述》，《经济学动态》，2019 第 10 期。

32. 许宪春、张美慧，《中国数字经济规模测算研究——基于国际比较的视角》，《中国工业经济》，2020 第 5 期。

33. 徐翔、赵墨非，《数据资本与经济增长路径》，《经济研究》，2020 第 10 期。

34. 杨庆，《数字经济对税收治理转型的影响与对策——基于政治经济学和治理理论分析视角》，《税务研究》，2020 第 10 期。

35. 杨仲山、张美慧，《数字经济卫星账户：国际经验及中国编制方案的设计》，《统计研究》，2019 第 5 期。

36. 姚前，《法定数字货币的经济效应分析：理论与实证》，《国际金融研究》，2019

第 1 期。

37. 詹晓宁、欧阳永福，《数字经济下全球投资的新趋势与中国利用外资的新战略》，《管理世界》，2018 第 3 期。

38. 张巾、李昭、肖荣美，《全球数字经济税收规则调整动态及思考》，《税务与经济》，2020 第 4 期。

39. 张美慧，《数字经济供给使用表：概念架构与编制实践研究》，《统计研究》，2021 第 7 期。

40. 张巍、郭晓霏，《数字经济下常设机构规则面临的挑战及应对》，《税务研究》，2016 第 7 期。

41. 张勋、万广华、吴海涛，《缩小数字鸿沟：中国特色数字金融发展》，《中国社会科学》，2021 第 8 期。

42. Acemoglu D, Restrepo P. The race between man and machine: Implications of technology for growth, factor shares, and employment [J]. American Economic Review, 2018, 108 (6): 1488-1542.

43. Acemoglu D, Restrepo P. Automation and new tasks: How technology displaces and reinstates labor [J]. Journal of Economic Perspectives, 2019, 33 (2): 3-30.

44. Acemoglu D, Restrepo P. Robots and jobs: Evidence from US labor markets [J]. Journal of Political Economy, 2020, 128 (6): 2188-2244.

45. Arrow K J. The economic implications of learning by doing [J]. The Review of Economic Studies, 1962, 29 (3): 155-173.

46. Aghion P, Bergeaud A, Boppart T, et al. A theory of falling growth and rising rents [J]. Review of Economic Studies, 2023, 90 (6): 2675-2702.

47. Akcigit U, Celik M A, Greenwood J. Buy, keep, or sell: Economic growth and the market for ideas [J]. Econometrica, 2016, 84 (3): 943-984.

48. Brynjolfsson E, Collis A. How should we measure the digital economy [J]. Harvard Business Review, 2019, 97 (6): 140-148.

49. Brynjolfsson E, Hu Y, Smith M D. Consumer surplus in the digital economy: Estimating the value of increased product variety at online booksellers [J]. Management Science, 2003, 49 (11): 1580-1596.

50. Benassy J P. Taste for variety and optimum production patterns in monopolistic competition [J]. Economics Letters, 1996, 52 (1): 41-47.

51. Bloom N, Jones C I, Van Reenen J, et al. Are ideas getting harder to find? [J]. American Economic Review, 2020, 110 (4): 1104-1144.

52. Bresnahan T F, Trajtenberg M. General purpose technologies 'Engines of growth'? [J]. Journal of Econometrics, 1995, 65 (1): 83-108.

53. Baumol W J. Macroeconomics of unbalanced growth: the anatomy of urban crisis [J].

The American Economic Review, 1967, 57 (3): 415-426.

54. Change E T. Endogenous technological change [J]. Journal of Political Economy, 1990, 98 (5): 2.

55. Choi J P. Dynamic R&D competition under "hazard rate" uncertainty [J]. The RAND Journal of Economics, 1991: 596-610.

56. Cong L W, Xie D, Zhang L. Knowledge accumulation, privacy, and growth in a data economy [J]. Management Science, 2021, 67 (10): 6480-6492.

57. Chinn M D, Fairlie R W. ICT use in the developing world: an analysis of differences in computer and internet penetration [J]. Review of International Economics, 2010, 18 (1): 153-167.

58. Chen Y. Improving market performance in the digital economy [J]. China Economic Review, 2020, 62: 101482.

59. Frey C B, Osborne M A. The future of employment: How susceptible are jobs to computerisation? [J]. Technological Forecasting and Social Change, 2017, 114: 254-280.

60. Freund C L, Weinhold D. The effect of the Internet on international trade [J]. Journal of International Economics, 2004, 62 (1): 171-189.

61. Graetz G, Michaels G. Robots at work [J]. Review of Economics and Statistics, 2018, 100 (5): 753-768.

62. Gordon R J. Does the "new economy" measure up to the great inventions of the past? [J]. Journal of Economic Perspectives, 2000, 14 (4): 49-74.

63. Jones C I. Time series tests of endogenous growth models [J]. The Quarterly Journal of Economics, 1995, 110 (2): 495-525.

64. Jones C I. R & D-based models of economic growth [J]. Journal of Political Economy, 1995, 103 (4): 759-784.

65. Jones C I. Pareto and Piketty: The Macroeconomics of top income and wealth inequality [J]. Journal of Economic Perspectives, 2015, 29 (1): 29-46.

66. Jones C I, Tonetti C. Nonrivalry and the economics of data [J]. American Economic Review, 2020, 110 (9): 2819-2858.

67. Jorgenson D W. Information technology and the US economy [J]. American Economic Review, 2001, 91 (1): 1-32.

68. Jorgenson D W, Ho M S, Stiroh K J. A retrospective look at the US productivity growth resurgence [J]. Journal of Economic perspectives, 2008, 22 (1): 3-24.

69. Oliner S D, Sichel D E. The resurgence of growth in the late 1990s: is information technology the story? [J]. Journal of Economic Perspectives, 2000, 14 (4): 3-22.

70. Romer P M. Increasing returns and long-run growth [J]. Journal of Political Economy, 1986, 94 (5): 1002-1037.

71. Romer P M. Endogenous technological change [J]. Journal of political Economy, 1990, 98 (5): 71-102.

72. Stiroh K J. Information technology and the US productivity revival: what do the industry data say? [J]. American Economic Review, 2002, 92 (5): 1559-1576.

73. Solow R M. Technical change and the aggregate production function [J]. The Review of Economics and Statistics, 1957, 39 (3): 312-320.

74. Zeira J. Workers, machines, and economic growth [J]. The Quarterly Journal of Economics, 1998, 113 (4): 1091-1117.

郑重声明

读者意见反馈

为收集对教材的意见建议，进一步完善教材编写并做好服务工作，读者可将对本教材的意见建议通过如下渠道反馈至我社。

咨询电话　400-810-0598

反馈邮箱　fuyn@ hep. com

通信地址　北京市朝阳区惠新东街4号富盛大厦1座

高等教育出版社总编辑办公室

邮政编码　100029